ओह रे!

किसान

ओह रे! किसान

वाणी पृथ्वी

अंकिता जैन

वाणी प्रकाशन

वाणी प्रकाशन

4695, 21-ए, दरियागंज, नयी दिल्ली 110 002

फ़ोन : +91 11 23273167 फ़ैक्स : +91 11 23275710

शाखाएँ

अशोक राजपथ, पटना 800 004, बिहार

कॉफ़ी हाउस कैम्पस, महात्मा गांधी मार्ग, इलाहाबाद 211 001, उत्तर प्रदेश

महात्मा गांधी अन्तरराष्ट्रीय हिन्दी विश्वविद्यालय, वर्धा 442 001, महाराष्ट्र

36/ए, शेक्सपीयर सरणी, रानी बिरला गर्ल्स कॉलेज के पास, कोलकाता 700 017, प. बंगाल

www.vaniprakashan.com
marketing@vaniprakashan.in
sales@vaniprakashan.in

Oh Re! Kisan
by Ankita Jain

ISBN : 978-93-89915-87-7
Social Science/Environment/Agriculture
Produced in Vani-Prithvi Series

प्रथम संस्करण 2020
द्वितीय संस्करण 2023

मूल्य : ₹ 299

आर. टेक ऑफ़सेट प्रिंटर्स, दिल्ली-110 032 में मुद्रित

वाणी प्रकाशन का लोगो मक़बूल फ़िदा हुसेन की कूची से

समर्थ के लिए,
अद्वैत के लिए,
इस देश के हर किसान के लिए
जो मेरी थाली में हर रोज़ भोजन पहुँचाता है।

जय ऋषि-जय कृषि

भारत कृषि प्रधान देश ही नहीं ऋषि प्रधान देश भी है। ऋषि का अर्थ होता है–'सर्वजन सुखाय सर्वजन हिताय' के लिए निरन्तर चिन्तन करने वाला अर्थात् वैज्ञानिक, ये मनुष्य के चित्त में कल्याणकारी विचारों का रोपण करते हैं। इनसे मिला ज्ञान हमारे मन को सन्तुष्ट करता है और कृषि से मिला धान्य हमारे तन को पुष्ट करता है, एक ज्ञानदाता होते हैं तो दूसरे अन्नदाता। जितना महत्त्व जन्मदाता और जीवनदाता का होता है उतना ही महत्त्व ज्ञानदाता और अन्नदाता का होता है।

किसी भी राष्ट्र की समृद्धि का आकलन उस राष्ट्र के नागरिकों के 'चित्त व वित्त' को देखकर किया जाता है। शताब्दियों से ऋषि और कृषि भारत की मूल आत्मा हैं, यदि ये कहूँ तो अतिशयोक्ति नहीं होगी।

इसलिए पहले सत्ता और शासन ऋषियों और कृषकों का आदर करते थे। वे उन पर आश्रित रहते थे, वे इनके लिए नमन के भाव से भरे रहते थे किन्तु आज के इस भौतिकवादी युग में ऋषि और कृषि जो आश्रयदाता थे उनको सत्ता और शासन का आश्रय लेना पड़ रहा है।

यदि हम चाहते हैं कि हम विश्व के श्रेष्ठतम राष्ट्र बनें तो हमें समय रहते 'जय ऋषि–जय कृषि' के कल्याणकारी मन्त्र को स्वर देना होगा।

कोरोना काल में यदि आज हम और हमारी सन्तानें अकाल या दुर्भिक्ष का शिकार नहीं हुए हैं तो इसके पीछे हमारे यही किसान हैं, जो ठण्ड, गर्मी, बरसात में अपने स्वास्थ्य, सुविधा और सुरक्षा की परवाह किये बिना, सीमित साधनों और प्रतिकूल परिस्थितियों के बाद भी ध्यानस्थ होकर कृषि कर्म में लगे रहे।

कृषि मात्र कर्म नहीं, यह प्रकृति के मर्म और धर्म, मनुष्य की समझ व सभ्यता के विकास का विज्ञान है। सभ्यता के प्रारम्भिक दिनों में मनुष्य से लेकर सभी जीव–जन्तु अपनी प्रकृति और शारीरिक क्षमता के अनुसार एक–दूसरे का शिकार करके अपनी उदरपूर्ति करते थे–यह पशुता की प्राथमिक अवस्था थी किन्तु प्रकृति के निरन्तर सान्निध्य के प्रभाव में मानव जिसे ईश्वर की श्रेष्ठ रचना माना जाता है, वह पशुता से मनुष्यता की ओर अग्रसर होने लगा और उसने प्रकृति से लड़कर नहीं जुड़कर अपने जीवित रहने की दिशा में प्रयास करने आरम्भ कर दिये। इसलिए कृषि कर्म मनुष्य की वह परिपक्व अवस्था है जो उसे पशु से पशुपति में रूपान्तरित करती है। कृषि एक ऐसी साधना है जो हमें अस्तित्व से सहअस्तित्व की ओर ले जाती है।

सृष्टि के सारे ग्रह पुल्लिंग हैं किन्तु एकमात्र पृथ्वी ही है जिसे स्त्रीलिंग कहा गया है क्योंकि पृथ्वी पर जीवन है, अर्थात् वह स्त्री ही होती है जो हमारे जन्म–जीवन का कारण होती है। सुश्री अंकिता जैन के द्वारा कृषि और कृषक पर लिखना मुझे आनन्द और आशा से भरता है। अंकिता की दृष्टि व्यापक ही नहीं गहरी भी है। उन्होंने 'ओह रे! किसान' में बहुत गहरे उतरकर भूमिपुत्रों की परिस्थिति और मनःस्थिति का बेहद प्रभावशाली दृश्य प्रस्तुत किया है। नौकरी हो या व्यापार संसार के सभी कर्म हम अपनी सुविधा से, अपने मन के मुताबिक़ कर सकते हैं, किन्तु कृषि एकमात्र कर्म है जिसे हमें मन के नहीं मौसम के अनुसार करना होता है, वह भी बिना रुके और बिना थके।

सुश्री अंकिता को मेरी हार्दिक शुभकामनाएँ, मुझे विश्वास है कि किसानों की कथा और व्यथा को समाज और सरकार के सामने प्रस्तुत करने वाला उनका रचनाश्रम हमारी दृष्टि में ही नहीं हमारे दृष्टिकोण में भी सार्थक, व्यापक, सकारात्मक परिवर्तन का कारण होगा। जय कृषि–जय ऋषि!

–आशुतोष राना

अभिनेता और साहित्यकार

अनुक्रम

जब इस पुस्तक का बीज रोपा गया

हमारे आसपास के परिदृश्य ने 'किसान' शब्द को लेकर मन में एक पूर्वाग्रह से ग्रसित छवि बना दी है। जिसकी वजह से जब भी हम किसान के बारे में सोचते हैं, हमें सफ़ेद से मैले–कुचैले धोती–कुर्ते में, बैलों को हाँकता हुआ, खेत में नंगे पैर जुताई करता, सब्ज़ी मण्डी में ज़मीन पर एक कपड़ा बिछाकर टोकरी में सब्ज़ियाँ बेचता, या फिर बैक में ज़मीन पर एक कोने में बैठा किसी फॉर्म पर अँगूठा लगाता, अपनी किसी अर्ज़ी के पूरा होने के बाद कुछ पैसे मिलने का इन्तज़ार कर रहा किसान दिखायी देता है। उससे भी परे यदि कुछेक साल की ख़बरों को ध्यान में रखा जाये तो शायद किसी खेत में पेड़ से लटका हुआ कोई किसान भी हमारी आँखों के सामने आ जायेगा।

वह भी किसान की इसी छवि को पहचानता था। और शायद अन्य लोगों की तरह जीवनपर्यन्त उसकी आँखों में यही छवि कायम रहती यदि उसने बेल्ज़ियम में अपने प्रवास के दिनों में आसपास के गाँवों के किसानों की स्थिति देखी–समझी नहीं होती।

बेल्ज़ियम के एक गाँव के सब्ज़ी बाज़ार में सब्ज़ी लेते वक़्त अक्सर जिन बातों ने उसका ध्यान खींचा वे थीं, वहाँ के किसानों का लाचार और बेचारा न दिखना। वे वहाँ सुगम साधनों से आते थे, न कि भारतीय किसानों की तरह बसों में लटकते, कड़कती धूप में मीलों साइकिल चलाकर, या पैदल ही पसीना बहाते।

अक्सर वहाँ जाने की वजह से उनमें से एक–दो से जान–पहचान बनी, और उनकी स्थिति से जागी उत्सुकता उसे उनके खेतों तक ले गयी, जहाँ किसानों ने दिखाया कि वे ज़्यादातर रसायन–मुक्त या

प्राकृतिक तरीक़े से खेती कर रहे हैं, और प्रकृति से सामंजस्य को अपना आधार मानते हैं। वे उस पद्धति को अपना आधार मानते हैं जिनसे हमारे देश में भी दशकों पहले खेती हुआ करती थी।

उसने उन सभी तरीक़ों के बारे में पढ़ना शुरू किया, और अपने बुज़ुर्गों के अनुभवों से जाना कि पहले जो खेती होती थी उनमें कभी भी रसायनों का इस्तेमाल नहीं किया गया (प्रथम हरित क्रान्ति से पहले देश के ज़्यादातर भाग में न तो रासायनिक खाद न ही रासायनिक कीटनाशक उपलब्ध थे)। लेकिन अब हम उसे भुलाते जा रहे हैं, अब रसायनों के बिना खेती को लोग असम्भव–सा मानते हैं, जबकि दूसरे देश प्राकृतिक और पुरानी पद्धतियों को अपना मज़बूत आधार बनाते जा रहे हैं। भूटान, डेनमार्क जैसे कुछ देश तो जल्द ही पूरी तरह ऑर्गेनिक देश घोषित होने वाले हैं। भारत में भी मिजोरम जैविक खेती की दिशा में अव्वल कार्य कर रहा है।

यूरोप की खेती के साथ–साथ वहाँ के किसान भी उसे हमारे देश की तरह बदहाल नहीं दिखे, न ही उसने ये देखा कि एक फ़सल बर्बाद होने से किसी किसान की बेटी की शादी रुक गयी, उसके बेटे की पढ़ाई छूट गयी या फिर उसने ख़ुद किसी पेड़ से लटककर आत्महत्या कर ली। फिर हमारे ही देश के किसान इतने बदहाल क्यूँ होते हैं, क्यूँ किसान शब्द सुनकर हमारे मन में एक बेचारी छवि बनती है, और क्यूँ आज का युवा एक किसान के रूप में अपना करियर नहीं देखता? ये कुछ ऐसे सवाल थे जिन्होंने उसे बेल्ज़ियम से एक शोधकर्ता की नौकरी छुड़वाकर वापस अपने देश, अपने गाँव जशपुर में किसानों के बीच ला खड़ा किया।

अब पिछले पाँच सालों से वह अपने इलाक़े के किसानों के साथ काम कर रहा है। ये लोग देश के छोटे किसानों की मूलभूत समस्याओं और उन समस्याओं के क्या समाधान हो सकते हैं यह समझने की कोशिश कर रहे हैं।

गाँधी जी ने कहा था कि, "खेती एवं कुटीर उद्योग इस देश की अर्थव्यवस्था की रीढ़ हैं"। शताब्दियों पहले भारत को सोने की चिड़िया कहलवाने में भी कृषि उत्पाद ने एक अहम भूमिका निभायी।

अब यहाँ मुझे यह सोचकर आश्चर्य होता है कि उस समय न तो यूरिया था न रासायनिक कीटनाशक, तो फिर उस समय खेती कैसे होती थी? एक समय था जब जैविक और प्राकृतिक खेती के तरीक़ों से की जाने वाली खेती के आधार पर ही भारत एक समृद्ध और हरा भरा देश था। यहाँ के किसान सक्षम और सफल थे, लेकिन आज के हालात देखकर लगता है कि देश की इस रीढ़ को जितना मज़बूत होना चाहिए अब ये उतनी ही खोखली हो चुकी है। कौन जाने यही हाल रहा तो ये पूरी तरह टूट जाये। फिर हमें पारम्परिक किसानों से मिलने वाले खाद्यान्न की जगह कम्पनीज द्वारा व्यावसायिक रूप से रसायनों का प्रयोग करके पैदा किये गये खाद्यान्न एवं आयातित किये पैक्ड फूड–फ्रूट्स के भरोसे अपनी ज़िन्दगी गुजारनी पड़े।

खेती, किसानी का इतिहास हज़ारों साल पुराना है। **फ्रांस** में आदिमानव के ज़माने की कुछ ऐसी गुफाएँ सामने आयीं **जिनसे पता** चलता है कि खेती का जन्म उस समय में हो गया था। जानवरों को मारकर खाने वाले आदिमानव ने पहले कन्दमूल और फिर स्वतः उगी हुई फ़सल को खाना शुरू किया और फिर धीरे–धीरे ख़ुद फ़सल उगाना। इस हिसाब से तो उस ज़माने में सिर्फ़ यही एक काम होता था जो लोग करते थे। फिर जब किसान उगने वाली फ़सल से अपने परिवार का पेट भरने के बाद फ़सल बचाना सीख गये तब उन्होंने अपने परिवार के अन्य सदस्यों को ख़ाली छोड़ना शुरू कर दिया ताकि वे दूसरे काम कर सकें। इतिहासकार और मानव–शास्त्री तो कृषि विकास को ही मानव सभ्यता के विकास का आधार मानते हैं। मिश्र के इतिहास में भी पुरातन काल में बैलों में हल लगाकर जोतने के प्रमाण मिलते हैं। भारत भी कहीं पीछे नहीं है, यहाँ भी खेती का वर्णन **ऋग्वेद** में मिलता है जो सबसे ऐतिहासिक पुराणों में गिना जाता है। हालाँकि पाषाण युग में खेती कितनी विकसित थी? कैसे होती थी? इसका कोई लिखित प्रमाण नहीं मिलता लेकिन, सिन्धु घाटी के उत्खनन में मिले अवशेषों और मोहनजोदड़ो के पुरातत्त्व व बड़े–बड़े कोठरों के आधार पर ये कहा गया है कि पहले राजस्व अनाज के रूप में चुकाते थे। वैसे यह ज़्यादा पुरानी बात नहीं, मुझे भी याद है

कि मेरे दादा–नाना के ज़माने में मकान का किराया घी या अनाज के रूप में दिया जाता था। मोहनजोदड़ो के उत्खनन में जो गेहूँ के सैंपल ट्रिटिकम कंपैक्टम (Triticum Compactum) अथवा ट्रिटिकम स्फीरोकोकम (Triticum sphaerococcum) मिले, उनकी खेती आज भी पंजाब में होती है और वहाँ मिले हाडियम बलगेयर (Hordeum Vulgare) जाति के जौ के अवशेष मिश्र के पिरामिड्स में भी मिलते हैं। इन सबसे यह माना जा सकता है कि भारत में खेती–किसानी हज़ारों वर्षों से महत्त्वपूर्ण और विशिष्ट स्थान रखती रही है।

इसी विशेष महत्त्व में कितने ही ऐसे त्यौहार हैं जो कृषि से सम्बन्ध रखते हैं, उगायी जाने वाली फ़सलों से सम्बन्ध रखते हैं, गर्मियों के बाद खेती के लिए जो बारिश होती है उससे सम्बन्ध रखते हैं, जैसे होली, अक्षय तृतीया, पोंगल, ओणम, बसन्त पंचमी, लोहड़ी, वैसाखी, गुड़ी–पड़वा, मकर संक्रान्ति। ये सभी हैं तो अलग–अलग प्रदेश के अलग–अलग त्यौहार लेकिन इन सभी का सम्बन्ध और मनाने की वजह खेती से जुड़ी है, मतलब सीधे प्रकृति से जुड़ी है। पुराने समय में कृषि मात्र व्यवसाय का एक ज़रिया नहीं थी, बल्कि जीवन–शैली का एक अभिन्न हिस्सा थी, जिसे जश्न मनाकर, गाकर, हर्षोल्लास के साथ मनाया जाता था। चाहे फ़सल बोने का समय हो, बारिश आने का समय हो, जुताई या फिर कटाई का समय हो, हर समय के लिए अलग–अलग गीत हुआ करते थे, जिन्हें गाते हुए ही किसान अपने खेतों में काम करते थे। जशपुर छत्तीसगढ़ में उराँव जाति के आदिवासी आज भी ऐसा करते हैं, और उनके जैसे किसान अब पूरे देश में गिने–चुने ही बचे हैं, जो खेती को जश्न के रूप में मनाते हों। कृषि अब अपने मूल–सिद्धान्त से दूर हटती जा रही है। अब यह सिर्फ़ एक काम रह गया है। व्यापार का एक ज़रिया रह गया है। जो छोटे किसानों के लिए आये दिन मौत का सबब बनता जा रहा है। धरती माँ कही जाने वाली धरा को आज हमने ज़हर डाल–डालकर बाँझ बना दिया है। असल मायनों में देखा जाये तो रसायनों के इस्तेमाल से सिर्फ़ किसान या ज़मीन नहीं बल्कि हम भी धीरे–धीरे मर रहे हैं, अपने आप से खिलवाड़ कर रहे हैं। एक रिपोर्ट के अनुसार, पंजाब की और अमेरिका की महिलाओं के ब्रेस्ट फीडिंग

मिल्क में और एक साल से कम उम्र के बच्चों के यूरिन में पेस्टिसाइड के अंश पाये गये हैं। नवजात शिशु के लिए अमृत समान माँ के दूध में भी आज प्राणघातक रसायनों के अंश पाये जा रहे हैं आख़िर क्यों? इन सबका ज़िम्मेदार कौन? अर्थव्यवस्था में कृषि का इतना महत्त्व होने के बाद भी आज किसान का बेटा किसान क्यूँ नहीं बनना चाहता? क्यूँ आज का युवा किसानी को अपने करियर के रूप में नहीं देखता?

जब एक बीज 'पौधे से हज़ारों बीज' पौधे उत्पन्न हो सकते हैं, फिर भी क्या कारण है कि हमारा देश इसका व्यावसायिक मूल्य नहीं समझ पाता? हमें खाद्यान्न बाहर से क्यों आयात करना पड़ता है? क्यों आज पूरे देश में 2000 किसान लगभग हर दिन खेती छोड़ रहे हैं? आँकड़े[1] बताते हैं कि किसानों की संख्या अब घट रही है, 2001 में किसानों की कुल संख्या 12.73 करोड़ थी जो घटकर 2011 में 11.87 करोड़ रह गयी। 2011 में हुई गिनती के हिसाब से कई अलग–अलग अनुमान लगाये गये, 263 करोड़ में से 8 प्रतिशत यानी सिर्फ़ 9.58 करोड़ किसान, 450 करोड़ का 22 प्रतिशत या शायद 1.2 अरब कुल जनसंख्या का 38 प्रतिशत, इनके अलावा कुछ आँकड़े 50 प्रतिशत 600 करोड़ किसान होने की बात भी कहते हैं। ख़ैर यहाँ ये सभी आँकड़े अहम नहीं हैं, अहम ये है कि इस सबके बावजूद किसानी, खेत और किसान पर एक सवालिया निशान बन गया है।

अभी कुछ दिन पहले मैंने एक वेबसाइट देखी, नाम था– "सेव अवर फार्मर्स", मन में सबसे पहले "सेव अवर टाइगर्स" का ख़याल आया कि क्या बाघों की तरह अब किसान नाम की प्रजाति भी धीरे–धीरे लुप्त हो जायेगी? क्यूँ इतने बुरे दिन आ गये कि उस आधारभूत व्यवस्था, और शैली को बचाने के लिए हमें कैम्पेन की ज़रूरत पड़ने लगी है?

हम जब–जब किसानों की समस्या पर बात करते हैं, तब–तब यदि खेती के लिए आधारभूत मानी जाने वाली मिट्‌टी–जल–वायु के बारे में बात करें तो शायद हमें खेती से जुड़ी समस्याओं के निदान जल्द मिलें।

---

1. किसान जनगणना, 2010–11

खेती सिर्फ़ धन से नहीं होती वह तो सेकेंडरी है, खेती के लिए प्राइमरी तत्त्व हैं मिट्टी–जल–वायु। इनका स्वस्थ और जीवित होना खेती के लिए बहुत आवश्यक है। क्योंकि पेड़–पौधे सिर्फ़ खाद या दवाई से नहीं बल्कि अपने आसपास, मिट्टी में, जल में, वायु में उपस्थित सूक्ष्म–जीवों से भी जुड़े होते हैं। उनका जीवन इन सभी से प्रभावित होता है। यही कारण है कि जब भी रसायन–मुक्त खेती या प्राकृतिक खेती की बात की जाती है मिट्टी और उसमें उपस्थित सूक्ष्म जीवों के जीवन और उपस्थिति के बारे में सबसे पहले बात की जाती है। ये सभी आपस में कैसे जुड़े हैं, कैसे निर्भर हैं, इसके बारे में आप आगे अध्यायों में पढ़ेंगे।

वर्तमान में जैविक खेती प्रचलित हो रही है, लेकिन उसे अपनाने के लिए कुछ आवश्यक चरण हैं जिन पर कम ही ध्यान दिया जा रहा है। सिर्फ़ जैविक खाद या जैविक दवाइयों पर ज़ोर दिया जाता है, पर इतना ही काफ़ी नहीं है। खेती की वर्तमान दशा को सुधारने के लिए बहुत अधिक विचारपूर्ण तरीक़े से काम करने की आवश्यकता है तब शायद निकट भविष्य में हम इसे बचा पायें, सहेज पायें।

ख़ैर, सोच लेना ही काफ़ी नहीं होता और ज़िन्दगी सिर्फ़ सोच लेने से चल जाती होती तो दुनिया का हर व्यक्ति कामयाब होता।

वह भी अपनी नौकरी छोड़कर घर आ जाये और फिर एक ऐसा काम करे जिसकी उसके पास कोई डिग्री नहीं, यह बहुत ही काल्पनिक ख़याल था। मगर, वो कहते हैं न कि जहाँ चाह वहाँ राह। उसकी चाह को सकारात्मक आधार अपनी पैतृक भूमि से मिला, जहाँ वह जैविक खेती के अपने प्रयोग कर सके। साथ ही पिता का व्यापार था जिसका सपोर्ट था कि वह कितना ही समय और पैसा डुबो दे, खाने के लाले को कभी नहीं पड़ेंगे, और यदि असफल हुआ तो नौकरी का अनुभव एवं डिग्री से इतना तो कमा ही सकेगा कि दो वक़्त का खाना खाया जा सके। बस इसी सकारात्मक पहलू के साथ उसने, यानी समर्थ ने शुरुआत की। यह किताब समर्थ के अनुभव, उसके कार्य के प्रति मेरे आँखों देखे ब्योरे, मेरे उसके साथ बिताये इन सालों में कृषि के बारे में विकसित हुई समझ एवं किसानों से होने वाली मुलाक़ातों पर आधारित है।

वैसे यहाँ यह बात भी बताना चाहूँगी कि भारतीय समाज में बेटी की सुन्दरता और बेटे की कमाई जितना मायने रखती है उतना कुछ और नहीं। समर्थ ने जब अपनी नौकरी छोड़ एक किसान बनने की ठानी तब वह भारतीय समाज के अनुसार शादी लायक हो चुका था। ऐसे में उसके माता–पिता के सामने भी वह समस्या आ सकती थी कि 'खुद कुछ न कमाने वाले लड़के' और दूर कहीं पहाड़ों में, जहाँ न रेल लाइन है न ही सड़क परिवहन बहुत अच्छा, न ही कोई मॉल, होटल, पब, या शहरों–सी सुख–सुविधाएँ हैं, वहाँ उसके लिए एक होनहार, सुयोग्य, पढ़ी–लिखी लड़की वे कैसे ढूँढ़ेंगे...अतः उसे अपने कृषि–चयन के बारे में पुनः–विचार करना चाहिए। जब वह लोगों से अपने आइडिया शेयर करता तो वे उससे यही कहते, "इट्स ए गुड कॉज, बट व्हाट अबाउट अर्निंग्स" यानी आइडिया तो सॉलिड है लेकिन उतनी कमाई हो पायेगी?

ऐसे ही कई सवालों से हर रोज़ दो चार होता वह धीरे–धीरे अपने निर्णय पर अडिग होता गया। आज इन आठ सालों में एक यात्रा का रूट–मैप बन गया है। यह किताब उसी रूट–मैप की कहानी है। यह किताब एक यात्रा विवरण है, जिसमें कृषि से जुड़ी समस्याओं और उनके हल ढूँढ़ने की कोशिश की गयी है।

लोगों की नज़र से देखें तो धन पा जाने वाली मंज़िल अब भी दूर है, मगर अब वह यक़ीन से कहता है कि इन बीते सालों में उसने छोटे–छोटे किसानों के साथ जो समय बिताया, उनके लिए जो किया, ख़ुद प्रकृति से जो पाया और अपने परिवार को जो दिया वह उसे दुनिया की कोई तनख़्वाह, कोई शहर नहीं दे सकता।

इस किताब में इन्हीं बिन्दुओं, सवालों–जवाबों से रू–ब–रू कराने की कोशिश की है। उम्मीद है यह आपकी अपेक्षाओं से मेल खायेगी।

इस किताब को लिखने का ख़याल मेरे मन में पिछले दो–तीन वर्षों से पक रहा था लेकिन वे ख़याल काग़ज़ पर नहीं उतर पा रहे थे। **अदिति माहेश्वरी** जी ने जब इस किताब को लिखने का प्रस्ताव रखा तो लगा जैसे मेरे ख़यालों को ज़मीन मिल रही हो। अतः सबसे पहले उन्हें धन्यवाद कहना चाहूँगी कि इतने आवश्यक और संवेदनशील विषय को प्रकाशित करने के बारे में उन्होंने सोचा। साथ ही, मैं

आभारी हूँ दाऊ **श्री आशुतोष राना** जी की, जो स्वयं भी प्रकृति, परम्परा और देश को सर्वोपरि रखते हैं, जिन्होंने न सिर्फ़ मेरी किताब, लेखन व कृषि से जुड़े इस विषय में विश्वास दिखाया बल्कि इसकी सफलता की कामना के लिए अपनी क़लम से आशीर्वचन भी लिखे।

यह किताब इस रूप में कभी आ ही नहीं पाती यदि इसके आधार में **समर्थ** न होते। इस किताब को लिखा भले मैंने है, लेकिन खेती से जुड़ा सारा तकनीकी ज्ञान मुझे उन्हीं से मिला। उनका बहुत शुक्रिया कि वे हर क़दम पर साथ बने रहे।

उन सभी **किसान भाइयों और बहनों** का भी शुक्रिया जिन्होंने इस किताब के लिए अपने अनुभव बाँट, जानकारियाँ दीं एवं यथासम्भव सहयोग दिया। मेरे खेतों में काम करने वाली उन सभी महिला कर्मचारियों का भी शुक्रिया कि वे समय–समय पर छोटी–छोटी बातें मुझे बताती रहीं। मेरे पिता एवं उनके साथी अधिकारियों का भी शुक्रिया जिन्होंने ग्रामीण बैंक के कार्यकाल से जुड़े अपने अनुभव बाँटे। एवं उन सभी लोगों का शुक्रिया जो किसी–न–किसी रूप में इस किताब से जुड़े और अपना सहयोग दिया। मेरी छोटी बहन **कृतिका** का भी शुक्रिया, जो समय–समय पर किताब के लिए आवश्यक सुझाव और जानकारी देती रही।

समर्थ से मिली जानकारियों के अलावा कई सारे शोध पत्र, ख़बरें, किताबें, धार्मिक ग्रन्थ आदि जहाँ भी खेती या वनस्पति से जुड़ी बातें मुझे मिल सकती थीं मैंने सभी को खँगाला और यथासम्भव कोशिश की कि उन सभी में मिले आवश्यक विषय इस किताब में समाहित कर सकूँ।

मैंने कोशिश की है कि सभी आवश्यक विषयों पर चर्चा हो सके फिर भी हो सकता है कुछ बातें, कुछ विषय छूट गये हों। उन सभी पर चर्चा के लिए मैं सदैव प्रस्तुत रहूँगी और सम्भव हो सका तो भविष्य में लिखूँगी भी।

यह किताब मेरे पाठकों की अपेक्षाओं पर खरी उतरे, यही कामना करती हूँ।

आप सभी की प्रतिक्रियाओं की प्रतीक्षा रहेगी।

–अंकिता जैन
जशपुरनगर
postankitajain@gmail.com

नज़दीक से एक नज़र, कृषक के जीवन पर

मेंदनी मेंढ़क भइस किसान, मोर पपीहा घोड़ा धान,
बाढ़ी मच्छ लता लपटानी, दसौं खुसी जब बरखै पानी।
(धान की खेती से जुड़ा एक प्रचलित दोहा)

मतलब जब अच्छी वर्षा होती है तो धरती, मेढ़क, भैंस, किसान तथा मोर, पपीहा, घोड़ा, धान, मछली और लता ये दसों बहुत ख़ुश होते हैं। ये दसों प्रकृति के सबसे क़रीबी मित्र हैं। प्रकृति के इन मित्रों की एक बड़ी तादाद गाँवों में बसती है। गाँव! जहाँ किसी भी देश या प्रदेश की आत्मा बसती है, और इन गाँवों की आत्मा बसती है खेत–खलिहान–किसान में।

छत्तीसगढ़ के पहाड़ी इलाक़े में बसा है जशपुर जिसके पास ही है कृषिजन–बाहुल्य वाला एक छोटा–सा गाँव। आदिवासी बाहुल्यवाला यह गाँव देसी भाषा में टोली कहलाता है। इस टोली का नाम है डोड़काचौरा। यहीं मैंने उन्हें पहली बार देखा था।

पतझड़ का मौसम था जब उनसे पहली भेंट हुई। जिस मौसम में धरती की चमड़ी उपड़ना शुरू होने लगती है, पतझड़ के उसी मौसम में सूखी पत्तियों के ढेर पर बैठे वे अपने जीवन के बीत चुके सालों एवं बचे हुए जीवन के भविष्य के बारे में क्या सोचते होंगे? उन्हें देखते ही यह ख़याल उमड़ा था।

बलदेव भाई उर्फ़ बाप; बाप इसलिए कि उनके अपने बच्चे और बस्ती के लोगों से लेकर वे मालिक भी उन्हें बाप ही बुलाते हैं जिनके खेत में बलदेव काम करते हैं। बलदेव की उम्र अब ढलान पर है। तक़रीबन पैंसठ बसन्त देख चुके बलदेव की पीठ अब सीधी नहीं रहती।

दोहरा होता शरीर, चेहरे पर पसरी पेड़ की छाल–सी झाइयाँ और हाथ में लाठी पकड़े बलदेव जब खेत के बीचोबीच खड़े हों तो किसी उम्रदराज बरगद से नज़र आते हैं, जिसकी पनाह में न जाने कितने ही जीवन खेलते हैं। जिनके अनुभवों से न जाने कितने ही जीवन सीखते हैं। बलदेव जिस खेत में काम करते हैं वहाँ वे होने को नौकर हैं मगर उनके मालिक उनके ज्ञान और ईमानदारी पर उसी तरह निर्भर हैं जिस तरह कोई पुत्र अपने पिता पर होता है। शान्त चित्त से खेत की मेंड़ पर बैठे रहते बलदेव के पास अब अपने लिए ज़्यादा सपने नहीं हैं सिवाय इसके कि उनकी बची हुई ज़िन्दगी उसी खेत में काम करते बीत जाये जिसमें वे पिछले कई वर्षों से काम कर रहे हैं। बलदेव के मालिक की नज़र से देखें तो बलदेव जीवनपर्यन्त उस खेत में काम करते रहेंगे क्योंकि शारीरिक श्रम के मामले में उनकी उपयोगिता नगण्य होते हुए भी उनके अनुभव उनकी उपयोगिता को ताउम्र बरकरार रखेंगे। उनका उस खेत में बैठे–बैठे देखभाल करना, खेत के मालिक को कई चिन्ताओं से मुक्त रखता है।

सतपुड़ा की घाटियों में बसे इस छोटे से गाँव में बलदेव अपने परिवार के साथ रहते हैं। यह इलाक़ा 'धान का कटोरा' माना जाता है। ऊँचे–नीचे टीलों, पठारों और पहाड़ों में इन गाँववालों के खेत होते हैं। जिनमें से अधिकांश किसान खेती के लिए मुख्यतः बारिश के पानी पर निर्भर रहते हैं।

बलदेव की पत्नी जिन्हें अक्सर ही बकरियाँ चराते, कुएँ से पानी खींचते, मुर्गियों को दाना डालते या चूल्हे में फूँकनी मारते देखा जा सकता है, पूरी तरह से अपने गृहस्थ जीवन के लिए समर्पित हैं।

भारतीय किसानों का एक बड़ा हिस्सा किसान होने के साथ–साथ मज़दूर भी है। उनके अपने खेत या तो बहुत छोटे होते हैं, या भूमि बड़ी हो भी तो उसकी जोत टुकड़ों में होती है, या एक समान भूमि हो तो आवारा पशुओं की समस्या, घेराव की समस्या, आदि कई दूसरी समस्याओं से घिरे इन छोटे किसानों को खेती से जो मिलता है वह ज़िन्दगी गुज़र करने के लिए काफ़ी नहीं होता। छोटे किसानों के साथ एक समस्या सिंचाई की भी आती है, जिसकी वजह से वे वर्षभर

खेती नहीं कर पाते। परिणामस्वरूप अपने खेतों में मौसमी खेती करने के अलावा ये किसान दूसरों के खेतों में मज़दूरीनुमा खेती या अन्य तरह की दिहाड़ी मज़दूरी कर गुज़र–बसर करते हैं।

सिर्फ़ खेती के भरोसे ही न चल सकने वाला जीवन ही इनकी अगली पीढ़ियों को खेती की तरफ़ से विरक्त करता रहा है। और अब छोटे किसानों की घटती संख्या तथा व्यावसायिक रूप से बड़े पैमानों पर होती खेती में काम करते ये मज़दूर किसान ही भारतीय किसानों का एक रूप लगने लगे हैं।

कृषक–जीवन एवं उनकी समस्याओं को समझने के लिए सबसे छोटे किसानों (जिनके पास थोड़ी–सी ज़मीन है, परन्तु उनका मुख्य व्यवसाय खेती ही है) के जीवन को नज़दीक से समझने की ज़रूरत लगी। यही उद्देश्य लेकर कुछ किसानों से उनके अब तक के जीवन के अनुभव जाने।

उसी क्रम में बलदेव भाई से मुलाक़ात हुई। वे अपने जवानी के दिनों को याद करते हुए, तब से अब तक खेती में हुए परिवर्तनों के बारे में बताते हैं–

"इन्सान बहुत ही स्वार्थी है। वह सिर्फ़ अपने बारे में सोचता है। अगर मैं और मेरे भाई सिर्फ़ अपने बारे में नहीं सोचते तो आज हम सबके पास एक बड़ी ज़मीन होती, लेकिन अब जो हमारे पास है वह टुकड़ों में बँट गया है। बँटवारे के नाम पर टुकड़े होते–होते जो मेरा हिस्सा मिला उसे क्या ही ज़मीन कहा जायेगा, और क्या ही उस पर खेती हो सकेगी। ऐसे में मज़दूरी ही एक सहारा बनती है। पढ़ा–लिखा होता तो कोई सरकारी मुलाजिम ही लग जाता। मुझे तो दस्तावेज़ों पर अपना नाम भी लिखना नहीं आता तो ऐसे में मज़दूर बनने के अलावा कोई उपाय नहीं बचता। ये और बात है कि मैंने मज़दूरी भी की तो बड़े लोगों के खेतों में। मेरी आत्मा खेती में ही बसती है। मैंने जीवनभर जो किया वह खेती ही थी। यही मेरा ज्ञान है, यही मेरा अनुभव और अब यही मेरे जीवन की पूँजी है। मेरा सब कुछ खेतों में, मिट्टी में ही है।

हमारे ज़माने में यह इलाक़ा बहुत वीरान और घने जंगलों वाला था। यहाँ बाहर का कोई आदमी नहीं भटकता था, चाहे नक्सली ही क्यों न हों। भालू, सियार वैसे ही दिखते थे जैसे आजकल कुकुर दिखते हैं।

पढ़ने के लिए कोई सरकारी स्कूल नहीं था। केवल एक स्कूल था मिशन वालों का, यहाँ से दसेक किलोमीटर दूर, उसमें पढ़ने के लिए पैसा लगता था जो हमारे पास नहीं था। इसलिए हमने जो थोड़ा बहुत अक्षर ज्ञान लिया वह 'सरना' के नीचे बैठकर। सरकार ने एक मास्टर दे दिया था जो खुले मैदान में पेड़ के नीचे हम इन्सानों को गाय–गोरु सा घेरे रहता था।

ज़्यादा पुरानी बात नहीं है। तीस–पैंतीस साल पहले ही यहाँ वाहनों की इतनी कमी थी कि गाँव का आदमी बड़े शहर जाने के लिए दो सौ–ढाई सौ किलोमीटर पैदल जाता था। नदियों पर लकड़ी के पुल थे, बारिश में जिनसे गुज़रना सम्भव नहीं होता था। अब तो किसानों के लिए भी सरकार की तरफ़ से इतनी मदद मिल रही है। पहले ऐसा नहीं था। इतनी आसानी से डीएपी, यूरिया नहीं मिलता था। मुख्यतः गोबर खाद, बकरी की लीद से बनी खाद आदि से ही खेती की जाती थी।

हमारे समय में चालानी खाद बहुत ही कम मिलता था। चालानी खाद जो मिलता था वो ग्राम सेवक से मिलता था, या फिर सोसाइटी वाले भी कभी–कभी दे दिया करते थे। सब सोचते हैं कि सरकार कुछ करती नहीं लेकिन सरकार क्या करे जब गाँव के मुखिया ही अपने किसानों को खाद न दें तो। ग्राम सेवकों को जो खाद मिलता था उसे वे किसानों को बाँटने की जगह ऊँचे दामों पर दूसरी जगह बेच देते थे। धाँधली करते थे। पैसा कमाने के लिए लालच में अलग व्यापार करते थे। वैसे भी सरकार की तरफ़ से जो खाद मिलता था वो आधा–बीघा में राखड़ वाला मिलता था। पहले की तुलना में अब किसानों के पास साधन ज़्यादा हैं। चालानी खाद भी मिलता है और पानी की भी सुविधा है। ये अलग बात है कि सरकार ने खाद बाँटकर रासायनिक खाद का प्रयोग करने पर मजबूर किया लेकिन चालानी खाद के दुष्परिणाम के बारे में कभी न सरकार ने बताया न बेचने वाले ने। अब खेतों की मिट्टी रसायनों के प्रयोग से आईसीयू में चली गयी है। किसान भी अब बिना यूरिया के खेती करने के बारे में नहीं सोचता।

पानी के लिए अब कुआँ खोदो कि बोरिंग करो, सब्सिडी मिल जाती है। सोलर प्लांट के लिए भी सरकार पैसा देती है। हमारे गाँव में ही देख लो किसानों ने हैण्डपम्प के लिए सोलर वाली छत लगा रखी है।

अब ग़रीब और छोटे किसान के पास भी सिंचाई के लिए पानी है। हमें तो आसमान में आँख गढ़ाये रखनी पड़ती थी। पूरी खेती बारिश पर निर्भर थी। बस एक राजा साहब थे जिनके पास रहट था, सिंचाई के लिए मशीन थी। बाक़ी हम ग़रीब किसानों के पास न रहट होते थे न नदी–नहर से पानी खींचने वाली मशीन। वैसे भी कोई फल–सब्ज़ी लगाता नहीं था। धान–गेंहूँ बस लगाते थे जो बारिश के पानी के सहारे पल जाते थे, क्योंकि उस समय मौसम इतना ऊपर–नीचे नहीं होता था। होता भी था तो दो–पाँच साल में एक बार। आज की तरह हर साल ही मौसम की मार नहीं पड़ती थी। फिर, गोबर खाद, बकरी लीद की खाद आदि डालने से खेत जल्दी सूखते नहीं थे। फ़सल भी मज़बूत होती थी। आज रासायनिक खाद डालने से दो दिन में मिट्टी सूख जाती है। पेड़–पौधों एवं जंगल की अधिकता से वातावरण में नमी भी बनी रहती थी, और अपने जशपुर में तो आठ महीने बारिश होती थी, इसलिए धान–गेहूँ के लिए पानी की कमी नहीं आती थी।"

'फ़सल के लिए दवा आदि नहीं मिलती थी?', पूछने पर बलदेव भाई हँसते हुए कहते हैं, *"पहले मौसम मिट्टी सब इतना बुरा नहीं था। फ़सल कम ख़राब होती थी। चालानी खाद ने जितना फ़सल को तेज़ किया उतना मिट्टी को धीमा कर दिया।*

मौसम की क्या कहें लोग भी बहुत बदल गये हैं। अब सब कुछ ही बदल गया है। पहले किसान बिन बिरादरी के भी भाई–भाई होते थे। सब मिल जुलकर रहते थे। व्यापार भी असबाबी होता था। बाटर था। इसलिए किसी चीज़ की कमी नहीं होती थी। जिसके पास जो ज़्यादा था वह उसी को दूसरे को देकर जो कम है वह ले लेता था। इससे माथे पर बोझ भी कम पड़ता था। जब से रुपये में लेन–देन होना शुरू हुआ तबसे सब मतलबी हो गये। मुझे तो लगता है जब से ये लिखा–पढ़ी शुरू हुई तब से अख़बारों में किसानों के मरने की ख़बरें दिखने लगीं। यूँ तो मेरे इतने सालों के जीवन में मैंने अपने इलाक़े में,

अपनी बिरादरी या रिश्तेदारी में किसी किसान को क़र्ज़–वर्ज से आत्महत्या करते नहीं देखा।"

किसान आत्महत्या को लेकर पहली सूचना पी साईंनाथ ने 'द हिन्दू' में ग्रामीण मामलों में सन 1990 में दी थी। बलदेव भाई के मुताबिक़ भी यह वही समय है जब से ये खेती के क़र्ज़ आदि की लिखा–पढ़ी शुरू हुई।

'औरतों की स्थिति में क्या–क्या बदलाव देखे?' पूछने पर बलदेव भाई कहते हैं, *"अरे अब क्या कहें।। गाँव में तो औरतें पहले भी घर के बाहर काम करती थीं, अब भी करती हैं। चूल्हे के लिए तब भी लकड़ी–पत्ती बीनने जंगल जाती थीं, अब भी जाती हैं। खेतों में काम हो या मज़दूरी वह भी पहले की तरह ही करती हैं। हाँ अब नयी बहू–बेटियाँ पढ़ने लगी हैं। मज़दूरी की जगह नर्स बन सकती हैं, सिलाई मशीन चला सकती हैं। बहुत सारे सरकारी सेंटरों में काम कर सकती हैं...सरकार तो वैसे अब गैस चूल्हा भी देती है लेकिन गाँव के लोगों को लकड़ी–चूल्हे का जो स्वाद लगा है वह अब भी गाँव में चलता है, उसी का पका खाना भाता है।"*

आप कभी छोटे गाँव या खेतों में गये हैं? गाँव या खेत छोडिए शहरों की सब्ज़ी मण्डियों में भी औरतें सब्ज़ी बेचती दिख जायेंगी। ये सब्ज़ी वाले भी तो किसानों का ही एक रूप हैं। मगर, सामान्य रूप में जब भी किसानों की बात होती है, खेतों में काम करते, हल जोतते, मैले से कपड़े पहने किसी पुरुष की ही छवि आँखों में उभरती है। हालाँकि 1957 में आयी फ़िल्म 'मदर इंडिया' ने बहुत कोशिश की कि किसान पर पुरुषत्व के वर्चस्व का एकाधिकार न दिखाते हुए महिलाओं का योगदान और खेती से उनका ज़मीनी जुड़ाव भी दिखाया जाये, मगर फ़िल्म वालों का वह प्रयास बहुत अधिक सफल नहीं हो पाया।'

जशपुर के एक घर में खाना पकाने का काम करती नीलमणि अपने घरेलू खेतों की देखभाल भी करती हैं। पैंतालीस साल की नीलमणि अकेले रहती हैं। शादी के बाद पति से अलगाव हुआ, माता–पिता जीवित नहीं हैं और भाई उन्हें खेतों में काम के समय ही याद करते हैं।

नीलमणि के नाम पर अपनी कोई ज़मीन नहीं है, मगर वे बचपन से खेतों में काम करते हुए ही बड़ी हुई हैं।

नीलमणि कहती हैं, *"धान का रोपा हो या मिर्चा टूटें, खेतों में खटते हुए सबसे ज़्यादा औरतें ही दिख जायेंगी"*

विशेषज्ञ मानते हैं कि यदि कृषि में स्त्रियों को बराबरी का दर्जा मिले तो खेती–बाड़ी में उनकी बढ़ती सहभागिता से उत्पादन में बढ़ोत्तरी हो सकती है, भूख और कुपोषण की समस्याएँ हल हो सकती हैं। इतना ही नहीं यदि महिलाओं को सुअवसर मिलें तो न सिर्फ़ दूसरी हरित क्रान्ति सम्भव है बल्कि देश के विकास का रूप भी बदल सकता है।

पर अंकों के आधार पर देखा जाये तो यह दुखद ही है कि खेत में बराबरी से काम करती महिलाओं के पास भारत में ज़मीन का मालिकाना हक़ न के बराबर है। 2010–11 की कृषि जनगणना के अनुसार वर्तमान में भारत में केवल 12.78 प्रतिशत कृषि जोत ही महिलाओं के नाम पर हैं। हालाँकि प्रशासन ने स्त्रियों के कृषि में रुझान को बढ़ाने और बनाये रखने के लिए कई योजनाएँ चलायी हैं पर ये योजनाएँ एवं उनकी सही–सही जानकारी इन महिलाओं तक नहीं पहुँच पाती।

ये महिलाएँ आज भी, घरेलू काम जैसे जंगल से चूल्हा जलाने के लिए लड़की–पत्ते बीनना, मवेशियों के लिए चारा तैयार करना, पानी की व्यवस्था आदि सभी कामों में मुख्य भूमिका अदा करती हैं, परिणामस्वरूप उनकी पहचान मात्र एक श्रमिक या पुरुष किसानों की सहायक के रूप में ही होती है।

विश्व खाद्य एवं कृषि संगठन की मानें तो भारतीय खेती–बाड़ी में महिलाओं का योगदान तक़रीबन 32 प्रतिशत है जबकि कुछ राज्यों में महिलाओं का योगदान खेती एवं ग्रामीण अर्थव्यवस्था में पुरुषों से भी ज़्यादा है। उत्तर–पूर्व के बाज़ारों में कभी देखिएगा तो महिलाओं का एकछत्र राज दिखेगा।

यह हालातों का दुखड़ा ही है कि आधे से भी ज़्यादा कृषि कार्यों का भार अपने कन्धे पर उठाती ये महिलाएँ किसान होने का दर्जा नहीं प्राप्त कर पाती हैं और सिर्फ़ गृहिणी, मज़दूर या सहायिका का तमगा ही पाती हैं।

किसे फ़र्क़ पड़ता है कि ये स्त्रियाँ इन तमगों की परवाह करती हैं या नहीं करतीं। इस अवधारणा से कोसों दूर, इसकी परवाह किये बिना, कई स्त्रियाँ मुख्य कृषक बनकर मज़दूरी कर अपने कन्धों पर परिवार के भरण–पोषण का ज़िम्मा उठाये हुए हैं। भारतीय किसानों की खेती की दशा–दुर्दशा की बातें इन स्त्रियों की बात सुने बिना पूरी नहीं हो सकतीं। यह देखे बिना पूरी नहीं हो सकतीं कि खेती में परिवार के दो नहीं चार हाथ लगे होते हुए भी वह इतना डूबता व्यवसाय क्यों बनता जा रहा है।

खेतों में कितनी गहराई तक इन स्त्रियों की जड़ें पसरी हैं यह समझने के लिए किसी महिला किसान के अनुभव जानना एवं उनके जीवन को क़रीब से देखना भी एक अलग नज़रिया दे सकता है।

इसी प्रयास में जब मैं सावित्री से मिली तो वह हल्दी की जड़ों को टटोलती, मिट्टी से सने हाथों के साथ कोई लोकगीत गुनगुना रही थी–

रीना बरन से करलों मैं लेवा बीड़ा साजइन,
ए साजइन धुचरू–धुचरू बीड़ा जीव के डहना गोइया साजइन
हारहवा हों थाकल, बरद हों थाकल गोइया साजइन
साजइन आऊरो थाकलें हामर मुठिया धांगरा लाल साजइन

सावित्री एक खेत में दिहाड़ी पर काम करती हैं। वहाँ काम करते हुए उन्हें तक़रीबन पाँच साल हो चुके हैं। अपने जीवन के बारे बताते हुए वे कहती हैं,–

"हम पाँच भाई–बहन थे। मैं बचपन से ही माता–पिता के साथ खेतों में काम करने जाती रही हूँ। धान का रोपा, कटाई, घास छाँटने के समय ख़ासकर।

धान बोने से पहले मेरे पिता होलिका की राख को मुँह–अँधेरे किसी का चेहरा देखे बिना खेत में छींट आते थे। कुछ लोग इस राख को खेत में गाढ़ भी देते हैं। हमारे इलाक़े में यह एक तरह की पूजा है। आज भी लोगों का इसमें विश्वास है। हमारी तो मिट्टी ही भगवान होती है। उसी से पेट भरते हैं उसी की पूजा करते हैं।

हमने भी वही सीखा। जोत बहुत ज़्यादा नहीं थी। इसलिए पिताजी मज़दूरी करते थे। छोटे से खेत से पाँच भाई–बहनों का पेट कैसे पलता? जब गुज़ारा ही ठीक से न हो पाता हो, ऐसे में पढ़ाई कैसी? हम सभी

भाई–बहन अनपढ़ ही हैं। मैं सबसे बड़ी थी। इसलिए चौदह बरस में ही मेरी शादी हो गयी थी। मेरी शादी के थोड़े ही दिन बाद मेरी माँ का देहान्त हो गया। इसलिए छोटे भाई–बहनों की देखरेख के लिए मुझे मायके के घर को सँभालना पड़ता था।

ससुराल में भी ज़्यादा पैसा नहीं है, आधा एकड़ ज़मीन है बस। जब पति थे तब मुश्किल फिर भी थोड़ी कम लगती थी, मगर उनके गुज़र जाने के बाद सब मुझे ही देखना पड़ा। बच्चे छोटे थे लेकिन मेरे साथ रोपा के लिए खेत जाते थे, ठीक वैसे ही जैसे मैं अपने बचपन में जाया करती थी।

मैं चाहती थी तीनों अच्छे से पढ़–लिख लें, कुछ बन जायें लेकिन न उनकी पढ़ने में रुचि थी, न मेरे पास पढ़ाने के लिए ज़्यादा पैसा। बड़ा नौवीं पढ़ा है, मँझला दसवीं पास और छोटा अभी ग्यारहवीं पढ़ रहा है। मैं चाहती थी कि बच्चे अच्छा पढ़ लेते तो अच्छा कमाने लगते। खेती में पैसा नहीं है। बच्चे भी अपना भविष्य खेती में नहीं देखते। ख़ुद के पास ज़्यादा ज़मीन नहीं है और कहीं और खेती करना मज़दूरी है जिसमें ज़्यादा पैसा नहीं मिलता। ऐसे में खेती छोड़कर कोई और काम ही सहारा लगता है।

बड़ा बेटा एक जगह मुंशी लगा है। यूँ तो मँझला मेरे साथ एक खेत में ही काम करता है। अच्छा काम कर रहा है, मालिक पैसा भी अच्छा देते हैं और बहुत कुछ नया भी सिखाते हैं। छोटा पढ़–लिख के कुछ बन गया तो ठीक वर्ना वो भी कहीं मजूरी ही करेगा।"

'आपने कमाई के अभाव में किसी किसान को आत्महत्या करते देखा है?' पूछने पर सावित्री कहती हैं, "हमने तो नहीं देखा। हमारे यहाँ के किसान भूखे नहीं मरते। न ही क़र्ज़ के डर से किसी को मरते देखा। घर का चूल्हा जलाने के लिए जंगल से लड़की–पत्ता सब मिल जाता है। हमारी जड़ें तो खेतों में ही हैं, लेकिन सिर्फ़ अपनी ज़मीन पर खेती करने से गुज़र–बसर नहीं हो पाता। जिस साल अच्छी फ़सल हो जाती है उससे साल–छह माह के लिए धान खाने हो जाता है। बाक़ी सोसाइटी से जो राशन मिलता है उससे चलता है। पहले सोसाइटी से अनाज (गेहूँ) का दलिया मिलता था तो वो खा

लेते थे। यूँ हम लोग अनाज त्यौहार पर ही खाते हैं। त्यौहार पर ही अनाज की रोटी बनाते हैं। बाक़ी दिन साग–भात खाते हैं।

सब्ज़ी में भी हम लोग भाजी ज़्यादा खाते हैं। जंगल से, धान कटने के बाद खेतों से, नदी किनारे से, सब जगह अलग–अलग तरह की स्वाद भाजी मिल जाती है। पैसा भी नहीं लगता और शरीर को ताक़त भी मिलती है। आलू के खेत में मिलने वाली फिरकी भाजी हम लोग सबसे ज़्यादा खाते हैं। झीलो भाजी भी बहुत खाते हैं। ये सब भाजी अपने आप पैदा होता है। इसे लगाने में बीज–खाद का झंझट नहीं काटने की मेहनत नहीं। मिट्टी आदमी को खाने के लिए मुफ़्त में ही इतना दे देती है कि आदमी भूखा न मरे।

मैंने बहुत बुरे दिन भी देखे हैं। पति के जाने के बाद ससुराल वालों से कोई मदद नहीं मिली, उल्टा उन लोगों ने बहुत परेशान किया। मगर, जब से मैंने घर से बाहर निकलकर काम करना शुरू किया है थोड़ी चिन्ता कम हुई है। खेती ही करती हूँ, अपने खेत में न सही किसी दूसरे के खेत में। ठीक–ठीक कमा लेती हूँ, गुज़ारा आसानी से हो जाता है। दस–बारह साल हो गये कमाते हुए। अब तो बच्चे भी कमाने लगे हैं। ज़िन्दगी आराम से कट ही जायेगी।"

छोटे क़द की सावित्री अभी महज़ चालीस के आस–पास होगी, मगर जीवन ने उन्हें दर्शन इस तरह सिखा दिया है कि उनके माथे पर चमकता तेज और होंठों पर पसरी मुस्कराहट उनके जीवन में फैली शिकन को कभी उजागर नहीं होने देती।

वे मेहनत में विश्वास करती हैं। ईमानदारी से अपना काम करती हैं। जीवन से बहुत ज़्यादा उम्मीदें नहीं पालतीं। आज में जीती हैं और कल के लिए बस अपनी मेहनत के भरोसे रहती हैं।

सावित्री और बलदेव जैसे छोटे किसानों ने, जिनके पास बहुत कम ज़मीन हैं, अपने लिए मज़दूरी को स्वीकार लिया है। धीमे–धीमे इनके ज़मीन के टुकड़े बँटते–कटते जा रहे हैं, और ये छोटे किसान किसी बड़े समन्दर में मिलने वाली छोटी गुमनाम पहाड़ी नदी से लगने लगे हैं जिनका अपना अस्तित्व दुनिया के सामने नगण्य होता है।

इन किसानों की विलुप्ति के कारणों एवं लाभहीन खेती के कारणों में भारतीय युवाओं एवं किसानों के वंशजों का कृषि से उखड़ता मन भी है। शिक्षा के क्षेत्र में कृषि विज्ञान से जुड़े लोगों से बात करने पर पता चला कि भारत में पढ़ रहे करोड़ों विद्यार्थियों में बहुत ही छोटा–सा हिस्सा कृषि विज्ञान में अपना रुझान दिखाते हुए उसे उच्च शिक्षा के लिए चुनता है।

इंजीनियर, डॉक्टर, फ़िल्म, मॉडलिंग, कला, पत्रकारिता, शिक्षक, उद्यमी, निवेश बैंकिंग, बैंकिंग, आदि की लम्बी सूची में कृषि–विज्ञान के चुनाव का स्थान सबसे अन्तिम पायदान पर है। कहने को तो हम एक कृषि प्रधान देश हैं। फिर भी हमारे यहाँ कृषि शिक्षा की तरफ़ दिखती घोर उदासीनता निराशाजनक ही है। युवा आज कृषि की तरफ़ उदासीन हैं क्योंकि उनके सामने कृषि और कृषकों की एक दरिद्र छवि प्रस्तुत है। वे कृषि से जुड़ी सम्भावनाएँ एवं इसकी क्षमताओं से अनभिज्ञ हैं, साथ ही उन्हें इसमें अच्छे पैकेज की उम्मीद भी नज़र नहीं आती।

वर्तमान में जहाँ अधिकांश माता–पिता मोटी सैलेरी की उम्मीद अपने बच्चों के लिए करते हों वहाँ कृषि जैसे दरिद्र समझे जाने वाले पेशे में कौन अपने बच्चों को झोंकना चाहेगा?

यद्यपि कृषि के बारे में हमारे सामने प्रस्तुत यह जानकारी पूरी सत्य नहीं। सिर्फ़ जागरूकता एवं सही जानकारी का अभाव है। अन्यथा अर्थशास्त्री कृषि को सम्पूर्ण विकास के लिए महत्त्वपूर्ण नहीं मानते, न ही वे अन्य क्षेत्रों की तुलना में विकास के लिए कृषि को चार गुना प्रभावी बताते। कृषि विशेषज्ञों की माने तो कृषि ही एक ऐसा क्षेत्र है जो कभी 'आउटडेटेड' नहीं होगा। जब तक मनुष्य का अस्तित्व है तब तक भोजन की आवश्यकता कृषि को जीवित रखेगी। कृषि युवा उद्यमियों के लिए सोने की खान साबित हो सकती है यदि वे इसमें गहराई से उतरें और मेहनत करें।

निकट भविष्य में यदि यह सम्भव हो सकेगा तो सिर्फ़ सही शिक्षा और ज्ञान से। शिक्षा जिसमें कृषि का स्तर अभी भी दोयम दर्जे का ही है।

माध्यमिक स्तर पर कृषि, पाठ्यक्रम में होने के बावजूद सरकार और शिक्षकगण दोनों ही ओर से इसके प्रति उदासीनता नज़र आती है। सावित्री के बच्चों की तरह गाँव–देहात के कितने ही बच्चे पढ़ाई छोड़कर पारिवारिक खेती–किसानी में लग जाते हैं, परन्तु सही ज्ञान का अभाव एवं चली आ रही रूढ़ि से न ही तो उन्हें लाभ मिलता है न ही दिलचस्पी बरकरार रहती है।

उच्च शिक्षा में भी दो फ़ीसदी से कम ही छात्रों के कृषि विज्ञान पढ़ने की सूरत दिखती है। आज विद्यालयी शिक्षा में वही लोग कृषि पढ़ते हैं जिन्हें कॉलेज में उन विषयों की पढ़ाई करनी है। परन्तु ये विद्यार्थी भी खेतों में उतरकर अपने ज्ञान का उपयोग कर खेती की दिशा बदलने के बारे में शायद ही कोई विचार रखते हों।

शिक्षा आयोग की सिफ़ारिशों के बाद 1964–66 के दौरान भारत सरकार ने हर राज्य में कम–से–कम एक कृषि विश्वविद्यालय खोले जाने का प्रस्ताव पारित किया। बावजूद इसके सालों तक खेती हमारे मुख्यधारा के पाठ्यक्रमों का हिस्सा नहीं रही। आज की सूरत में विश्वविद्यालयों से तक़रीबन पचास हज़ार से अधिक छात्र कृषि विज्ञान में उच्च शिक्षा हासिल कर निकलते हैं। फिर भी ये विद्यार्थी, गाँव जहाँ कृषि की आत्मा बसती है, से दूर भागते हैं।

कृषि शिक्षा प्रणाली में भी ज़रूरी सुधारों की आवश्यकता है। वर्तमान कृषि शिक्षा पिछले 200 वर्षों के इतिहास पर आधारित है। उससे पहले क्या होता था यह अनदेखी करते हुए कुछ लाइने खींच दी गयी हैं, जिन्हें आधार मानकर शिक्षा ली–दी जा रही है। इसे रोचक बनाया जा सकता है, यदि कुछ सौ की जगह हज़ार साल पहले क्या होता था, की पड़ताल की जाये तो।

आँकड़े बताते हैं कि आज देश में 668 कृषि विज्ञान केन्द्र हैं जिन पर भारत सरकार द्वारा सालाना क़रीब 878 करोड़ रुपये ख़र्च किये जाते हैं फिर भी ज़मीनी स्तर पर कृषि विज्ञान में होने वाली शोधों को वह फ़ायदा नहीं मिल पाता जो मिलना चाहिए। वहीं दूसरी ओर 1950–51 से आज हमारा अनाज उत्पादन चार गुना एवं बागवानी छह गुना बढ़ी। इसके अलावा 28.2 लाख टन फल

और 66 लाख टन सब्ज़ियों के उत्पादन के साथ भारत विश्व में फलों और सब्ज़ियों का दूसरा सबसे बड़ा उत्पादक है। जबकि इन आँकड़ों के ठीक विपरीत 2001 की जनगणना के आँकड़े दूसरी ही कहानी कहते हैं। 2001 में हुई जनगणना के मुताबिक़ पिछले दस वर्षों में क़रीब सत्तर लाख किसानों ने खेती करना बन्द कर दिया है। राष्ट्रीय अपराध लेखा कार्यालय द्वारा प्रस्तुत किये गये आँकड़ों के अनुसार 1995 से 2001 के बीच सत्रह वर्षों में '7,50,860' किसानों ने आत्महत्या की है।

ये आँकड़े ही मन को विचलित करते हैं, सवाल उठाते हैं, पूछते हैं कि क्या यही है हमारा कृषि प्रधान देश? यही है तरक़्क़ी का नया रूप? और क्या होगा यदि धीरे–धीरे गाँवों में बसते ये किसान पूरी तरह विलुप्त हो जायेंगे या भारत में सिर्फ़ पूँजीपतियों द्वारा की जा रही व्यावसायिक स्तर की खेती रह जायेगी।

विश्वगुरु से कृषि प्रधान देश बनने तक

बलदेव भाई और सावित्री के जीवन में कृषि तब से है जब से वे स्वयं का अस्तित्व इस दुनिया में मानते हैं। साथ ही कृषि उनकी कमाई से तब से जुड़ी है जब से वे किसी भी रूप में काम करने या धन कमाने से जुड़े हैं। फिर भी दुखद यह है कि उनका परिवार ग़रीबी रेखा के नीचे आते हैं या उन्हें धन–धान्य से भरपूर नहीं कहा जा सकता। अपनी कई ज़रूरतों के लिए उन्हें धन की कमी रहती है। भारत में सावित्री या बलदेव भाई जैसे लाखों किसान हैं जो कृषि से जुड़े होते हुए भी इस कृषि प्रधान देश में ग़रीब मज़दूर की श्रेणी में आते हैं।

आपने यदि सत्तर के दशक की कोई फ़िल्म देखी होगी तो उस समय इस तरह की कहानियों का चलन था जिनमें किसी बसे–बसाये, भरे–पूरे परिवार को नष्ट करने के लिए कैसे उनका कोई दुश्मन या प्रतियोगी सारी जायदाद और धन हड़पने या व्यापार नष्ट करने के लालच में धीमे–धीमे, एक–एक कर परिवार को तोड़ता है। उसकी जड़ों पर वार करता है और उन्हें निर्धनता की ओर धकेलता है।

भारतवर्ष जो कभी सोने की चिड़िया और विश्वगुरु कहलाया जाता था, उसके साथ भी ब्रिटिश शासन में कुछ ऐसा ही हुआ। आज हम भारत को कृषि प्रधान देश कहते हैं अर्थात् यहाँ की जनसंख्या का एक बड़ा हिस्सा कृषि द्वारा गुज़ारे पर निर्भर है। क्या आपके मन में कभी यह सवाल उठता है कि क्या वाक़ई भारत हमेशा से ऐसा ही था जहाँ की अधिकांश जनसंख्या दरिद्रता में जी रही हो, सिर्फ़ खेतों के भरोसे जीवनयापन कर रही हो, मर रही हो, उदासीनता भोग रही हो? क्या वाक़ई

भारत हमेशा से एक कृषि प्रधान देश था जहाँ की अधिकांश आबादी सिर्फ़ कृषि पर आधारित थी?

यहाँ 'नहीं' कहना असमंजस में डाल सकता है अतः यह कहना ज़्यादा उचित होगा कि पहले भारतीय परिवार आंशिक रूप से कृषि पर निर्भर थे। भारत में ब्रिटिश शासन के शुरू होने यानी लगभग तीन सौ साल पहले तक भारतीय परिवारों की आजीविका का मुख्य स्रोत कृषि एवं कुटीर उद्योग था। वे कृषि करते थे परन्तु पूर्णतः कृषि आधारित जीविका वाले लोग कम ही होते थे। अधिकांश जन कृषि के साथ–साथ कुटीर उद्योग, बुनकर, कुम्हार, लोहार, आदि काम करते थे। गाँववालों की छोटी–छोटी ज़रूरतें गाँव में ही पूरी हो जाया करती थीं। एक सामंजस्य था अर्थव्यवस्था में।

यह बिक्री भी अधिकतर बाटर सिस्टम यानी असबाबी व्यापार की तरह होती थी। सामान के बदले सामान। यूँ तो मुद्रा का चलन भारतीय अर्थव्यवस्था में बहुत पहले से है। परन्तु उस समय अधिकांश लेन–देन सामान से ही हो जाता था। एक तरह का चक्र बना हुआ था आपसी निर्भरता का।

ज़्यादा पुरानी बात नहीं है, माँ बताती हैं जब उनके पिता यानी मेरे नाना पहली बार अपने पिता का घर छोड़कर व्यापार करने एक–दूसरे गाँव में गये तो वहाँ वे मकान मालिक को किराये के रूप में रुपये की जगह एक पसेरी घी देते थे, क्योंकि उनके यहाँ गायें थीं और वे बहुत छोटे स्तर पर दूध–घी की बिक्री करते थे। साथ ही वे पैसे का इस्तेमाल करते थे। अपनी परचून की दुकान से बिक्री–लेन–देन सभी पैसे से ही होता था, पर, जिन जगहों पर सम्भव था सामान देकर काम चलाया जा सके वहाँ सामान से काम चल जाता था। अब यह पूरी तरह बन्द हो गया है।

इतिहासकारों का कहना है कि ब्रिटिश शासन से पहले तक भारत में हर गाँव एक देश की तरह काम करता था। हालाँकि मुग़लकाल में यह पद्धति कुछ प्रभावित हुई थी फिर भी कार्यशील थी।

इस पद्धति के अनुसार, हर गाँव में हर तरह के काम करने वाले लोग होते थे, जैसे बढ़ई, लोहार, कुम्हार, बुनकर, दर्ज़ी, मोची,

चमार, कुछ लोग सब्ज़ियाँ उगाते थे, लोग जंगल में उगने वाली सब्ज़ी–भाजी भी खाते थे, दोना–पत्तल बनाने वाले होते थे, वैद्य होता था, ग्वाले होते थे (क्षेत्रीय मवेशियों के अनुसार)। यदि गाँववालों को उनके गाँव में कोई कमी रहती थी तो उसके लिए मेले होते थे। यह जो मेलों का चलन है वह इसलिए ही था। साल में एक या दो बार बड़े मेले लगते थे, जिनमें से लोग अपनी सालभर की ज़रूरतें पूरी करते थे। जिन्हें बेचना होता था वे दूसरे मेलों में जाकर बेचते भी थे। एक बसी–बसायी अर्थव्यवस्था थी। जिसमें सभी का मिला–जुला योगदान था।

तो फिर ऐसा क्या हुआ कि भारतीय पूरी तरह कृषि आधारित हो गये और भारत एक कृषि प्रधान देश बन गया। भारत के कृषि प्रधान देश बनने की एक कहानी है जो हमें कोई नहीं सुनाता, बस हम हैं, यह बता दिया जाता है।

इस कहानी की शुरुआत हुई सन् 1757 में, सत्रहवीं सदी आधी ख़त्म हुई तो मुग़लों का पतन शुरू होने लगा और ईस्ट इंडिया कम्पनी की जड़ें भारत में पसरने लगीं। प्लासी के युद्ध में नवाब सिराजुद्दौला ईस्ट इंडिया कम्पनी से हार गये और बंगाल पर ब्रिटिश शासन ने क़ब्ज़ा कर लिया।

ब्रिटिशों ने भारत में निवेश के नाम पर एक जाल बिछाया जिसका उद्देश्य आर्थिक लूट के अलावा और कुछ नहीं था। ईस्ट इंडिया कम्पनी चाहती थी कि भारतीय व्यापार पर उनका एकछत्र राज रहे। कोई दूसरा देश ही क्या कोई दूसरी ब्रिटिश कम्पनी भी भारत की तरफ़ न देखे। इसके लिए उन्होंने अन्य यूरोपीय देशों जैसे डच और फ्रांस के साथ भी लड़ाइयाँ लड़ीं।

भारत को लूटने के लिए कम्पनी ने चालाकी अख्तियार की और भलमनसाहत दिखाते हुए लूट के लिए 'कर' का सहारा लिया। कम्पनी के अधिकार में जो बम्बई, कलकत्ता और मद्रास जैसे समुद्री क्षेत्र थे वहाँ की स्थानीय जनता पर कर लगाने शुरू किये। इसका उद्देश्य सिर्फ़ एक ही था अपना ख़ज़ाना भरना। वे अपने इस उद्देश्य में न सिर्फ़ सफल हुए बल्कि बंगाल, बिहार और दक्षिण भारत के कुछ हिस्से

अपने अधीन कर लिए। इन क्षेत्रों की सरकारी आय अब कम्पनी के अधीन थी। इतना ही नहीं स्थानीय राजाओं, जमींदारों और नवाबों की सम्पत्ति पर भी वे सर्प बन कुण्डली मारकर बैठ गये।

ईस्ट इंडिया कम्पनी ने लगान लगाकर जो पैसा वसूला उसे वे देश के बाहर ले जाते रहे जबकि मुग़लकाल में काफ़ी हद तक ऐसा नहीं था। तब भी प्रजा को कर देना पड़ता था लेकिन वसूल किये गये कर को देश की समृद्धि के लिए देश में ही ख़र्च कर दिया जाता था। ब्रिटिश इसके ठीक विपरीत कर और लगान वसूली की राशि को वस्तुओं और क़ीमती धातुओं के रूप में ब्रिटेन भेजते रहे। ऐतिहासिक तथ्य बताते हैं कि उस समय में ब्रिटेन आय का दो प्रतिशत हिस्सा भारत से प्राप्त होने वाली आय थी।

ईस्ट इंडिया कम्पनी ने भारत की नींव पर हमला करते हुए यहाँ के घरेलू व्यापार और कुटीर उद्योग को हानि पहुँचायी। इसके लिए दो काम किये, पहला, भारत से कच्चा माल ब्रिटेन भेजा, दूसरा, उसी कच्चे माल से ब्रिटिश कारखानों में बन रहे माल को भारतीय बाज़ार में उतारना शुरू किया। ब्रिटिश मिल में बने कपड़े जब भारतीय बाज़ार में लाये गये तो वे हाथों से बने भारतीय कपड़े की तुलना में सस्ते दामों में उपलब्ध कराये गये। नतीजा यह हुआ कि भारतीय जनता ने देसी महँगे कपड़े के सामने सस्ते विदेशी कपड़े को चुना, जिससे भारतीय वस्त्र उद्योग का पतन शुरू हुआ।

भारतीय जनमानस कृषि करता था लेकिन वह उसके साथ–साथ आजीविका के लिए दूसरे छोटे–छोटे व्यवसायों एवं बाटर सिस्टम पर भी निर्भर था। ब्रिटिश शासन ने दोनों की ही कमर तोड़ी। खेती के बाद यदि भारतीय सबसे ज़्यादा निर्भर थे तो वह था सूती वस्त्र उद्योग। भारत में पहले छोटे रेशे वाली कपास की पैदावार होती थी जिससे बुनकरों द्वारा करघे से देसी कपड़ा बाज़ार के लिए माल तैयार किया जाता था। वहीं दूसरी ओर ब्रिटेन व यूरोप में मिलों के लिए बड़े रेशे वाले कपास की माँग थी जिसके लिए भारतीय कपड़ा बाज़ार को न सिर्फ़ सस्ते कपड़े उपलब्ध कराकर बल्कि किसानों को भी बड़े रेशे वाली कपास उगाने के लिए मजबूर किया गया।

ब्रिटिशों ने हालाँकि इसे कृषि का व्यापारिक स्तर पर विकास कहा मगर इसके पीछे उनकी मंशा भारतीय गृह व्यापार को तोड़ने की एवं ब्रिटेन में चल रही औद्योगिक क्रान्ति के तहत तैयार हो रहे माल के लिए बाज़ार ढूँढ़ने की ही थी। यही कारण था कि उन्होंने सिर्फ़ सूती कपड़ा व्यापार नहीं बल्कि बंगाल के जूट हस्तशिल्प व कश्मीरी शॉल व चादरें, जिनकी वैश्विक बाज़ार में भी बहुत माँग थी को, ब्रिटिश मशीनीकृत उद्योग व स्कॉटिश उत्पादों की तुलना में खड़ा कर दिया जो सस्ते होने के कारण भारतीय हस्तशिल्प को लीलते गये।

भारतीय बाज़ार को व्यापारीकरण के नाम पर जो दूसरे बड़े धक्के लगे वे थे यहाँ के काग़ज़ एवं लौह–इस्पात जिन्हें क्रमशः ब्रिटेन के चार्ल्स वुड एवं ब्रिटिश लोहे से मार पड़ी। चार्ल्स वुड कम्पनी को भारत में लाकर ब्रिटिश शासकों ने भारत के सुप्रचलित काग़ज़ उद्योग को नष्ट करने के लिए सभी सरकारी कामकाज से बेदख़ल कर दिया। यह आदेश पारित किया गया कि सरकारी कामकाज में सिर्फ़ ब्रिटेन से ख़रीदा गया काग़ज़ ही इस्तेमाल होगा। ऐसे ही जब ब्रिटेन से आयातित लोहे के सामने भारतीय इस्पात को ठुकराया गया तो वह भी अपना अस्तित्व नहीं बचा पाया।

भारत में जब कपड़ा, काग़ज़, इस्पात का व्यापार प्रभावित हुआ तो इन व्यापारों से जुड़े कारीगर भी प्रभावित हुए बिना नहीं रह सके। परिणाम यह निकला कि वे नगरों से ग्रामीण क्षेत्रों एवं कृषि की ओर पलायन करने लगे। हालाँकि उस समय भारतीय बाज़ार एकीकृत नहीं था जिसका फ़ायदा यह मिला कि कुछ हिस्सों के भारतीय कारीगर प्रभावित होने से बच गये जैसे बढ़ईगिरी, कुम्भकारी, लुहारगिरी आदि। परन्तु वर्तमान में जब सड़क किनारे गर्मियों में मटका बेचने वालों की हालत देखते हैं तो यह समझ पाना कठिन नहीं होता कि ब्रिटिश शासकों के चले जाने के दशकों बाद भी पश्चिमी सभ्यता से भारत में आयी फ्रिज जैसी तकनीक ने इन बचे–कुचे कारीगरों को कितना नुक़सान पहुँचाया है।

अधिकतर जब हम भारत की वैश्विक स्थिति समझने की कोशिश करते हैं तो ख़ुद को एक पिछड़े हुए देश का अंश कहते या देखते हैं।

वरन यह पूरा सच नहीं है। इतिहास में जाकर जब आँकड़े देखें तो हम पायेंगे कि विश्व के सम्पूर्ण औद्योगिक उत्पाद में भारत की भागीदारी का ब्रिटिश शासन लगते ही कैसे पतन हुआ। 1800 ई. में जो भागीदारी 19.6% थी वह 1860 ई। तक गिरकर 8.6% रह गयी एवं 1913 ई. तक आते–आते यह मात्र 1.4% पर सिमट गयी।

क्या ये आँकड़े हमें यह समझाने के लिए काफ़ी नहीं हैं कि ब्रिटिश शासन से पहले भारत वैश्विक स्तर पर एक पिछड़ा हुआ नहीं बल्कि मज़बूत देश था।

गुलामी के दिनों में भारत ने जो खोया वह यहाँ के कुटीर–लघु–उद्योगों के रूप में हज़ारों वर्षों से चली आ रही वह पूँजी थी जिसने न सिर्फ़ भारत की अनोखी सभ्यता को सदियों तक बचाये रखा बल्कि उसे एक सम्पूर्ण आत्मनिर्भर या गाँधी जी की भाषा में कहें तो 'पूर्ण स्वराज्य' राष्ट्र बनाये रखा।

पूँजीवाद से पहले भारतीय अर्थव्यवस्था का आधार माने जाने वाले ये हस्तशिल्पी, पूँजीवादी उत्पादन प्रणाली के विकसित होते ही ख़ुद सिमटते चले गये। यह एक ऐसी स्वाभाविक प्रक्रिया घटित हुई जिसने भारतीय अर्थव्यवस्था को गहरी चोट पहुँचायी। पश्चिम के मशीनीकरण की देखादेखी यह व्यवस्था भारत में पूरी तरह और ठीक से लागू नहीं हो पायी, अतः यहाँ एक अधकचरी–सी व्यवस्था दिखती है। इसके दो मुख्य कारण थे। एक तो यह कि भारत में अब भी कुछ सुदूर ग्रामीण इलाक़ों में इस पूँजीवाद का असर नहीं है, ये भारतीय सदियों से चली आ रही परम्परा को छोड़ इस नये तरह के विकास को अंगीकार करने के लिए पूरी तरह से तैयार नहीं है। दूसरा मुख्य कारण कि भारत कोई दो–चार सौ साल पुराना हालिया विकसित देश नहीं है, बल्कि सदियों पुरानी सभ्यता है जिसका अपना तौर–तरीक़ा, अपनी एक सम्पूर्ण विकसित, पूर्ण रूप से आत्मनिर्भर व्यवस्था–अर्थव्यवस्था थी। ऐसे में पश्चिम के प्रभाव ने इसे अधकचरा बना दिया।

परिणामस्वरूप एक ओर जहाँ पश्चिम में बेरोज़गार शिल्पी आधुनिक कारखानों में रोज़गार पा गये क्योंकि वे उसके लिए तैयार किये गये थे, वहीं दूसरी ओर भारत में बेरोज़गार शिल्पी गाँव की ओर मुड़ गये।

एक तो उतने बड़े स्तर पर भारत में मशीनीकरण नहीं हुआ था कि एक विशाल जनसमूह को जिसे बेरोज़गार बना दिया गया था, काम दिया जा सके, और दूसरा ये देसी लोग न तो इन मशीनों के लिए तैयार किये गये थे न ही शिक्षित किये गये थे। यह विशाल जनसमूह जब सब तरफ़ से अँधेरे में डूबने लगा तो उसे सिर्फ़ कृषि ही एक सहारा लगी, जहाँ मेहनत करके वे कम–से–कम अपने लिए भोजन जुटा सकते थे। कृषि पर पड़े इतने विशाल जनसमूह के बोझ ने गाँव के ग़रीबों और बेरोज़गारों को पनपने नहीं दिया। भारतीय पारम्परिक संरचना के लिए यह बड़ा आघात था जिसके घाव पूँजीवाद की मलहम भी नहीं भर पायी।

आयुर्वेद के आदी इन भारतीयों को वैसे भी पूँजीवाद की ये अंग्रेज़ी मलहम फ़ायदा नहीं पहुँचाने वाली थी क्योंकि यह उसके लिए बनी ही नहीं थी। यह तो अंग्रेज़ों की सोची–समझी साज़िश थी कि औद्योगिक पूँजीवाद के लिए तैयार किये जाने के नाम पर भारत के घरेलू शिल्पियों को नष्ट किया जाये ताकि भारत एक कृषि प्रधान देश के रूप में लाचार और परतन्त्र खड़ा रहे।

यह कुनीति इतने पर ही नहीं रुकी। महज़ एक कृषि प्रधान देश बना देना ही ब्रिटिश शासकों का अन्तिम उद्देश्य नहीं था। बल्कि ये यहाँ की भूमि पर वाणिज्यिक फ़सलों की खेती कराना चाहते थे। इसके लिए भी उन्होंने क़दम–दर–क़दम ज़मींदार, छोटे किसान, बड़े किसान, रैयतवाड़ी, महालवाड़ी, भू–राजस्व जैसी व्यवस्थाओं के नाम पर खेती में मनमानी शुरू की। उन्होंने बड़े किसानों को वाणिज्यिक फ़सलें उगाने के लिए निजी मुनाफ़े का लालच दिया जिसका परिणाम यह निकला कि भारत में अनाज की कमी और खाद्यान्न की बढ़ती क़ीमतों ने ग़रीबों के सामने महँगाई की डायन से नाच नचाया।

खाद्यान्न की क़ीमतों में बढ़ोतरी के अलावा भू–राजस्व ने भारतीय किसानों की रीढ़ पर वार किया। भू–राजस्व नाम की तलवार से किया गया यह वार भारतीय अर्थव्यवस्था के लिए जितना नुक़सानदायी था, ब्रिटिश शासकों के लाभ के लिए उतना ही आवश्यक। भारत में अपने साम्राज्य को स्थापित करने के लिए अंग्रेज़ों को धन की आवश्यकता थी जिसकी पूर्ती भू–राजस्व से हो सकती थी।

सत्रहवीं सदी में लागू हुई भू–राजस्व की इस योजना ने ब्रिटिश शासन के लिए दूध में घी का काम किया। इसके लिए उन्होंने ज़मींदार नाम का एक ऐसा वर्ग तैयार किया जिनका काम ब्रिटिशों के समर्थन में देशी किसानों से कर वसूलना था। इससे ब्रिटिशों को दो फ़ायदे हुए, एक तो वे सीधे इस वसूली में अपनी ऊर्जा गँवाये बिना एवं प्रशासनिक मामलों में उलझे बिना कर की राशि वसूल सकते थे। दूसरा उन्होंने भारत में एक ऐसा वर्ग तैयार किया जिसे लगता था कि ब्रिटिश शासकों के रहने से उन्हें भी फ़ायदा है। भले ही इस फ़ायदे के लिए उन्हें अपने ही देशवासियों का ख़ून क्यों न चूसना पड़े।

उस सदी में बनाये गये ज़मींदार एक तरह से ऐसे बिचौलिये थे जो किसानों और ब्रिटिश शासकों के मध्य रहकर लेन–देन कराते थे। वे भूमि के स्वामी कहलाते थे परन्तु भू–राजस्व में से उन्हें मात्र 1–11 भाग ही मिलता जबकि ब्रिटिश सरकार इसका 10/11 भाग रखती थी। यह जानना हैरान ही करता है कि 1790–91 में भू–राजस्व के नाम पर की गयी वसूली की यह रक़म 2.68 करोड़ थी जोकि मूल फ़सल उत्पादन का हिस्सा नहीं बल्कि सिर्फ़ भूमि के किराये से वसूली गयी थी। इससे अंग्रेज़ों ने अपनी उस क्षति की भरपायी कर ली जो उन्होंने प्लासी की लड़ाई से कुछ दशक पहले दो करोड़ रुपये की क़ीमती धातुओं के रूप में भारतीय वस्तुओं को ख़रीदने में ख़र्च की थी।

भू–राजस्व की इस व्यवस्था ने यह तय कर दिया कि सरकार को नियमित और अधिकतम कर मिलता रहे जो उनके साम्राज्यिक विस्तार के लिए ईंधन की तरह कार्य करता। भू–राजस्व लागू होने से पहले भारत में ज़मीनों पर परम्परागत तरीक़ों से किसानों का आधिकारिक वर्चस्व था, मगर इस व्यवस्था के लागू होते ही न सिर्फ़ वे अधिकार ख़त्म हुए बल्कि इस व्यवस्था ने उनकी ज़मीनों को ख़रीदने–बेचने की श्रेणी में ला खड़ा किया।

बुज़ुर्गों की कहानियों में अक्सर ही ये क़िस्से सुने हैं कि अंग्रेज़ों के आने से पहले जब भारत में राजाओं और नवाबों का शासन था तब ख़ुश होकर राजे–महराजे ज़मीन दे दिया करते थे। उस समय जनसंख्या भी अधिक नहीं थी। अतः ज़मीनी बँटवारे की इतनी किल्लत

नहीं थी। शासक प्रजा की मेहनत से ख़ुश होकर या प्रजा से ख़रीदी गयी किसी वस्तु के भुगतान में भी भूमि का टुकड़ा दे दिया करते थे। जो जहाँ जिस गाँव क्षेत्र में रह रहा होता था वहाँ वे एक कुटुम्ब की तरह भूमि पर मिलकर खेती करते थे और यही तरीक़ा उनका परम्परागत तरीक़ा था।

खेती ही नहीं मवेशियों के लिए बने प्राकृतिक चारागाह, तालाब एवं जंगल भी भू–राजस्व की व्यवस्था लागू होते ही ज़मींदारों के अधिकार में चले गये। किसानों को हर कार्य के लिए भूमिकर देना पड़ता था। यह भी माना जाता है कि ज़मींदार बनाकर ब्रिटिशों ने अपनी एक ऐसी सेना तैयार कर ली थी जो अपने ही लोगों से लड़ उनके अधिकार छीन रही थी, परन्तु ब्रिटिश ज़मींदारों के प्रति भी नर्म दिल नहीं थे। सत्रहवीं सदी के अन्त में बना सूर्यास्त क़ानून इसकी गवाही देता है कि कैसे ज़मींदारों के प्रति कड़ा रवैया अपनाया जाता था।

इस क़ानून के तहत यदि एक निश्चित तिथि के सूर्यास्त तक सरकार को लगान नहीं दिया गया तो ज़मींदार की ज़मींदारी नीलम की जाती थी साथ में उनके ख़िलाफ़ कड़ी कार्यवाही भी की जाती थी जिसमें किसी प्रकार की सज़ा या पुनः ज़मींदारी न मिल सकने जैसी बातें सामने आती हैं।

भू–राजस्व के नाम पर शुरू हुई यह स्थायी व्यवस्था पहले–पहल बंगाल, बिहार, उड़ीसा एवं उत्तर प्रदेश में बनारस तक ही सीमित थी परन्तु बाद में इसे पूरे देश में धीमे–धीमे लागू कर दिया गया।

भू–राजस्व से होने वाले नुक़सानों की चर्चा के लिए मैं जब एक ज़मींदार परिवार के वंशजों से मिली तो एक मज़ेदार बात जानने में आयी। वे कहते हैं, *"ऐसा माना जाता है कि अंग्रेज़ों के आने से पहले तक भारत में दो ही वर्ग थे, अमीर और ग़रीब। शासक और प्रजा। शासक में राजा, उनके मन्त्री, सेठ आदि, और बाक़ी सब प्रजा। काल मार्क्स ने भी ब्रिटिश शासन से पहले तक भारत में दो वर्गों की ही बात स्वीकारी थी। ज़मींदारी प्रथा के बाद ही भारत में मध्यम वर्ग की नींव पड़ी। यह वह वर्ग था जो अचानक भूमि पर मिले अधिकारों के चलते ग़रीब किसानों से ऊँचे ओहदे पर था परन्तु ब्रिटिशों से नीचे था।*

यह और बात है कि यह वर्ग भी ब्रिटिशों द्वारा किये गये दमन और शोषण की ही कहानी कहता है।"

ज़मींदारी प्रथा एवं भू–राजस्व का चित्रण सत्तर के दशक की कई फ़िल्मों में मिलता है। यह कर व्यवस्था ही थी जिसने भारतीय किसानों को दरिद्रता की ओर धकेला। पहले घरेलू व्यवसाय को चोट पहुँचाई गयी, फिर उनकी भूमि हड़पी गयी और उसी भूमि पर उनसे मनमानी खेती करायी गयी जिसके लिए भी उनसे कर वसूला गया। चाहे बाढ़ आये या सूखा पड़े, चाहे फ़सल ख़राब हो या अकाल पड़े किसान को हर स्थिति में ज़मींदार को कर देना पड़ता था। आपत्ति के समय किसानों की सारी स्थिति ज़मींदारों की दया पर निर्भर करती थी। वस्तुतः पूरी तरह ज़मींदारों पर भी नहीं क्योंकि वे खुद भी सरकार के मोहरे मात्र थे। यदि वे किसानों पर दया करते तो उनकी ज़मींदारी नीलामी की कगार पर खड़ी हो जाती। जिसे ख़रीदने के लिए शहरी साहूकार एवं एजेंट तैयार खड़े रहते। जो ज़मींदारों के बाद बिचौलियों का नया रूप बने। ये भी किसानों का शोषण ही करते थे। यही वह समय था जब देश में कृषि की हालत बिगड़ी क्योंकि कर का भुगतान करते–करते किसानों के पास खेती करने के लिए पूँजी नहीं बचती थी और बिचौलियों को खेती के विकास में कोई दिलचस्पी नहीं थी उन्हें सिर्फ़ भूमिकर से मतलब था।

यहाँ यह कहना ज़्यादा उचित होगा कि ब्रिटिश शासक भी यही चाहते थे। उन्हें उनकी योजना कारगर होती दिखती थी जिसके तहत वे किसानों को पारम्परिक फ़सलें छोड़कर वाणिज्यिक फ़सलें उगाने के लिए मजबूर कर सकें।

नील, अफ़ीम, बड़े रेशे वाली कपास, मलबरी रेशम ये सभी फ़सलें ब्रिटिशों के विस्तार और विकास के लिए सहयोगी थीं। किसानों को इन फ़सलों में मुनाफ़ा दिखाया गया क्योंकि पारम्परिक फ़सलें उन्हें कर देने के साथ–साथ जीवन गुज़ारने की स्थिति में नहीं छोड़ती थीं, अतः किसानों को वही फ़सलें उगाने के लिए प्रोत्साहित किया गया। पूर्व में चाय–कॉफ़ी के बाग़, पंजाब में गेहूँ पर दवाब, पटसन, तिलहन के उत्पादन पर ज़ोर देने को ब्रिटिशों के लाभ से अलग नहीं रखा

जा सकता। यह लाभ प्राप्त करने वाला सम्पूर्ण वर्ग जिसमें ब्रिटिश सरकार के साथ–साथ ज़मींदार और बिचौलिये भी शामिल थे, पूरी ज़िम्मेदारी किसानों पर डाल देते थे। अर्थात् इन नक़दी फ़सलों के लिए बाज़ार में माँग बढ़ती तो मुनाफ़ा शोषक वर्ग को मिलता लेकिन जब बाज़ार मन्दा होता तो नुक़सान का भार शोषित हो रहे वर्ग यानी किसानों को उठाना पड़ता। ये किसान अपनी इन फ़सलों की बिक्री के लिए पूरी तरह से अन्तरराष्ट्रीय बाज़ार पर निर्भर बना दिये गये थे। उनके पास इन फ़सलों के लिए कोई देसी बाज़ार नहीं था। परिणामस्वरूप देश में अकाल, भुखमरी की बारम्बारता रही। जिन किसानों ने अपनी ज़मीनों पर पारम्परिक फ़सलें उगानी बन्द कर दीं जोकि उनका खाद्यान्न भी थीं वह किसान भोजन के लिए पूरी तरह 'मुद्रा–मुनाफ़े' पर निर्भर हो गया। यह मुनाफ़ा अन्तरराष्ट्रीय बाज़ार पर निर्भर करता था।

यह एक पूरा चक्र था जिसमें सारा बोझ किसानों के कन्धों पर पड़ रहा था। उनके पास अब खाने के लिए अपना अनाज नहीं था। अनाज उन्हें अब बाज़ार से उस मुनाफ़े से ख़रीदना पड़ता था जोकि नगदी फ़सलों से प्राप्त होता था। ये नगदी फ़सलें उगाने के लिए बीज खाद की व्यवस्था करने के लिए पैसे की ज़रूरत पड़ती थी जो किसान साहूकार व महाजनों से लेते थे और इस तरह वे किसान क़र्ज़ के बोझ में डूबते जाते थे। इस चक्र में उलझकर कृषि पिछड़ी, कृषक पिछड़े, कृषकों पर आधारित गाँव पिछड़े और गाँव पर निर्भर करता यह देश पिछड़ा।

यह अलग बात है कि अंग्रेज़ मियाँमिट्ठू बनते हुए आज भी यही कहते हैं कि उन्होंने भारत में अच्छी सरकार दी, कृषि को विकास दिया, देश को तरक़्क़ी दी, लेकिन वहीं दूसरी ओर जब अन्तरराष्ट्रीय स्तर पर भारत की ग़रीबी दिखायी जाती है तो अंग्रेज़ों का वही विकास नदारद रहता है।

वे सिद्ध करते दिखते हैं कि भारत में संचार एवं यातायात का विकास अंग्रेज़ों की देन है। वरन भारतीय परम्परा और व्यवस्था को

समझा जाये तो इस आत्मनिर्भर देश की पुरातन व्यवस्था को यातायात के उन साधनों की आवश्यकता ही नहीं थी।

भारत में रेल विकास का असल कारण ब्रिटिश काल में यहाँ बढ़ा आयात–निर्यात था। भारत से कच्चे माल का निर्यात तथा ब्रिटिश मिलों में बने माल का आयात ही वह कारण था जिसकी ज़रूरत रेल लाइन ने पूरी की। ब्रिटिश सेना का सुरक्षित दूरदराज स्थानों तक पहुँचाया जाना, और भारत में जगह–जगह पनपते विद्रोह को फ़ौरन कुचलने की आवश्यकता ने ब्रिटिश शासकों द्वारा रेल लाइन का विकास कराया। जिसे हम भारत की प्रगति समझकर भ्रम में रहे।

दादा भाई नौरोजी जिन्हें प्रथम राष्ट्रवादी चिन्तक कहा जाता है, ने कई बार हम भारतीयों की आँखों से ब्रिटिशों द्वारा की गयी तरक़्क़ी का झूठा पर्दा उठाने की कोशिश की और बताया कि भारत से बाहर गया धन सिर्फ़ ब्रिटिशों की लाभ मुद्रा नहीं थी बल्कि भारत की पूँजी थी। अठारहवीं सदी के अन्त में लगभग चार मिलियन पाउंड स्टर्लिंग राशि भारत से ब्रिटेन गयी।

दादा भाई नौरोजी जैसे चिन्तकों ने इसी तरह के कई तथ्य प्रस्तुत किये और यह बताया कि कम ब्याज पर अन्तरराष्ट्रीय मुद्रा बाज़ार से जिस रक़म को दिलाने की बात को अंग्रेज़ भारतीय विकास से जोड़ते हैं। असल में भारत को उस पूँजी की ज़रूरत नहीं थी, क्योंकि जिस तरह अंग्रेज़ भारत में हुए मुनाफ़े की बात कहकर धन संचय की कहानी गढ़ते हैं वहाँ उसे क़र्ज़ लेने की ज़रूरत ही नहीं पड़ती।

ब्रिटिशों द्वारा लगाये गये तरक़्क़ी के झूठे पर्दे ने यदि भारत को कुछ दिया तो वह था एक ऐसे वर्ग का जन्म जिसकी दिलचस्पी और दृष्टिकोण भारतीय न होकर विदेशी था। ब्रिटिश काल में ब्रिटिशों द्वारा दी गयी शिक्षा प्राप्त इस वर्ग ने ब्रिटिश वस्तुओं को ही संरक्षण प्रदान किया और आज भी कर रहा है।

यह वर्ग अपने ही देश के उन लोगों से दूर होता चला गया जिसे साज़िशन ग़रीब, मजबूर और दरिद्र बनाया गया था। दूसरे शब्दों में कहें तो सम्पूर्ण कृषक एवं ग्रामीण वर्ग।

यहाँ दुःख की बात यह है कि तीन सौ सालों में जो नुक़सान इस देश का हुआ उसकी भरपाई आज तक नहीं हो पायी है। आज भी बिचौलियों की मौजूदगी और पारम्परिक खेती के लिए मण्डियों के अभाव में इस देश का किसान नुक़सान भुगत रहा है।[1]

1. इस अध्याय में प्रस्तुत सभी बातें एवं तथ्य बुज़ुर्गों, ज़मींदारों के वंशजों, इतिहास से जुड़ी किताबों, दादा भाई नौरोजी द्वारा लिखे गये लेखों, दृष्टि द विज़न द्वारा उपलब्ध पढ़ाई–सामग्री एवं इंटरनेट पर उपलब्ध डाटा पर आधारित है।

कहानी विलुप्त होते छोटे किसानों की

"किसान हमेशा हाशिये पर रहे हैं। अन्नदाता और उनके बच्चे ही अक्सर भूख और क़र्ज़ से मरते हैं। छोटे किसानों की हालत यह है कि वो अपनी औलाद से हाथ जोड़कर खेती को अपना व्यवसाय न बनाने की गुज़ारिश कर रहा है। मेरी माँ ने भी मुझे अपनी क़सम देकर खेत से दूर किया था। इसकी बदौलत मुझे अपने परिवार से दूर रहकर नौकरी करनी पड़ रही है। उस माँ के दर्द को आप समझ सकती हैं।"

ये कहना है कन्हैया सिंह तोमर का। कन्हैया नवादा, बिहार के रहने वाले हैं। नवादा बिहार का एक बेहद छोटा–सा गाँव है जो सारण ज़िले में पड़ता है।

कन्हैया ने 12–13 साल की उम्र में अपने पिता को खो दिया था। पिता की मृत्यु ने छोटी–सी उम्र में परिवार का भार उठाने की ज़िम्मेदारी भी उनके नन्हे कन्धों पर डाल दी। चार बहनों के बाद जन्मे कन्हैया इकलौते होने की वजह से पढ़ाई के साथ–साथ पिता का पारम्परिक व्यवसाय खेती सँभालने लगे। फिर ऐसा क्या हुआ कि कन्हैया की माँ को उन्हें खेती छोड़ने के लिए मजबूर करना पड़ा? पूछने पर कन्हैया कहते हैं–

"मैं आठवीं में पढ़ता था जब 51 वर्ष की उम्र में पिताजी की असमय मृत्यु हो गयी। वे एक किसान थे और बाप के साथ बेटा भी खेती सीख ही जाता है। यही वजह थी कि उनकी मृत्यु के बाद से मैंने उनका काम सम्भाल लिया। सब कुछ बहुत कठिन था। माँ अकेली हो गयी थीं। उन्हें मेरी बड़ी बहनों के ब्याह की चिन्ता सताती थी।

मेरी पढ़ाई और काम को लेकर भी चिन्तित रहती थीं। क्योंकि खेती से हमें बहुत मुनाफ़ा नहीं मिलता था बस जैसे–तैसे गुज़रा हो रहा था।

मेरे पिताजी के समय में उत्तम खेती, मध्यम वाण और जघन्य नौकरी का सिद्धान्त प्रचलित था। यही कारण था कि मेरी दादी ने पिताजी को नौकरी नहीं करने दी जबकि उनके पास शिक्षक और बिहार पुलिस दोनों के ऑफ़र थे। वे चाहती थीं कि एक ही बेटा है तो वह घर पर रहकर पैतृक व्यवसाय यानी खेती सँभाले। खेती में मुनाफ़ा नहीं था इसलिए हमने बहुत तंगी भरे दिन गुज़ारे। मैं तो सबसे छोटा था इसलिए मुझे उतना याद नहीं लेकिन मेरी माँ ने बहुत कठिनाइयाँ झेली हैं। परिवार की ज़िम्मेदारी मुझ पर थी। मैं खेती के साथ–साथ पढ़ाई करता था। 2002 में मेरा विवाह हो गया, तब मैं स्नातक में था।

मेरे पास लगभग आठ एकड़ ज़मीन है। जिसमें मैं पारम्परिक फ़सल गेहूँ और धान उगाता था। इसके अलावा ऊपरी हिस्से में जो बलुई मिट्टी है उसमें सरसों, आलू, अरहर और मक्का होते थे। सारी पैदावार को व्यापारी आते थे घर पर और ले जाते थे क्योंकि मैं मण्डी जाकर बेचता तो पढ़ाई कब करता। इसलिए व्यापारी घर से ही ले जाते थे लेकिन दाम अपेक्षा से कम देते थे, जो जीवन निर्वाह के लिए काफ़ी नहीं होता था।

हम किसानों के साथ मार्केटिंग की बड़ी समस्या है। जितना नुक़सान हमें मौसम की मार पहुँचाती है उससे कहीं ज़्यादा बिचौलिये पहुँचाते हैं, जो किसानों की फ़सल को अनाप–शनाप, औने–पौने दाम में ख़रीदते हैं। हालाँकि अब पहले से कुछ ठीक हुआ है। ई–हाट की जो स्कीम शुरू हुई उसमें काफ़ी मण्डियाँ जुड़ी हुई हैं, जिससे किसानों की पहुँच बढ़ी है और बिचौलियों का रोल थोड़ा कम हुआ है। ये अलग बात है कि इस स्कीम के बारे में अभी कम ही किसान जागरूक हैं...समय लगेगा।

मैंने बहुत कोशिश की अपनी खेती को बेहतर बनाने की ताकि मुनाफ़े की खेती हो सके। इसके लिए मैं पढ़ाई के साथ–साथ कृषि से जुड़ी शिक्षा और ट्रेनिंग लेता रहता था। राजेन्द्र कृषि विश्वविद्यालय,

पूसा में ट्रेनिंग होती रहती है, मैंने भी वहाँ से बहुत कुछ सीखा। नाबार्ड के माध्यम से वहाँ एक किसान क्लब बना है, उससे जुड़ा था। मेरी कोशिश रहती थी कि मैं एक जागरूक किसान बनूँ। खेती के अलावा मैंने साइड इनकम के लिए गाँधी आश्रम से जुड़कर माँ के लिए एक चरखा ला दिया। महीनेभर उससे काती गयी सूत के बदले सिर्फ़ 1200—1500 रुपये मिलते थे। ***गाँधी जी के सिद्धान्त अच्छे थे, लेकिन आप ही बताइए कोई महिला महीना भर मेहनत करे और उसे 1500 रुपये मिलें तो आज के ज़माने में उसका गुज़ारा कैसे होगा?***

वही समय था जब सब तरफ़ से हार देखती मेरी माँ ने मेरे आगे हाथ जोड़ लिए थे और कहा था—बेटा कोई माँ नहीं चाहती कि उसका बेटा उससे दूर रहे लेकिन ऐसे जीवन निर्वाह नहीं हो सकेगा। तेरे पिता की स्थिति भी मैं देख चुकी हूँ और मैं नहीं चाहती कि तेरी स्थिति भी वैसी हो जाये इसलिए अब खेती छोड़ दो और बाहर जाकर नौकरी करो।

अब मैंने अपने खेत किराये पर दे दिये हैं जिसके किराये के बदले हम फ़सल का ही एक छोटा—सा हिस्सा ले लेते हैं। इस बार वह भी नहीं मिला, हमारे यहाँ सूखा पड़ गया है और वह किसान बहुत रो रहा था कि कैसे सब होगा, ऐसे में मुझे अपने दिन याद आ जाते हैं और मैं किराया छोड़ देता हूँ। इस बार हम भी अनाज बाहर से ख़रीदकर खा रहे हैं, और वह भी।"

कन्हैया ने 1996 से 2012 तक 16 वर्ष खेती की। बचपन से ही खेती से जुड़े कन्हैया को अन्ततः खेती छोड़ नौकरी करनी पड़ी और अब वे एक इंजीनियरिंग इंस्टीट्यूट में लाइब्रेरियन के पद पर कार्यरत हैं।

कन्हैया ने खेती तो छोड़ दी लेकिन उनका मन अब भी वहीं रहता है। वे चाहते हैं कि खेती और किसानों की हालत सुधरे। अपने अनुभवों से किसानों के सामने मुँह बाये खड़ी समस्याओं के बारे में वे कहते हैं,

"मैंने राजेन्द्र कृषि विश्वविद्यालय, पूसा से वर्मी कम्पोस्ट और मशरूम उत्पादन की ट्रेनिंग ली। वरदान संस्था से किट प्रबन्धन और

फ़सल क़िस्म संरक्षण के बारे में भी सीखा। अपडेट, शिक्षित और तकनीक से जुड़ा हुआ होते हुए भी मैं खेती से मुनाफ़ा नहीं कमा पाया, इसकी मुझे कई सारी वजहें समझ में आती हैं। हालाँकि ये मेरे और मेरे आसपास के इलाक़ों में देखे हुए निजी अनुभव हैं। पर क्या पता यदि इन पर काम हो तो कुछ हल हो सके।

हमारे यहाँ एक समस्या यह भी है कि 'चकबन्दी' नहीं है। यानी एक बीघा खेत है तो वह टुकड़ों में है। मैंने अनुभव किया है कि हम किसानों को फ़ायदा नहीं होता इसका एक बड़ा कारण जोत का टुकड़ों में होना भी है। जिससे समय, मेहनत और धन की खपत ज़्यादा होती है, मुनाफ़ा कम मिलता है। फिर हम छोटे किसानों के पास यन्त्र भी कम होते हैं। बिहार तो डेंसिटी में नम्बर एक पर है, यहाँ के किसान के पास उतना रकबा नहीं होता, क्षेत्रफल कम होता है। ऐसे में किसान क्या और कैसी खेती करे कि मुनाफ़ा हो, इसकी तकनीक जानकारी न होना भी एक समस्या है। कुल मिलाकर जैसे–तैसे जीवन निर्वाह खेती है हमारे यहाँ की।

जब तक किसानों के लिए लागत कम नहीं होगी तब तक सरकार कोई भी आ जाये, किसानों के हित के सारे वादे फ़िज़ूल हैं। एमएसपी बढ़ा दिया लेकिन डीजल, खाद, बीज और कृषि यन्त्र के दाम यथावत रहें तब तो कुछ उम्मीद भी बने लेकिन इनके भी दाम हवा गाड़ी पर बैठे रहते हैं।

तकनीकी जानकारी का अभाव तो है ही। हमारे यहाँ बिहार में एक संस्था है। अच्छा काम कर रही है, लेकिन उसके अन्दर अधिकांश लोग खानापूर्ती कर रहे हैं। उनका काम है सप्ताह में एक दिन किसानों के लिए पाठशाला लगाना, तकनीक के बारे में बताना, लेकिन संस्था वाले यंह सब काग़ज़ पर ही निपटा लेते हैं। असल में काम बहुत ही कम होता है।

अब हमारे यहाँ किसान यूरिया को ऐसे ही छिड़क देते हैं। इससे यूरिया भी ज़्यादा लगता है और फ़सल को नुक़सान भी होता है। वे लोग एक एकड़ में एक क्विंटल तक खपा देते हैं। जबकि स्प्रे करके एक किलो में काम हो जायेगा। छिड़काव का तरीक़ा ही

नहीं आता अधिकतर लोगों को। मैंने छिड़काव की यह तकनीक पूसा में सीखी थी और अपने खेत में जब प्रयोग किया तो मेरे गेहूँ की फ़सल बहुत बढ़िया हुई थी। इतनी कि दाना जब बालियों से फटकर बाहर आने लगा तो एकबारगी मुझे लगा कि गेहूँ को कोई बीमारी लग गयी है। लेकिन फिर बुज़ुर्गों से पूछा तो पता चला कि यह बहुत अच्छा हुआ है।

इसके अलावा क़र्ज़ तो समस्या है ही। मैंने एक किसान के लिए 'किसान–क्लब' के माध्यम से वर्मी कंपोज्ड का बेड बनवाया था। इसके ज़रिये मैंने अपने आसपास के किसानों को भी सिखाना चाहा था। पर, एक छोटा किसान क्या करे जब इस तरह के कामों में भी डीएओ ऑफ़िस तक में घूस ली जाती हो। आप चाहे वर्मी कंपोज्ड लगवाइए, चाहे पोली हाउस, चाहे स्प्रिंकलर, किसानों के हित में जितनी सरकारी योजनाएँ हैं उन्हें आवंटित करने वालों में उतने ही घूसखोर हैं। किसी भी काम के लिए आपको लोन पास कराना है, हमारे क्षेत्र में दस प्रतिशत घूस फ़िक्स है। बिहार सरकार यूँ पिछले पाँच सालों से कृषि हित में कई काम कर रही है। फ़सल सहायता योजना चला रही है, इसमें किसान को हर फ़सल पर लाभ मिल रहा है। साथ ही सरकार डीजल अनुदान भी दे रही है। पर यहाँ भी वही समस्या है। बीच में घूसखोरी बहुत है। दूसरा, अधिकांश खेती करने वाले बटाईदार हैं, जो दूसरों की ज़मीन पर खेती करते हैं। उनके लिए अलग योजनाएँ हैं और खेत मालिकों के लिए अलग। बटाईदारों को लाभ अधिक मिलना चाहिए क्योंकि फ़सल में पूरी मेहनत उनकी होती है, जबकि उनके लिए बनायी गयी योजनाओं से उन्हें खेत मालिक की तुलना में कम लाभ मिलता है।

आप किसान हों या नयी हों, कोई बात नहीं। आपके पास ज़मीन की रसीद नहीं तो पटवारी दूसरे की ज़मीन की रसीद काटकर काम कर देते हैं।

खाद ख़रीदने जाओ तो उसमें मिलावट, फ़सल बेचने जाओ तो बिचौलियों की मार। खेती–किसानी से जुड़े व्यापार में सबसे ज़्यादा लाभ में सिर्फ़ बिचौलिये ही होते हैं।

मैं व्यवस्था से लड़ते–लड़ते हार गया था। कहाँ–कहाँ लड़ता? आज जब मैं खेती छोड़ चुका हूँ तो लोग मुझसे कहते हैं–'देख कन्हैया एक तू यहाँ था और एक वहाँ है, कितना अन्तर है, यहाँ रहता तो मर गया होता।'

शारीरिक रूप से मैं बेहद कमज़ोर हो गया था। डिप्रेशन में भी चला गया था। बस मैंने आत्महत्या नहीं की, हिम्मत नहीं हारी। सिर्फ़ मैं ही क्या, मैंने अपने आसपास किसी किसान को हारकर आत्महत्या करते नहीं देखा। हम मेहनत करने वाले लोग इस तरह नहीं मरते, एक–दूसरे को प्रेरित करते हैं लड़ते रहने के लिए।

किसानों का तो उनका अपना नेता भी सगा नहीं होता। किसान भेड़ होता है और किसान संगठन का नेता भेड़िया। अपनी राजनीति सेकने के चक्कर में लोग किसान आन्दोलन जैसे काम करते हैं। इसकी जगह लोग किसानों की भलाई के लिए मेहनत करें तो खेती की शक्ल बदल जाये। ज़बरदस्ती आन्दोलन कराकर किसान की फ़सल, दूध आदि बर्बाद कर देते हैं। जबकि किसान ख़ुद कभी ऐसा नहीं कर सकता।

मैंने खेती छोड़ दी है इस बात का मुझे बेहद दुख है। पर उससे भी ज़्यादा दुःख इस बात का है कि ऐसा करने वाला मैं अकेला नहीं हूँ। मेरे जैसे कई अन्य किसान हैं मेरे आसपास जिन्होंने खेती छोड़ दी है। वे नहीं चाहते कि अभी उनके बच्चे खेती करें, ये और बात है कि वे अपने बेटों से यह भी कहते हैं–'आगे आने वाले बीस सालों में तुम्हें खेती की ओर ही रुख़ करना पड़ेगा।' ऐसे में बीस सालों तक उस ज़मीन की देख–रेख कौन करे?

पिछले बीस सालों में किसानों की स्थिति में बहुत ज़्यादा फ़र्क़ नहीं आया यही देखते हुए मैं अब अपने भविष्य में तो खेती की उम्मीद छोड़ चुका हूँ। हालाँकि मेरी हार्दिक इच्छा है कि मेरे बच्चों में से कोई एक कृषि वैज्ञानिक बने। जब मैं थक जाऊँगा तब नौकरी छोड़कर फिर गाँव जाना चाहता हूँ और अपने किसानों के लिए फिर एक कोशिश करना चाहता हूँ।"

कन्हैया को अब खेती छोड़े हुए सात साल हो चुके हैं। उनके खेत किराये पर लेकर कोई दूसरा किसान उस पर खेती कर रहा है।

वह कब तक करेगा? कब तक हिम्मत नहीं हारेगा? कन्हैया नहीं कह सकते क्योंकि अक्सर ही होने वाले घाटे से वह कब तक जूझेगा कौन जाने?

कन्हैया या उनके गाँव में खेती छोड़ने वाले किसान चन्द नहीं हैं, भारत में ऐसे कई हैं। दिन–दूने रात–चौगुने बढ़ रहे हैं। महाराष्ट्र में नागपुर से गढ़चिटोली जाते समय पहले 130 किलोमीटर के रास्ते में हरे–भरे खेत, नहर, नाले, नदियाँ देखने को मिलती थीं, जबकि अब वहाँ होटल, रेस्टोरेंट आदि व्यावसायिक इमारतें दिखती हैं।

कई टायर थ्री शहरों में जहाँ पहले खेती होती थी अब वहाँ मकान बनाने के लिए प्लॉट्स कटते जा रहे हैं। किसान मानते हैं कि जीवनभर खेती करके वे जो कमायेंगे उससे कहीं ज़्यादा मुनाफ़ा वे एक बार में ज़मीन बेचकर कमा लेंगे।

इन बिकती ज़मीनों में कृषि का भविष्य पंगु होता नज़र आता है। पर हम इसकी चिन्ता क्यों करें? मैं अक्सर ही ख़ुद से यह सवाल करती हूँ कि क्यों हमें इन किसानों के बारे में सोचना चाहिए जबकि कोई भी खेती छोड़े, हमें तो भोजन मिल ही रहा है न। हम क्यों परवाह करें कि ज़मीन के इन छोटे–छोटे टुकड़ों पर जब खेती बन्द हो जायेगी तो क्या होगा? क्या होगा जब कृषि प्रधान माने जाने वाले इस देश के किसान का बच्चा खेती नहीं करना चाहेगा?

इन सवालों के उत्तर में तीन बिन्दुओं को शामिल किया जा सकता है–

पहला : इन किसानों का टूटना–बिखरना भारत की अर्थव्यवस्था पर नकारात्मक प्रभाव डालता है।

दूसरा : जिन लोगों ने हमारी सभ्यता को हज़ारों सालों तक जीवित रखा हम उनको क्या दे रहे हैं?

तीसरा : जोकि हमारे हित में हैं, कि यदि भारत में पारम्परिक और छोटे किसानों द्वारा की जा रही खेती पूर्णतः बन्द हो गयी और सिर्फ़ व्यावसायिक खेती बची रही तो रसायनों के अति प्रयोग से उत्पन्न किये जा रहे, ज़बरदस्ती इंजेक्शन देकर पकाये जा रहे खाद्यान्न खाकर हम सब रसायनों से भरपूर हाड़–मांस का एक पुतला भर रह जायेंगे।

इन सब बिन्दुओं को सोचते हुए जब यह समझने की कोशिश की कि आख़िर ये किसान इतनी तेज़ी से खेती से विरक्त क्यों हो रहे हैं तो कुछ कारण समझ आये। कम शब्दों में समझें तो कृषि ने सही तरीक़े से तकनीकी विकास नहीं किया। जिसके कारण उपजाऊ क्षमता कम होती चली गयी। यहाँ तकनीकी विकास का अर्थ है मूलभूत एवं आधारभूत विकास। किसानों को तकनीकी के रूप में ट्रैक्टर, यन्त्र–उपकरण (ड्रोन आदि), एवं सिंचाई के साधन तो मिले लेकिन मिट्टी जो खेती की आत्मा होती है, उसकी मज़बूती के लिए ज़रूरी बातें नहीं बतायी गयीं। उदाहरण के लिए, खेतों को अब आईसीयू में रख दिया है। यूरिया डालते जाओ फ़सल उगाते जाओ। ठीक वैसे ही जैसे शरीर में ग्लूकोज़ डालते जाओ और उसे ज़िन्दा रखे रहो। अब यह बताइए कि इस तरह शरीर कितने दिन ज़िन्दा रह सकेगा, और जितने दिन रहेगा क्या स्वस्थ रहेगा? ठीक वैसे ही खेतों की उपजाऊ क्षमता भी रसायनों के अति प्रयोग से प्रभावित हुई है।

बलदेव भाई, सावित्री और कन्हैया की कही बातों में छोटे किसानों की बिगड़ती दशा के कई कारण साफ़ समझ आते हैं।

इन कारणों में एक है कि अब इन किसानों के पास उतनी बड़ी ज़मीन नहीं होती जिस पर ठीक से खेती की जा सके। यदि होती भी है तो टुकड़ों में। सामूहिक परिवारों के बिखरने से जैसे–जैसे ज़मीन के टुकड़े होते गये वैसे–वैसे भूमि के उस हिस्से पर खेती की सम्भावना कम होती गयी। यदि किसी के पास बड़ी ज़मीन है भी तो उस ज़मीन पर सिंचाई के लिए सुलभ साधन उपलब्ध नहीं हैं। जिनके पास सिंचाई के साधन हैं उनके पास फ़सल बेचने के लिए पहले की तरफ़ पारम्परिक मण्डियाँ नहीं हैं, जहाँ पारम्परिक तरीक़ों से हो रही पैदावार को बेचा जा सके।

मसलन देसी टमाटर और सलाद टमाटर में से सलाद टमाटर की माँग बाज़ार में ज़्यादा है। ऐसे में जो किसान देसी टमाटर उगाते हैं उन्हें सही दाम नहीं मिल पाते।

छोटे किसानों की बिगड़ती दशा का एक और कारण उनका समय के साथ विकसित न हो पाना भी है। उदाहरण के लिए,

पहले लैंडलाइन चलते थे, व्यापारियों के लिए समयानुसार एसटीडी। पीसीओ नया व्यापार बना। मोबाइल आया तो उसने लैंडलाइन का व्यापार ठप्प किया और पूरे मार्केट पर क़ब्ज़ा किया। अब जब से सब कुछ ऑनलाइन बिकने लगा है, मोबाइल से लेकर रीचार्ज तक तो उसने मोबाइल व्यापारियों के लिए मन्दी ला दी है। इस पूरी प्रक्रिया में व्यापारियों ने माथा पकड़कर रोने की जगह समय और ज़रूरत के हिसाब से व्यापार में बदलाव करते गये और आगे बढ़ते गये।

किसान के साथ समस्या रही कि वह समय के साथ बदला नहीं। वह देसी टमाटर लगाता है जो बिकता नहीं। इसकी जगह अब हाइब्रिड या अमेरिकन टमाटर लगा सकता है लेकिन उसके लिए उसे अपनी ज़मीन को उस हाइब्रिड बीज के लिए तैयार करना होगा जोकि वह यूरिया डालकर करता है। रासायनिक खाद से ज़मीन की प्राकृतिक उपजाऊ क्षमता प्रभावित होती है, ज़मीन को नुक़सान भी पहुँचता है, मगर उसकी भरपाई के लिए किसान कोई तैयारी नहीं करता। सीखने या जानने की कोशिश नहीं करता। रासायनिक खाद के अलावा जो कीटनाशक डाले जाते हैं, वे मिट्टी को जो नुक़सान पहुँचाते हैं उसकी भरपाई के लिए किसानों के पास न ही कोई सही जानकारी है न ही इलाज के तरीक़े पता हैं। हमारे देश में आज भी ऐसे कीटनाशक बिकते हैं जो कई देशों में बैन हैं।

समर्थ, जो पिछले कई वर्षों से छोटे किसानों के साथ काम कर रहे हैं, उनकी समस्याओं को समझने की कोशिश कर रहे हैं, कहते हैं : "छोटे किसानों का नुक़सान देश की अर्थव्यवस्था पर नकारात्मक असर डालता है। इन समस्याओं से उबरने के लिए किसान को चली आ रही कुछ नीतियों को बदलना होगा एवं सरकार को भी उन तक सही जानकारी पहुँचाने की ओर कुछ ठोस क़दम उठाने होंगे।"

समर्थ के अनुभवों, शोध और किसानों के साथ बिताये उनके समय से मैंने कुछ ऐसी बातें जानीं जो एक सामान्य व्यक्ति कभी नहीं जान सकता। हमारे लिए किसान की दयनीय अवस्था का एक ही कारण होता है, वह है धन का अभाव या क़र्ज़ में डूबती स्थिति। असल में सिर्फ़ यही कारण नहीं है। खेती को होने वाले नुक़सान के

कई सारे छोटे–छोटे कारण हैं जो साथ मिलकर एक विकराल रूप धारण कर लेते हैं। उन सभी बिन्दुओं पर क्रमशः यहाँ बात करने की कोशिश कर रही हूँ।

कुछ क्षेत्र ऐसे होते हैं, जहाँ सिंचाई के लिए सुगम साधन उपलब्ध नहीं हैं। वहाँ परम्परागत फ़सलों को छोड़कर दूसरी प्रजातियों की खेती की जा सकती है। इमारती लकड़ी की भी खेती होती है, यदि पानी की कमी है तो एलोवीरा, लेमन–ग्रास, मुनगा आदि लगाये जा सकते हैं, जो कम पानी में भी फलते–फूलते हैं। मुनगा न सिर्फ़ कम पानी में पनप सकता है बल्कि यह भूजल स्तर को ऊपर लाने में भी सहयोगी है, औषधीय गुणों के लिए प्रसिद्ध है, बड़ी मुनाफ़ेदार मण्डियों में इसकी पहुँच है, और यह बेहद कम देखरेख माँगता है।

गाँव में इस तरह की खेती करने वाले एक या दो किसान ही होते हैं। अन्य के पास या तो ज्ञान का अभाव होता है या वे कुछ नया करने से हिचकिचाते हैं।

चाराबन्दी भी एक अन्य समस्या है। खुले घूमते मवेशियों से फ़सल की सुरक्षा के लिए खेत की घेराबन्दी ज़रूरी होती है। जिसमें किसान को अच्छा–ख़ासा पैसा ख़र्च करना पड़ता है। पहले के लोग इसका एक कारगर उपाय मिल–जुलकर करते थे। गाँव में कोई खलिहान, जंगल या खुली भूमि जहाँ खेती न होती हो लेकिन वह हरी घास से पूरित हो उसे दिनभर के लिए मवेशियों का चरागाह बना दिया जाता। गाँववाले आपस में बारी–बारी गाँव के सारे मवेशियों को ले जाकर यह ज़िम्मेदारी निभाते। ऐसे में मवेशी खेतों में घुसकर फ़सलें ख़राब नहीं करते थे।

आज भी पंचायत में यह व्यवस्था होती है कि हर गाँव में चाराबन्दी लागू की जा सके। पशुओं को खुला न छोड़ा जाये। पर, अब यह व्यवस्था सिर्फ़ नियमावली की तरह दस्तावेजों में दर्ज भर रहती है। चाराबन्दी लागू करने के लिए चरागाह की ज़रूरत होती है और दुःख की बात यह भी है कि अब इस तरह के चरागाह के लिए ज़मीनें और जंगल ख़त्म होते जा रहे हैं। जंगलों के अलावा भी जो खुली ज़मीनें, टीले, पहाड़ हैं उन पर घास बस अब बारिश में नज़र आती है,

वर्षभर नहीं क्योंकि कच्ची नहर–नालियाँ ख़त्म होने से वाटर रीचार्ज नहीं होता। पानी नीचे तक नहीं जा पाता। जंगलों के कटने से बड़े पेड़ और गहरी जड़ों वाले पेड़ ख़त्म होते जा रहे हैं। जिनकी जड़ों के सहारे खनिज पदार्थ, मिनरल्स, माइक्रो न्यूट्रीएंट ऊपर आ पत्तों तक पहुँचते थे। वे पत्ते झड़कर ज़मीन पर गिरते थे, जिनके सड़ने से प्राकृतिक खाद बनती थी। मिट्टी में नमी बनी रहती है। इसी नमी से बारिश के अलावा दूसरे मौसमों में भी भूमि पर हरी घास उग सकती थी। अब क्योंकि घास और पेड़–पौधे कम हो गये तो केंचुए भी कम होते जा रहे हैं। केंचुए या अन्य सूक्ष्म जीवों की कार्यप्रणाली ऐसी है कि जब वे काम करते हैं तो ज़मीन में नीचे से ऊपर तक छोटी–छोटी नालियाँ बन जाती हैं। इनसे बारिश का पानी धरती भी सोखती है और केपिलरी एक्शन से जल भूमि की सतह पर भी पहुँचता है। जिससे भूजल स्तर ठीक बना रहता है।

पन्द्रह सौ वर्ष पहले ऋषि वराहमिहिर ने कुपशास्त्र में, भूमि की मानव देह से तुलना करते हुए कहा है कि जैसे मानव शरीर में रक्त, धमनियों के सहारे देह की सतह पर और भीतर भी बहता है जिससे देह सुचारू रूप से काम करती है, ठीक वैसे ही भूमि की ऊपरी और भीतरी सतहों में एवं ऊपर से नीचे की ओर बहुत सारे पानी के स्रोत बहते हैं। जिनकी वजह से यह सम्भव है कि मानव की कार्यकुशलता, मेहनत, ईश्वरीय आशीर्वाद (सम्भवतः यहाँ उनका आशय मौसम की स्थिति से है) एवं आधिकारिक अनुदान से ज़मीन के हर टुकड़े पर खेती की जा सकती है। उसे उपजाऊ बनाया जा सकता है।

अब समस्या यह है कि जंगल कटते जा रहे हैं। आधुनिकीकरण की प्रक्रिया में ज़मीन पक्की होती जा रही है। खेतों में रसायनों एवं जुताई के बदलते तरीक़ों ने केंचुओं–सूक्ष्म जीवों को रहने–बसने नहीं दिया। इसलिए बारिश का पानी ज़मीन में ठहर नहीं पाता। तेज़ी से बह जाता है। इसी कारण से भूजल स्तर गिरता जा रहा है। तो फिर बारिश के अलावा अन्य मौसमों में घास कैसे उगे जब भूमि के पास जल–नमी कुछ नहीं। आसपास अब सर–मुँड़ी सपाट भूमि नज़र आती है। जहाँ मवेशियों के चरने लायक कुछ भी नहीं दिखता।

ऐसे में मवेशी पालक अपने मवेशियों को खुला छोड़ देते हैं, जो सड़कों पर झुण्ड–के–झुण्ड नज़र आते हैं... खेतों में फ़सल खाते नज़र आते हैं या गलियों–मोहल्लों में दरवाज़े–दरवाज़े रोटी और धौन के लिए रँभाते नज़र आते हैं।

आप शरीर को चलाने के लिए सिर्फ़ प्रोटीन, या सिर्फ़ विटामिन, या सिर्फ़ आयरन, या सिर्फ़ बैठे रहने, सिर्फ़ सोने या सिर्फ़ व्यायाम पर निर्भर नहीं रह सकते। एक स्वस्थ शरीर को यह सब कुछ चाहिए होता है वह भी एक नियत मात्रा में। ठीक वैसे ही यह समझना ज़रूरी है कि कृषि का विकास सिर्फ़ यूरिया छिड़ककर नहीं किया जा सकता बल्कि चतुर्दिक से विकास और तकनीक सुधारों की ज़रूरत होती है, जो अभी के हालात बताते हैं कि नहीं हो पायी। कारण यह रहा कि हमारे कुछेक कृषि विशेषज्ञों को छोड़कर अधिकांश ही उस पद्धति या ज्ञान की लकीर पर सीधे चल रहे हैं जो अंग्रेज़ हमारे लिए खींचकर चले गये।

1860–70 के दशक में अलबर्ट हार्वड ने भारत में शोध करके खाद बनाने के अलग–अलग तरीक़े ईजाद किये। उन्होंने यह समझा दिया था कि बिना गोबर के फ़ायदेमन्द खेती सम्भव नहीं है। सर हार्वर्ड ने कृषि से सम्बन्धित विषयों पर कई किताबें भी लिखीं। जिनमें नागपुर मेथड के बारे में बताया है, इन्दौर की रियासत में खेती सम्बन्धी शोध किये और वहाँ से तैयार किया इन्दौर मेथड। हैदराबाद और बैंगलोर के चाय–कॉफ़ी के बागानों में काम करके हैदराबाद मेथई और बैंगलोर मेथर्ड भी इजाद किये।

इनमें उन्होंने बाकायदा नतीजों की तुलना दिखायी है, लेकिन आज़ादी के बाद इन तरीक़ों को एक तरह से छोड़ दिया गया या जोड़ा भी गया तो सिर्फ़ काग़ज़ी रूप में। इनकी महत्ता को, उपयोग को, सही तरीक़े से न समझाया गया, न प्रयोग में लाया गया। सामान्य शिक्षा में भी जब कृषि के बारे में बताया जाता है, रसायनों के प्रयोग के अलावा अन्य तरह का तकनीकी ज्ञान कृषि सम्बन्धी शिक्षा से लुप्त ही रहता है। जबकि कृषि के विकास के लिए यही सब छोटी–छोटी सी बातें महत्त्वपूर्ण थीं जिन्हें अनदेखा किया जा रहा है।

आपका शरीर आत्मा से चलता है और कृषि की आत्मा है सूक्ष्म जीवाणु। आप एक प्लास्टिक का पुतला बनाकर उसमें ख़ून–मांस आदि डाल भी दें तो उसे चलाने के लिए आपको उसे बाहर से ऊर्जा देनी होगी। यही समस्या खेती में आ रही है। खेती चल तो रही है लेकिन यूरिया, डीएपी, पोटाश, राखड़ आदि बाहरी पावर से। मिट्टी के अपने सूक्ष्म जीवाणु जो खेती के लिए जैविक खाद से बनते थे, मिट्टी के लिए आत्मा का काम करते थे, उसे पोषित करते थे, वे रसायनों के प्रयोग एवं भूमि की अति सफाई से नष्ट हो जाते हैं। यदि मिट्टी अच्छी रहेगी तो वह कृषि को स्वतः ही लाभकारी बनायेगी।

इसके अलावा अब मौसम, बारिश एवं रसायन के प्रयोग से पौधों एवं फ़सलों की देसी–क्षेत्रीय प्रजातियाँ ख़त्म होती जा रही हैं। वे प्रजातियाँ जो उन क्षेत्रों के मौसम, जलवायु के हिसाब से ख़ुद को ढालने में सक्षम थीं, वे अब लगभग विलुप्ति की कगार पर हैं। उदाहरण के लिए धान की कई क़िस्में हैं।

वर्ष 2013 में मुझे मध्य प्रदेश बायो–डाइवर्सिटी बोर्ड के द्वारा बनायी जा रही एक जागरूकता आधारित डॉक्यूमेंट्री पर काम करने का मौक़ा मिला। धान या चावल जिसकी अगर कोई क़िस्में पूछे तो हम शायद दो–तीन ही गिनवा पायेंगे, जैसे बासमती, कालीमूँछ वग़ैरह, लेकिन क्या आप सोच सकते हैं कि हमारे मध्य प्रदेश में धान की 100 से भी ज़्यादा क़िस्में हैं।

प्रसिद्ध कृषि वैज्ञानिक डॉ. रिछारिया ने अविभाजित मध्य प्रदेश में धान की 23,500 क़िस्में एकत्रित की थीं। 1980 में उनके द्वारा किये गये अध्ययन के अनुसार सिवनी ज़िले में धान की 570 क़िस्में थीं। 2003 में वन विभाग एवं स्वैच्छिक संस्थाओं द्वारा आयोजित जल, जंगल, ज़मीन यात्रा के दौरान 110 क़िस्मों का पता लगाया गया। **मात्र 23 वर्षों में धान की 460 क़िस्मों का ग़ायब हो जाना हमारी प्राकृतिक सम्पदा के लुप्त होने का दुखद सन्देश है।**

यहाँ सवाल यह उठता है कि, धान की इतनी क़िस्में उगाने की ज़रूरत या फ़ायदे क्या हैं? क्यूँ शासन या किसान उस पर धन और समय ख़र्च करे? इसका एक सार्थक उत्तर यह है कि, इन देसी क़िस्मों

को बचाना असल में हमारे ही सुखद भविष्य की तैयारी का हिस्सा है। उदाहरण के लिए, आज जो हम काले अंगूर खाते हैं, या भुट्टे या भिण्डी खाते हैं ये जंगली फलों और सब्ज़ियों की उन क़िस्मों का हिस्सा हैं जिनके बारे में पहले के लोगों को न ज्ञान था न जानकारी, यहाँ तक कि इनके साइंटिफिक नाम भी सिर्फ़ शोधकर्ताओं को ही पता था। जैसे दृ काले अंगूर का साइंटिफ़िक नाम Vitis Vinifera है, जो पहले जंगली अंगूर के रूप में ही जाना जाता था। ऐसे ही कई अन्य फल भी थे, जिनकी आवश्यकता बदलते वक़्त के साथ महसूस हुई, जब जलवायु और वातावरण बदला। वैसे भी भविष्य में यदि अतिवृष्टि या अनावृष्टि होगी, और सामान्य वातावरण में पनपने वाला धान नहीं उग पायेगा तब धान की वे क़िस्में काम आयेंगी जो उस तरह के वातावरण के अनुकूल उग पायेंगी।

वैसे इस शुरुआत का एक सीधा फ़ायदा सरकार किसानों को भी दिलवा रही है, उनके द्वारा उगाये जा रहे देसी धान को राष्ट्रीय बाज़ार में उपलब्ध कराकर, जैसे कि–दिल्ली हाट, भोपाल हाट, आदि में ये यह धान मार्केट किया जाता है जिससे किसानों को सीधा और अच्छा मुनाफ़ा मिलता है।

अनाज की एक ही प्रजाति की अलग–अलग बहुत–सी क़िस्में पायी जाती हैं। इन क़िस्मों की अलग–अलग विशेषताएँ होती हैं, जैसे कुछ कम समय में पकने वाली, तो कुछ कम पानी में होने वाली या बीमारियों से लड़ने की क्षमता वाली। धान की इसी तरह की कई सौ क़िस्मों को हर साल छोटे–छोटे भू–खण्डों में बोकर नया बीज तैयार कर किसानों को उनके द्वारा चाही गयी धान की क़िस्म वितरित की जाती है। मध्य प्रदेश बोर्ड द्वारा इस कार्य हेतु वित्त सहयोग दिया गया, एवं पिथौराबाद में जैव–विविधता प्रबन्धन समिति का गठन कराकर परम्परागत देसी धान के बीज बैंक की स्थापना की गयी।

इस प्रयास से लगभग 100 प्रकार की देसी धान की क़िस्में संगृहीत की गयी हैं तथा धान के बीज का कोष बनाया गया है। इनमें कम समय (70–75 दिन) में पकने वाली, मध्य समय में (100–118 दिन) में पकने वाली तथा देर से (120–130 दिन) पकने वाली धान की क़िस्में हैं।

जिनमें सम्मिलित हैं, करगी : जो सूखारोधी है, इसका चावल लाल होता है और यह मध्यम समय में पकती है, पानी में सड़ती नहीं, और सूखा सहन करने की अद्भुत क्षमता है।

दूसरी है, लोचई : जो मध्यम समय में पकने वाली क़िस्मों में सर्वाधिक उपज वाली है, इसका चावल मध्यम पतला और स्वादिष्ट होता है और बाज़ार में भी इसका अच्छा दाम मिलता है।

फिर है, साथी–इसका चावल काला होता है, यह 60 दिन में पककर तैयार हो जाती है, यह कम वर्षा और सूखे में भी पूरी तरह पनपती है।

इसी तरह अलग–अलग क़िस्मों की अलग–अलग विशेषताओं वाली कई धान किस्में, बोर्ड किसानों को उपलब्ध कराता है।

जैव–विविधता प्रबन्धन समिति के अध्यक्ष श्री बाबूलाल दाहिया के नेतृत्व में पिथौराबाद के समीप स्थित परस्मनिया पठार के 20 ग्रामों के किसानों को देसी धान एवं मोटे अनाज उगाने के लिए प्रेरित किया जा रहा है एवं समिति द्वारा स्थापित बीज बैंक से बीज प्रदान किये जा रहे हैं।

यह सिर्फ़ एक धान का उदाहरण था। इसी तरह दूसरी फ़सलों की भी देसी प्रजातियाँ जो विलुप्त हो रही हैं उनके रख–रखाव और बचाव के लिए कोई कार्य नहीं कर रहा। धान के लिए मध्य प्रदेश में बाबूलाल दाहिया जी ने कार्य किया जिसके लिए उन्हें पद्मश्री पुरस्कार 2019 से नवाजा गया। पर बाक़ी फ़सलों का क्या?

क्षेत्रीय फ़सलों में उस क्षेत्र के हिसाब से रोगों से लड़ने की क्षमता होती है। जैसे कुछ जगहों पर तेज़ हवाएँ चलती हैं तो वहाँ के क्षेत्रीय पौधों की जड़ें ज़्यादा गहरी होती हैं। लेकिन अब कृषि में क्या होता है :

एक प्रजाति जो बनायी गयी फलाने शहर में; वह वहाँ बढ़िया काम कर रही है, लेकिन यह ज़रूरी नहीं कि वह दूसरे क्षेत्र के तापमान, पानी, मौसम, मिट्टी में भी उतने ही अच्छे नतीजे देगी। वर्तमान में फिर भी नयी प्रजातियाँ तैयार करते समय कुछ हद तक मौसम के बारे में सोचा जाता है लेकिन उसकी एक्यूरेसी भी शत–प्रतिशत नहीं

हो सकती, क्योंकि हमारे देश में हर तीस किलोमीटर पर सिर्फ़ बोली नहीं बदलती बल्कि मौसम–तापमान भी बदल जाता है।

अब मेरे गृहनगर जशपुर और कुनकुरी में मात्र चालीस किलोमीटर का अन्तर है पर दोनों के तापमान में दो से तीन डिग्री का फ़र्क़ रहता है सदैव ही। तापमान बदलने से जलवायु में भी अन्तर आ ही जाता है, और यही अन्तर फ़सल को परेशान कर देता है यदि बीज उस जगह के अनुरूप नहीं है तो। जशपुर की बारिश में आप कितना भी हायब्रिड लौकी लगा लीजिए उसके सर्वाइव करने की सम्भावना बिना फफूँदनाशक के लगभग नगण्य रहती है; मचान बनाने के बाद भी। जबकि वही हम देसी लौकी लगाते हैं तो उस पर लटालूम फल होते हैं।

इसके अलावा जैसे यहाँ धान अधिक होता है तो पानी वाले खेत में तो किसान लगता है लेकिन खेतों की टीले जैसी जगहों को जिसे डाँड कहा जाता है, उसे ख़ाली छोड़ देते हैं। जबकि वहाँ दाल लग सकती है।

हमने जब इस बारे में कुछ किसानों से बात की तो अधिकांश किसानों की शिकायत थी कि दाल लगाने पर वह ख़राब हो जाती है, उसमें कीड़े लग जाते हैं। समर्थ ने जब इसका प्रयोग अपने खेत में किया तो समस्या समझ आयी कि कई सारे छोटे–छोटे कारणों के साथ एक बड़ा कारण हायब्रिड बीज भी है। वह यहाँ की मिट्टी और जलवायु में पनप नहीं पाता। इन्हीं कारणों से उस बीज में रोग से लड़ने की क्षमता नहीं पैदा हो पाती इसलिए भी वह ख़राब हो जाती है। वहीं किसान देसी दाल लगाना नहीं चाहते क्योंकि देसी दाल रूप–रंग में थोड़ी मोटी होती है। वह पॉलिश्ड हायब्रिड दाल की तरह एक समान दानों की चमचमाती दाल नहीं होती अतः उसकी बिक्री करना कठिन होता है। अतः किसान डाँड को ख़ाली छोड़ना ज़्यादा उचित मानता है बजाय उसमें देसी दाल उगाने के।

इस तरह हायब्रिड के आ जाने से देसी नस्लें विलुप्त हो रही हैं जैसे फास्टफूड के आ जाने से देसी भोजन उपेक्षित महसूस करता है। ऐसे में जब तक लोग देसी फ़सल और लोकल पैदावार को ख़रीदना शुरू नहीं करेंगे, छोटे किसानों का फ़ायदा नहीं होगा।

देसी प्रजातियों का विलुप्त हो जाना, रसायनों के अधिक प्रयोग से सूक्ष्म जीवों का ख़त्म हो जाना; इनके अलावा एक और महत्त्वपूर्ण कारण किसानों की बिगड़ती हालत के लिए ज़िम्मेदार है जिस पर विचार करने की ज़रूरत नहीं समझी जाती।

मैं खुद भी शायद कभी इस ओर नहीं देख पाती न ही यह मुझे कोई ऐसी वजह लगती जिसने किसानों को हानि पहुँचाई हो। जब समर्थ ने और खेती से जुड़े कुछ और लोगों ने इस बारे में बात की तो मुझे आश्चर्य हुआ। तब मैं कुछेक ऐसे किसानों से मिली जिनके यहाँ बीस साल पहले तक अच्छी खेती होती थी, लेकिन अब पूरी तरह खेती न सिर्फ़ बन्द हो चुकी है बल्कि ज़मीन भी बिकने की कगार पर है।

वह एक छोटे से क़स्बे की तंग–सी गली थी। क़स्बा किसी ज़माने में किसी राजा का गढ़ रह चुका था। वह गली क़िले के अन्दर के हिस्से में थी। गली में घुसते ही ज़मीन पर लगे चौकोर बड़े–बड़े पत्थर जैसे किसी पुरानी इमारत में लगे होते हैं, गली की प्राचीनता की कहानी कह रहे थे। उसी प्राचीन क़िले का मोटी दीवारों के भीतर एक मन्दिर भी था, जिससे सुबह की गोधूलि बेला में मन्दिर की नौबत के स्वर घुल रहे थे। सुबह की इस बेला में जितने भक्त मन्दिर की ओर जाते दिखते थे, उतने ही मन्दिर से लौटकर उस गली में सुबह की ज़रूरी ख़रीददारी करते दिखते थे। गली में कुछ क़दम आगे जाने पर क़िले का एक गुम्बद जो अब खँडहर में बदल चुका है, से कुछ दुकानें शुरू होती हुई गली के अन्त तक जाती थीं। ये दुकानें बहुत छोटी–छोटी थीं। सभी पर लकड़ी के दरवाज़े लगे हुए थे जो उनके पाँच–छह दशक बूढ़े होने की गवाही दे रहे थे। इनमे से अधिकांश दुकानें सब्ज़ी वालों की थीं। ये सभी सब्ज़ी वाले व्यवसाय से किसान थे और जाती से तेली। इन दुकानों पर स्त्रियाँ और बच्चे ही ज़्यादा बैठते, क्योंकि उनके पुरुष खेतों में रहते थे। रामकिशोर की दुकान इन्हीं दुकानों के बीचोबीच थी। वे भी पहले सब्ज़ी ही बेचते थे, लेकिन पिछले दस वर्षों से वे एक छोटी–सी परचून की दुकान चला रहे हैं।

जब मैं उनसे मिली तो वे एक अधेड़ उम्र के व्यक्ति थे जिनके चेहरे की रंगत उस दुकान की बूढ़ी दीवारों जितनी ही फीकी पड़ चुकी थी। रामकिशोर को मैं पहले भी कई बार देख चुकी थी। उस गली से गुज़रते हुए उनकी दुकान से कभी कुछ ख़रीदते हुए, मगर उस दिन पहली बार उनसे उनका नाम पूछा था। मुझे कहीं से जानकारी मिली थी– उनके बिखरते परिवार और परिवार पर पड़ी डूबती किसानी की मार की। आगे की बात ख़ुद रामकिशोर की ज़ुबानी सुन लीजिए–

हम लोग तीन भाई थे। हमारे पास लगभग पन्द्रह एकड़ ज़मीन थी जिस पर खेती होती थी। गेहूँ के अलावा थोड़े से हिस्से में हम सब्ज़ियाँ उगाते थे, जो पहले इसी दुकान में बेचते थे। अच्छा गेहूँ होता था। हम तीनों भाई खेत में काम करते थे और पिताजी और माँ दुकान में बैठते थे। छोटा भाई थोड़ा पढ़ा–लिखा था वो लिखापढ़ी–मण्डी सब देख लेता था। मैं और मँझले ज़्यादातर खेत में ही रहते थे। दो गायें थीं उनका दूध भी थोड़ा हम लेते थे, थोड़ा बेच देते थे। फिर हम सबकी शादी हो गयी। पिताजी और माँ का बीमार रहने की वजह से दुकान जाना बन्द हुआ तो मँझले को दुकान पर बैठा दिया। छोटे को लगने लगा कि मेहनत मैं और छोटे करें और मँझला सिर्फ़ दुकान पर बैठे। धीरे–धीरे परिवार बड़ा हुआ तो ज़रूरतें भी बढीं। महँगाई भी बढ़ी। खेत से जितनी कमाई होती थी, वह हम तीनों में बँटती थी। दुकान की कमाई भी। छोटे ने एक नौकरी पकड़ ली कहकर कि जितना अभी आ रहा है उससे अच्छी ज़िन्दगी नहीं मिलेगी। मँझले को एक दूसरी जगह साहूकारी मिल गयी। तो वो दुकान पर बैठने में आनाकानी करने लगा। फिर झगड़े बढ़ते गये और फिर बँटवारा हो गया। अब जितनी ज़मीन है उस पर जो खेती होती है उससे मुनाफ़ा कम मिलता है लागत ज़्यादा है। ज़मीन छोटी है लेकिन मेहनत तो पूरी करनी होती है। हम सब अकेले–अकेले अपनी ज़मीन भी देखें और अपने दूसरे काम भी। खेत में मज़दूर रखकर काम कराना और महँगा होता है। देखभाल के लिए भी एक आदमी चाहिए। इसलिए छोटे और मँझले ने अपनी ज़मीनें बेच दीं। मेरी बची जिसे मेरे बच्चे बेचना चाहते हैं। मेरे मरने का इन्तज़ार कर रहे हैं बस।"

रामकिशोर और उनके भाई जो कभी अपनी ज़मीन से उगी सब्ज़ी और अनाज खाते थे आज उन्हें उसके लिए धन चाहिए होता है ताकि वे यही सब बाहर से ख़रीद सकें। जिस इलाक़े में उनकी ज़मीन थी वहाँ के अधिकांश किसानों ने अपनी ज़मीनें बेच दी हैं। अब वहाँ नये मकान बन रहे हैं। खेती बन्द हो चुकी है। रामकिशोर या उनके भाइयों में से किसी के भी बच्चे किसान नहीं बने और ना ही वे चाहते हैं कि वे खेती करें। उनके एक बेटे से मुलाकात हुई तो उसका जवाब था, *"ये सब गरीबों वाले काम हैं...इन्सान ज़िन्दगी भर खेती करके अमीर नहीं बन सकता, लेकिन एक बार में उस ज़मीन को बेचकर अमीर बन सकता है।"*

कितनी आश्चर्य की बात है न कि एक किसान जिसकी आत्मा खेत में ही बसती है उसका बेटा अब उसी खेती से इस हद तक विरक्त हो चुका है। असल में दोष उसका नहीं है। आधुनिकीकरण की चकाचौंध और मॉडर्निज़्म ने खेती–किसानी को एक ऐसा व्यवसाय बना दिया गया है जो या ज़मीन जायदाद वाला कोई बहुत अमीर कर सकता है, या कोई ग़रीब जिसकी जीवन–शैली को निम्नस्तर का समझा जाता है।

इसके कुछ कारण आप पिछले अध्याय में पढ़ चुके हैं। कुछ पर आगे चर्चा करेंगे। फ़िलहाल यही समझने की ज़रूरत है कि खेती की बिगड़ती दशा के लिए परिवारों का टूटना और ज़मीनों का बँटना भी उतना ही बड़ा कारण है जितना बड़ा किसान का जानकारी और तकनीक से न जुड़ पाना है। किसान देखादेखी वही करते जा रहे हैं जो वह दूसरों को करते देख रहे हैं।

सन्ना जैसे पहाड़ी क्षेत्र में 90 प्रतिशत किसान मिर्ची लगाते हैं, जबकि वे चाहें तो बैंगन भी लगा सकते हैं। दोनों एक ही प्रजाति के हैं। वहाँ सिंचाई की व्यवस्था भी ठीक है अतः टमाटर और भिण्डी भी लग सकता है, लेकिन पूरा गाँव लगभग डेढ़–दो हज़ार हेक्टेयर में सिर्फ़ मिर्ची लगाता है। और फिर टमाटर, भिण्डी, बैंगन आदि सब्ज़ियाँ दूसरे शहरों से ख़रीदता है।

किसान मानते हैं कि साधन बहुत होने से कम दाम में ही सब्ज़ी उपलब्ध हो जाती है तो वह अपने खेत में क्यों दूसरी फ़सल उगायें।

उन्हें शायद गाँव में उस फ़सल की उतनी क़ीमत न मिले। पर इससे असल में किसे फ़ायदा हो रहा है यह समझना पड़ेगा। सन्ना के किसान अब सिर्फ़ व्यावसायिक खेती करते हैं, अँधवारी खाद, कीटनाशक डालते हैं, फ़सल उगाते हैं, बेचते हैं।

पंजाब में भी ऐसा देखा जाता है कि गाँव का गाँव सिर्फ़ एक फ़सल लगा रहा है। अब मान लेते हैं कि वे मिर्ची ही लगा रहे हैं तो उन्हें धनिया, टमाटर, लौकी या अन्य सब्ज़ियों को मण्डी से ख़रीदना होगा, जहाँ सब्ज़ियाँ इसी तरह दूसरे गाँव से आ रही होंगी। इस पूरी प्रक्रिया में असल फ़ायदा किसान को नहीं बिचौलियों को होता है। बिचौलियों के कारण ही किसान तक सही क़ीमत नहीं पहुँच पाती, क्योंकि वे लाने–ले जाने और बेचने में अपना समय और डीजल लगा रहे हैं तो वे भी उससे मुनाफ़ा कमाएंगे। उनका यह मुनाफ़ा किसान के पेट पर लात मारता है। किसान को सही क़ीमत नहीं मिलती जबकि आम जन वही सब्ज़ी महँगे दाम में ख़रीद रहे होते हैं। इसके विपरीत यदि ऐसा होता कि आपके ही गाँव में कोई बैंगन या अन्य सब्ज़ियाँ भी लगाता तो पैसा जिसे चाहिए उसे मिलता। पैसा कहाँ जाता? गाँव में, उसी पैसे से वह व्यक्ति गाँव के ही कुम्हार से घड़ा ख़रीदता, बुनकर से कपड़ा ख़रीदता, तो यह एक व्यवस्था थी, जो पहले प्रचलित थी। गाँधी जी के पूर्ण स्वराज्य की योजना इसी व्यवस्था का नाम था जिसमें सब कुछ अपने देश का हो ताकि देश का पैसा देश में ही रहे।

पहले साधन कम होते थे तो लोग सब कुछ अपने ही गाँव से ख़रीदते थे। देसी वस्तुएँ बनाते थे, बेचते थे। अतः पैदावार और खपत का एक सन्तुलन–सा होता था गाँव में, जिसे विदेशी वस्तुओं और बाहरी नस्लों ने बिगाड़ दिया और देसी नस्लों को खरपतवार बनकर खाता जा रहा है।

देसी नस्लों की विलुप्ति के अलावा पशु आधारित खेती की तरफ़ उदासीनता भी कृषि एवं कृषकों की बिगड़ती स्थिति का कारण है। पहले अधिकांश घरों में गाय–बैल–बकरियाँ होती थीं। जहाँ इनका प्रयोग खेतों में किया जाता था। गाय–बैल का गोबर और बकरी की लीद से बेहतरीन कोई खाद होगी भला?

गाय–बैलों की जगह ट्रैक्टर ने ले तो ली लेकिन इससे खेतों को भी नुक़सान पहुँचा है। ट्रैक्टर का प्रयोग मिट्टी की उर्वरा शक्ति को प्रभावित करता है। कैसे? इसके बारे में विस्तार से आगे चर्चा करेंगे।

मवेशियों के घर में होने से सिर्फ़ खाद नहीं मिलती थी बल्कि घर में भी वे कई तरह से सहायक थे। गाय के गोबर से कण्डा बनता था जो एक शुद्ध प्राकृतिक ईंधन था। घर की लिपाई में भी गोबर काम आता था, कण्डा जलाने से कीड़े–मकोड़े भागते थे सो अलग। मतलब देसी आलआउट था। बैल बन्द हुए तो गाय भी रखना कम हो गयीं। घर के प्रयोग के लिए जो दोनों समय शुद्ध दूध मिलता था वह भी बन्द हो गया।

आज अगर खेत जोतना है तो ट्रैक्टर ही चाहिए। या तो ख़ुद ख़रीदो या किराये पर लो, जिसके लिए धन चाहिए। जबकि पहले बैल होते थे और लोग मिल–बाँटकर काम करते थे। किसी ने आपको खेत जोतने बैल दे दिये आपने उसके खेत में चार दिन काम करा दिया। जैसे आजकल रोपा में गाँव के लोग मिलकर काम करते हैं।

यह प्रचलन अब बन्द हो गया है। अब हर काम के लिए किसान को धन की आवश्यकता होती है। पहले किसान साहूकार से किसी बाबत धन लेने भी जाता था तो वह उसके बदले खेत से अनाज दे देता था; या वह कोई कारीगरी करता था तो उस रूप में चुका देता था। आज धन लेने के बाद धन को ही ब्याज–धन के साथ चुकाना पड़ता है। इस व्यवस्था से किसान पर भार बढ़ता है जिससे वह या तो आत्महत्या को चुनता है या खेती छोड़ देता है।

गाय–बैल के गोबर की खाद के प्रयोग के बारे में भी सही जानकारी और प्रशिक्षण किसानों को नहीं मिल पाता है। कृषि सम्बन्धी कुछ किताबों में ऐसा देखा कि एक एकड़ में दो ट्रॉली गोबर खाद लगेगा। अब मान लीजिए एक गाँव में सौ एकड़ ज़मीन पर खेती होती है। परिवार हैं कुल तीस। यदि गाय–बैल होंगे भी तो अधिक से अधिक सौ। एक परिवार यदि एक वर्ष में तक़रीबन एक ट्रॉली गोबर खाद जमा कर सकता है, क्योंकि कुछ खाद दीमक भी खाता है, कुछ बारिश में बह जाता है, कुछ गोबर घर लिपाई, कण्डे बनाने

आदि में लग जाता है, इसके बाद जो बचता वह खाद में जाता है। ऐसे में सौ एकड़ के लिए सिर्फ़ तीस ट्रॉली खाद कैसे पर्याप्त होगा? जबकि ज़रूरत दो सौ ट्रॉली खाद की है।

इस उदाहरण के अनुमान को देखें तो अब गाँवों में पर्याप्त गोबर खाद नहीं हो पाती। वह भी किसानों को बाहर से ख़रीदनी पड़ती है। ऐसा इसलिए भी करना पड़ता है, क्योंकि गोबर खाद बनाने का सही तरीक़ा, सही प्रयोग और सही मात्रा की जानकारी और प्रशिक्षण किसानों के पास नहीं है।

पिछले कुछ वर्षों में खाद बनाने वाली कम्पनीज़ इस पर जागी हैं एवं जैविक उत्पाद बिकना शुरू हुए हैं। वह भी तब जब कुछ विदेशी लोगों ने इस दिशा में काम किया। ग़ौरतलब है कि ये बड़ी कम्पनीज़ अनाप–शनाप दामों में खाद बाज़ार में ला रही हैं। जिसके कारण 90 प्रतिशत छोटे किसान उसका इस्तेमाल नहीं कर पाते। इसके उपाय में किसान चाहे तो विभिन्न तरह की जैविक खाद, दवाइयाँ एवं कीटनाशक निम्नतर दामों में ख़ुद बना सकता है, जैसे तरल खाद, जीवामृत, घन जीवामृत आदि।

जैविक खाद से मिट्टी को उसके सूक्ष्म जीवाणु वापस मिल सकते हैं, जो रसायनों के प्रयोग से मर जाते हैं। ये सूक्ष्म जीवाणु फ़सल के लिए लाभकारी होते हैं।

जंगलों में कोई खाद नहीं डालता है, न पानी, न ही वहाँ कोई देखता है कि यूरिया कम हो गया या पोटाश कम हो गया, फिर भी वहाँ पौधे ख़राब नहीं होते बल्कि पनपते हैं। जानते हैं क्यों? क्योंकि वहाँ की ज़मीन स्वस्थ होती है।

आजकल खेत फैक्टरी जैसे दिखते हैं। ज़मीन पर कोई पत्ती बिखरी न दिखे, कोई घास, कोई जंगली प्रजाति न दिखे। सबको एक ही प्रजाति की फ़सल लगानी है। ऐसे में सूक्ष्म जीव तो नष्ट होते ही हैं, कीड़े–मकोड़ों पर नियन्त्रण नहीं बचता। माइक्रो इकोसिस्टम ख़त्म हो जाता है। इसे ऐसे समझ सकते हैं जैसे जंगल का एक इकोसिस्टम होता है। जब बारिश होती है तो जंगल दलदल नहीं बनते। सघन जंगलों से बहता हुआ पानी मटमैला नहीं दिखता।

जंगलों के बीच से बहते हुए झरने भी साफ़ पानी के होते हैं क्योंकि वहाँ मिट्टी का कटाव नहीं होता। मिट्टी का कटाव नहीं होता क्योंकि वहाँ पत्ते बिखरे रहते हैं, घास होती है, छोटे पौधे–बड़े पौधे होते हैं जो मिट्टी को बाँधे रखते हैं। अलग–अलग तरह के सूक्ष्म जीव एवं अन्य जीव–जन्तु होते हैं जिससे उनको पोषण मिलता है। इसी तरह यदि खेत में सिर्फ़ एक ही प्रजाति रहे, खेत एक दम साफ़–सुथरे रखे जायें तो कीड़े ज़्यादा लगने लगते हैं, पौधों को पानी की आवश्यकता ज़्यादा हो जाती है। कीड़ा ज़्यादा क्यों लगता है? मान लीजिए खेत में मकड़ा है, छिपकली है, चूहा है, अब मकड़ा पौधा तो खाता नहीं है, वह उड़ने वाले कीड़े–मकोड़ों को खाता है। ऐसे में यदि खेत एकदम साफ़–सुथरे हैं, तो वहाँ मकड़ों के रहने के लिए जगह नहीं है, जो थोड़े बहुत पलते भी हैं वे रसायनों के छिड़काव से मर जाते हैं। तो वे उड़ने वाले कीड़े–मकोड़े किसके द्वारा खाये जायेंगे जो फ़सल को खाते हैं। जिस फ़सल का खेत होगा उसी फ़सल को खाने वाले कीट आयेंगे। लेकिन इन कीटों को खाने के लिए खेत में कोई इकोसिस्टम नहीं होता। चूहे खेतों के लिए नुक़सानदायक माने जाते हैं। लेकिन यही चूहे खेतों में लगती दीमक को अपना भोजन बनाते हैं। इसी इकोसिस्टम का हिस्सा घास भी है। घास से मिट्टी ढँकी रहती है जिससे नमी बनी रहती है। ढँकी हुई ज़मीन और सूखी ज़मीन के तापमान में चार से पाँच डिग्री का अन्तर रहता है। यही कारण है कि घास, पत्ती आदि से ढँकी नमी वाली मिट्टी में सूक्ष्म जीव पनपते हैं। वही यदि भूमि एक दिन ख़ाली हो तो वह साफ़ तो दिखेगी लेकिन उसके अधिक तापमान से वहाँ सूक्ष्म जीव नहीं पनप पायेंगे जो मिट्टी को मज़बूत करते हैं। जो खेतों के लिए लाभदायी हैं और जो माइक्रो इकोसिस्टम को बनाये रखते हैं।

माइक्रोऑर्गोनिज़्म और माइक्रो इकोसिस्टम नहीं रहेगा तो वही होगा जो हम ऊपर पढ़ चुके हैं। भूजल स्तर में गिरावट और मिट्टी, पर्यावरण को क्षति।

कृषि की दशा बिगड़ने का सिर्फ़ एक कारण, 'किसानों के पास धन की कमी', नहीं है, बल्कि कई छोटे–छोटे कारणों की वजह से यह बिगड़ा रूप आज हमारे सामने है।

यदि एक वाक्य में समझें तो हमने इतिहास को नहीं देखा, इस भूमि की हज़ारों साल की सभ्यता को नहीं समझा, न ही उन तरीक़ों को समझा जिसने यहाँ की कृषि को सर्वोपरि बनाया था। जिसकी वजह से यहाँ की मिट्टी सोना–हीरे–मोती उगलती थी। हमने बाहर की देखा–देखी काम करना शुरू किया और उसी को सही मानते हुए अपने ख़ुद के तौर–तरीक़ों को छोड़ दिया।

धीमा ज़हर

जशपुर से उत्तर–पूर्व दिशा में पहाड़ों से गुज़रते हुए पैंसठ किलोमीटर है, कुसमी। कुसमी पाट वाला इलाक़ा है। पहाड़ों की ढलान वाला। जहाँ धान के लिए पर्याप्त पानी वाले खेतों के अलावा ढलान वाले डाँड भी हैं। वर्ष 2019 है और यहाँ नहीं अब तक आया मानसून है वरना इस इलाक़े का प्री–मानसून अब तक कई बारिशें कर चुका होता। किसान को मानसूनी बारिश का इन्तज़ार है ताकि वह धान के लिए अपने खेत तैयार कर सके। जून माह के दूसरे सप्ताह में समर्थ इलाक़े के जानकार के साथ किसानों से मिलने गये। यह जानने कि वे वहाँ क्या उगा रहे हैं, कौन–सी खाद एवं दवाइयाँ इस्तेमाल कर रहे हैं। उनके नफ़ा, नुक़सान एवं समस्याओं की आँखों–देखी स्थिति समझने के लिए वहाँ के किसानों से उनके खेतों में जाकर मुलाक़ात की ताकि उन खेतों की मिट्टी की दशा एवं वास्तविक स्थिति पहचानी जा सके। तक़रीबन दो दर्जन किसानों से एवं उस इलाक़े के कुछ खाद–दवाई विक्रेताओं से मुलाक़ात के बाद समर्थ का अनुभव कुछ इस तरह रहा :

"छतीसगढ़ में अधितर किसानों के लिए खेती का मतलब धान उगाना है। इक्का–दुक्का किसान होंगे जो थोड़ी–बहुत सब्ज़ी भी लगा लेते थे। वह भी अपने खाने के लिए। कुछेक हैं जो अन्य फ़सल भी उगाते हैं। यहाँ हम छोटे किसानों की बात कर रहे हैं जिनके पास आधा एकड़ से दो एकड़ तक की ज़मीन है। अपने हालिया दौरे में मैं बीस–बाईस किसानों से मिला। मैं मिर्च के बारे में एवं खाद के असर के बारे में जानने गया था। वह रसायन–मुक्त खाद जो मैं पिछले

कुछ वर्षों से बना रहा हूँ। अतः मैं उन किसानों से मिला जो मिर्च की खेती कर रहे हैं। उन बीस–बाईस किसानों में से दो या तीन किसानों को छोड़कर बाक़ी सभी ऐसे थे जिन्होंने पिछले साल, उसके पहले वाले साल या तीन साल पहले ही मिर्च लगानी शुरू की थी। उससे पहले तक पीढ़ियों से वे लोग धान ही उगा रहे थे। यह सच है कि पहाड़ी इलाक़ा होने से उनके पास ऐसे खेत होते हैं जो धान के लिए बहुत सही रहते हैं लेकिन ढलान वाली जगहें भी बहुत होती हैं जिनमें अन्य फ़सलों को उगाया जा सकता है।

अब जब इन लोगों ने दूसरी फ़सलें उगाना शुरू किया तो वह भी किसी ठोस जानकारी, तकनीकी ज्ञान या शिक्षा के बिना। पास के सन्ना क्षेत्र के किसान क्योंकि मिर्च उगाने लगे तो उन्हें देखकर ये भी मिर्च उगाने लगे। एक किसान से जब मैंने पूछा कि "आप पहले मिर्च की खेती क्यों नहीं करते थे?" तो जवाब मिला "क्योंकि कोई नहीं करता था", पूछने पर कि "अब क्यों कर रहे हैं" उत्तर मिला, "क्योंकि पड़ोसी लगा रहा है तो हम भी लगा रहे हैं"। पड़ोसी भी पड़ोस के गाँव से या कहीं और से देखकर आया और लगाना शुरू कर दिया। इस देखा–देखी वाली खेती में क्योंकि इन्हें कोई ट्रेनिंग, सेमिनार, सरकारी मदद आदि नहीं मिली अतः इन्हें समस्याओं से जूझने के सही तरीक़े भी ज्ञात नहीं। पहली ही बारिश में इनकी मिर्च गलने लगती है, तब तक उसकी सिर्फ़ तीन या चार तुड़ाई हो पाती है। जबकि मिर्च की कम–से–कम छह से सात तुड़ाई हो सकती है। मौसम और क्षेत्र के हिसाब से मिर्च के लिए खेत कैसे तैयार करना है इसकी जानकारी किसानों को नहीं है। खेत में पानी नहीं जमने देना है वे इस बात को नहीं जानते, बल्कि वे यह मान चुके हैं कि बारिश होगी और मिर्च मर जायेगी। इसलिए वे मिर्च के पौधों को बिलकुल सटाकर लगाते हैं, जबकि हर पौधे के हिसाब से उसके लिए एक तय दूरी होती है। ये इतना सटाकर लगाते हैं कि आप खेत में पैदल भी पार नहीं हो सकते। ये पास–पास यह सोचकर लगाते हैं कि जितने ज़्यादा पौधे होंगे उतनी अधिक मिर्च मिल सकेगी, क्योंकि बारिश में तो पौधा मर ही

जाना है अतः उससे पहले ही अधिक प्राप्ति के लिए किसान ऐसा करते हैं जोकि सही तरीक़ा नहीं है।

एक कारण यह भी है कि खाद–बीज वाले शुरू से ही इन लोगों को इतनी तरह की ग़ैर–ज़रूरी दवाइयाँ भी दे देते हैं कि पौधा कमज़ोर हो जाता है। उनमें फल–फूल तो आता है लेकिन पौधे की क्षमता घट जाती है। अतः जैसे ही बीमारियों का सीज़न आता है, उसका असर इन कमज़ोर पौधों पर बहुत जल्द पड़ने लगता है और ज़्यादा प्रभावशाली भी होता है। जिससे पौधे जल्दी सड़ने–गलने लगते हैं। मिर्ची के खेत में यदि पानी न जमे तो वह बारिश झेल सकते हैं। उसके लिए खेतों को वैसे ही तैयार करना होगा। इस प्रकार भेंड़ बनाकर मिर्च को लगाना होगा कि जल निकासी आसानी से हो जाये।

सिर्फ़ मिर्च नहीं भिण्डी के साथ भी यही है, यदि गर्मी के मौसम के लिए तैयार किया गया हायब्रिड बीज ठण्ड या बारिश में लगाया जाये तो वह ख़राब होगा ही। इस क्षेत्र में भिण्डी बारह महीने लगती है, अत्यधिक ठण्ड को छोड़कर क्योंकि तापमान 0 डिग्री पहुँच जाता है। पर, बरसाती भिण्डी अलग आती है, गर्मी की भिण्डी का हायब्रिड बीज अलग आता है, जो देसी बीज है वह बरसात के आसपास लगता है। लौकी यदि आप बरसात में हायब्रिड लगाओगे तो पैसा बर्बाद करना है। मेरा अपना लोकल अनुभव यही है कि इस क्षेत्र में बरसात में देसी लौकी जितनी अच्छी फलती है उतनी कोई अन्य नहीं। इसी तरह अन्य के लिए भी देखा गया है कि किसानों को अलग–अलग क़िस्मों या बीजों की जानकारी नहीं है। जो लोग कुंदरू या काँदे वाली फ़सल लगाते हैं उन्हें जानकारी नहीं है कि हायब्रिड या धान के अलावा विकल्प क्या हैं। ऐसे भी बीज आते हैं जो अलग–अलग मौसम के हिसाब से होते हैं, जो उस मौसम की बीमारियों या समस्याओं को झेल सकते हैं।

मक्का जो बारिश की ही फ़सल मानी जाती है उसे भी उनमें से कोई किसान नहीं लगाता, लौकी, बरबटी, ये सब्ज़ियाँ भी नहीं लगायी जातीं। क्यों?, पूछने पर किसानों ने कहा कि ये उन्होंने कभी लगायी नहीं अतः न तो उन्हें इसका ज्ञान है न ही समझ। ऐसे में

यदि सरकार गाँवों में पाँच एकड़ में ही डेमो–प्लान चलाये जिसमें मौसम और क्षेत्र के हिसाब से भिन्न–भिन्न सब्ज़ी आदि को लगाने, उनकी पैदावार, बीमारियों से देख–रेख एवं बिक्री तक की जानकारी दी जाये तो सम्भवतः यह छोटे किसानों एवं कृषि दोनों के हित में होगा।

इसके अलावा एक और बड़ी समस्या सामने आयी कि इन छोटे गाँवों के अधिकतर किसानों को यह नहीं पता होता कि उन्होंने इस बार कौन–सी प्रजाति का बीज लगाया, कौन–सी दवा डाली, या कौन–सी खाद डाली। जब मैंने उनसे पूछा कि आपने इस बार कौन–सा बीज डाला तो आधे लोगों ने कुछ बताया, आधे लोगों ने कुछ। वह भी बमुश्किल उन्हें जो याद आया। पूछने पर कि आपने यही क्यों लगाया, तो अधिकतर का जवाब था, क्योंकि बगल वाले ने यही लगाया तो हमने भी यही लगा दिया, या हमने कहीं देखा तो वही लगा दिया। बाक़ी कुछ लोगों ने कहा कि जो दुकान वाले ने दे दिया वही लगा दिया। किसी ने भी यह नहीं कहा कि उसने, अपनी ज़मीन, मिट्‌टी या मौसम को देखते हुए लगाया। इन्हें बहुत ज़रूरत है यह समझने–समझाने की कि आप अपने खेतों में जो बीज–खाद–दवाई डाल रहे हैं वह लिखकर रखें, कब ली, कहाँ से ली, कौन–सी डाली। किसानों को यदि समझ नहीं तो उनके बच्चे जो पढ़–लिख रहे हैं वे समझ पायेंगे। इससे यह समझ आ सकेगा कि पिछले साल कितना बीज डाला था, कितनी खाद की ज़रूरत लगी थी, कितनी फ़सल हुई थी। कई बीज ऐसे होते हैं जिसमें बीमारी ज़्यादा आती हैं[1], कई कम पैदावार देते हैं, कई ज़्यादा देते हैं। लेख–जोखा रखने से सुधार की सम्भावनाएँ बढ़ सकती हैं। सही बीज, सही तरीक़ा, कौन से मौसम में कौन–सी प्रजाति उगेगी, कौन–सी फ़सल को लगाना है यह समझने में मदद मिलेगी।

उनसे मैंने धान के बारे में भी चर्चा की। वे लोग कौन–सी फ़सल लगाते हैं। अधिकतर लोग सामान्य धान उगाते हैं। कुछ जो बहुत अच्छी

---

1. क्योंकि वे जहाँ लगाये गये हैं, सम्भवत : वहाँ की जलवायु उससे अलग है जिसे ध्यान में रखकर उन बीजों को तैयार किया गया है।

गुणवत्ता वाली, जैसे जौ–फूल, जीरा–फूल, गुडरू–भोग, बैगन–भोग आदि भी लगाते हैं, उनका कहना था वे यह सिर्फ़ थोड़ी मात्रा में ही लगाते हैं स्वयं के खाने के लिए। क्यों? पूछने पर उन्होंने कहा कि बहुत सारे खेतों में यह अच्छी नहीं हो पाती, और जो हम लोग घर खाने के लिए उगाते हैं उसमें यूरिया भी नहीं डालते, स्वाद उसी से आता है, यूरिया पड़ गया तो ख़ुशबू ख़त्म हो जाती है। बिना खाद के पूरे खेत में कोई फ़सल व्यवसाय हेतु कैसे उगायें? यदि बिना खाद दवाई के वह मर गयी, कम पैदावार दी तो नुक़सान होगा। इसी वजह से वे सामान्य धान ही उगाते हैं जिसकी सरकारी मण्डियों में माँग है। मण्डियों में अच्छी गुणवत्ता वाले विशेष क्षेत्रीय धानों की माँग नहीं है। बिक्री के लिए अच्छी गुणवत्ता वाले धान न लगाने की वजह पूछने पर किसानों ने बताया कि, मण्डियों में धान कम क़ीमत पर बिकता है। इतनी कम क़ीमत पर महँगी फ़सल कैसे बेचें? बिना खाद दवाई के फ़सल भी कम होगी तो हमें बिक्री के बाद मिलेगा क्या?

जो सबसे ज़्यादा दुखद बात इन क्षेत्रों में मुझे देखने को मिली वह यह रही कि यहाँ के खाद–बीज–दवाइयाँ बेचने वाले दुकानदार भी ट्रेंड नहीं हैं। वे किसानों को सही–ग़लत नहीं बता पाते, या कई मामलों में नहीं बताते। वे लाते वही हैं जो बिकता है, या यह कहना भी उचित होगा वे वही बेचते हैं जिसमें उन्हें मुनाफ़ा अधिक मिलता है।

उदाहरण के लिए, यहाँ एक दवाई 500 रुपये में बिकती है। 125–130 रुपये प्रति स्प्रे वह किसान को पड़ती है। असल में उस दवाई की ज़रूरत शुरू से आख़िर तक फ़सल को है ही नहीं, फिर भी दुकानदार के कहने पर किसान उसे शुरू में ही डाल देते हैं। दुकानदार वह बेच रहा है क्योंकि उसे 500 रुपये की दवा में 400 रुपये मुनाफ़ा मिल रहा है। इसके ठीक उलट कोई दूसरी दवा जो रासायनिक नहीं है एवं कारगर भी है, 315 रुपये एमआरपी वाली, दुकानदार नहीं बेचता। बेचने वाला उसमें 40 प्रतिशत तक छूट भी दे तब भी दुकानदार को यह मुनाफ़ा 400 रुपये के आगे कम लगता है। उसे इस बात से फ़र्क़ नहीं पड़ता कि किसान को यह महँगी पड़ रही है, वह सोचता है कि काम नहीं करेगा तो किसान दोबारा आयेगा,

दूसरी दवा लेकर जायेगा। उसे इस बात से भी फ़र्क़ नहीं पड़ता कि इन दवाइयों का मिट्टी–पर्यावरण या खाद्यान्न पर क्या असर पड़ेगा। उसे सिर्फ़ अपनी बिक्री और मुनाफ़े से मतलब है। और अनपढ़ किसान उस पर भरोसा करके या मजबूरी में ही उसके अनुसार चलता है।

मजबूरी इसलिए क्योंकि किसान अक्सर ही एक दुकानदार के पास फँस जाता है। छोटे किसानों के पास पूँजी नहीं होती। वह बीज ख़रीदेगा, खाद डालेगा (खाद भी दुकानदार के कहने पर ज़रूरत से चार गुना डाल देता है), पानी सींचेगा, सेवा करेगा तब जाकर पहली फ़सल टूटेगी। अगर दाम सही मिल गया तो पैसा आयेगा। उस पैसे में से कुछ पैसा वह मज़दूरों को देगा। कुछ घर के लिए रखेगा और बीज–खाद की उधारी चुकायेगा। एक बार यदि छोटा किसान बीज ख़रीदता है तो 50–60 प्रतिशत किसान उधारी से ही बीज–खाद ख़रीदते हैं। ऐसे में उनकी मजबूरी होती है कि दुकान वाला जो दे रहा वही ख़रीदें। फिर जिससे बीज–खाद ख़रीदा उसी के यहाँ से दवाई भी ख़रीदनी पड़ती है। यदि कहीं और से दवाई उधारी लेने जाओ तो दुकानदार पूछता है कि बीज–खाद कहाँ से ख़रीदे थे। उसी के अनुसार बेचता है।

एक दुकानदार मुझे ऐसा मिला जो एक की जगह चार दवाइयाँ किसान को दे देता है। किसान फ़सल सम्बन्धी कोई भी बीमारी लेकर जाये वह चार तय दवाइयाँ ही पकड़ायेगा किसी सेट की तरह। एक ज़हरीला कीटनाशक देगा, एक उससे और अधिक ज़हरीला बनाने के लिए देगा, एक फफूँदनाशक देगा, एक ऐसी दवाई देगा जिसकी कोई ज़रूरत ही नहीं है। इनमें से कोई–न–कोई तो काम करेगी ही। ऐसे में किसान का जो काम 50 रुपये में हो सकता था वह 200 रुपये में होता है। पर किसान उसके पास वापस जाता है। उसकी फ़सल बीमारी से बच गयी इसलिए उसे लगता है कि दुकानदार ने जो दवाई दी उसी से उसकी फ़सल बची। यह अलग बात है कि वह इस बात से अनभिज्ञ रहता है कि उसका तीन ग़ैर–ज़रूरी दवाइयों का पैसा फ़ालतू लगा और उसने फ़िज़ूल दवाइयाँ डालकर फ़सल और मिट्टी दोनों में ज़हर की मात्रा बढ़ा दी है।

किसानों से पूछने पर कि पिछले सीज़न में आपने कौन–सी दवा डाली थी, वे कहते हैं 'चन्दा', अगले सीज़न में कहते हैं 'सूरज'। उन्हें यह नहीं पता होता कि अगले सीज़न तक चन्दा को ही सूरज की पैकिंग में बेचा जा रहा है। इन दवाइयों की पैकिंग पर उनके कम्पोज़ीशन नहीं लिखे होते। सिर्फ़ कम्पनी का नाम और पता लिखा रहता है वह भी आधा–अधूरा ही किसान समझ पाते हैं, और दवाई के नाम पर क्या बेचा जा रहा है यह नहीं लिखा रहता।

दवाइयों के पंजीकरण की प्रक्रिया भी अधिकांश जगह विशेषकर छोटी जगह के अधिकारियों को ठीक से नहीं पता। इन्हीं लूप–होल्स का इस्तेमाल करके कुछ कंपनियाँ अब रासायनिक के अलावा बायो के नाम पर भी अन्धाधुन्ध दवाइयाँ बेच रही हैं। इनके पैकेट पर भी कम्पोज़ीशन नहीं लिखा रहता। किसान तो बहुत दूर की बात है दुकानदारों को भी नहीं पता कि उन दवाइयों के भीतर क्या बेचा जा रहा है। कौन जानता है उनके भीतर कोई ऐसा बैक्टीरिया हो या ऐसा रसायन हो जो पर्यावरण के लिए बेहद नुक़सानदायक हो। कुल मिलाकर यह कहा जा सकता है कि सरकार का इन खाद–दवाइयों की गुणवत्ता पर नियन्त्रण नहीं है।

खाद–दवाई की दुकान खोलने के लिए यह कोई मानक नहीं है कि कोई कृषि विशेषज्ञ ही दुकान खोल सकता है। अब बी.एससी एग्रीकल्चर में डिग्री ज़रूरी कर दी है, एक ब्रिज कोर्स कराते हैं। लेकिन पहले ऐसा नहीं था। ऐसे में क्या हो रहा है कि जिन लोगों की पुरानी दुकानें हैं वे अब पढ़ाई तो करने से रहे, वे पैसे ले–देकर डिग्री/ट्रेनिंग पा लेते हैं। सही और ज़रूरी ज्ञान उन्हें नहीं मिल पाता। क्योंकि ज्ञान उनका उद्देश्य है ही नहीं। उनका उद्देश्य सिर्फ़ व्यापार है।

इन ज़हरीले रसायनों का एक क़िस्म का व्यापार है। यदि कोई एक दुकानदार नहीं बेचेगा तो दूसरा बेचेगा। आप दुकानदार को नहीं रोक सकते लेकिन किसान यदि ख़ुद जागरूक हो जायें, समझ जायें। लेखा–जोखा रखने लगें तो सम्भव है कि स्थिति में सुधार आये। बड़े ज़मीनों वाले किसानों की हालत फिर भी तुलनात्मक रूप

से इस मामले में जागरूक मानी जा सकती है। पर छोटे किसान के लिए जागरूकता बढ़ाने की बहुत आवश्यकता है।"

समर्थ अपने दौरों में जिन छोटे किसानों से मिलते हैं उनमें से अधिकांश की हालत यही है। उनकी कई मूलभूत समस्याएँ हैं जिनके समाधान ज़रूरी हैं। इसके अलावा कृषि में रसायनों का वर्तमान स्वरूप यही है। क़रीब साठ साल बीत गये हैं जब भारत में कृषि में रसायनों का प्रयोग बढ़ा। इन साठ सालों में रसायनों के प्रयोग ने कृषि और कृषकों को क्या नुक़सान पहुँचाया और उसका वर्तमान पर क्या असर पड़ रहा है यह समझ लेना भी ज़रूरी है।

पिछले दिनों अपनी एक परिचिता से मिली। वे मेरे पिता के मित्र की पत्नी हैं। बीस–बाईस साल पहले हम लोग एक ही क़स्बे में साथ रहते थे। तभी से मित्रता है। उनके बच्चे से भी हमारी अच्छी मित्रता थी। आंटी को शुरू से ही सर दर्द का बुरा रोग था। जिसके लिए वे अक्सर ही दर्द भगाने की दवाएँ खाती रहतीं। अब, जब मैं उनसे बीस साल बाद मिली तो मालूम हुआ कि वे बहुत बीमार हैं। डायलिसिस पर हैं। हर हफ़्ते उन्हें मशीनों द्वारा ख़ून साफ़ कराने की प्रक्रिया से गुज़रना पड़ता है। अंकल से बातों–बातों में उनकी इस बड़ी बीमारी की वजह पता लगी तो हैरानी नहीं हुई। अधिक मात्रा में दर्दनिवारक गोलियाँ लम्बे समय तक लेते रहने की वजह से उनके शरीर ने प्राकृतिक रूप से ख़ून साफ़ करना बन्द कर दिया। अब वे मशीनों के सहारे ही जीवित रहेंगी, जब तक रहेंगी।

एक बात बताइए, मान लीजिए किसी बीमारी के चलते या अधिक मेहनत की वजह से ही जब हमारा शरीर कमज़ोर हो जाता है, तब स्वस्थ होने के लिए कृत्रिम विटामिन, प्रोटीन युक्त दवाओं का सहारा लेना पड़ता है। ये कृत्रिम प्रोटीन, विटामिन आदि की गोलियाँ कितने समय तक ले सकेंगे? तदुरुस्त रहने के लिए क्या जीवनपर्यन्त ही इन्हें लेना पसन्द करेंगे? नहीं...आप इनके विकल्प में कुछ देसी या प्राकृतिक उपाय खोजेंगे। सामान्य जन आसानी से समझ सकता है कि दवाएँ/रसायन यदि लम्बे समय तक लिए जायें तो वे शरीर को

उसका आदी बना देते हैं। साथ ही, वे रसायन शरीर में जमा होकर प्राकृतिक प्रक्रिया में अवरोध बनते हैं। ख़ुद पर निर्भरता बढ़ाकर शरीर की प्राकृतिक रोग प्रतिरोधक क्षमता को कम या ख़त्म कर शरीर को रोगग्रस्त बना देते हैं।

ठीक ऐसा ही हाल मिट्टी का है। उसे भी यदि लम्बे समय तक रसायनों के भरोसे रखा जायेगा तो वह भी डायलिसिस पर चली जायेगी। यहाँ 'जायेगी' की जगह 'चली गयी है' कहना ज़्यादा उचित होगा।

1960 का वह समय था जब कृषि प्रधान माना जाने वाला यह ताज़ा–ताज़ा आज़ाद हुआ देश खाद्यान्न की समस्या से जूझ रहा था। भुखमरी से लोग मर रहे थे। खाने को अनाज न था। अकाल ने देश के सामने एक संकट पैदा कर दिया था। घर में बच्चा पैदा हो या शादी में बाराती आयें दो–चार लोगों से ज़्यादा को भोजन खिला देना बड़ी बात मानी जाती थी। उस समय देश के नेताओं और विशेषज्ञों ने पश्चिम की पद्धतियों की ओर आस की नज़र से देखा। वहाँ से सीखकर रसायनों और आयतित बीजों से नये स्तर पर खेती शुरू की। तब के लिए शायद यही एक रास्ता रहा होगा कि किसी तरह उपज में बढ़ोतरी की जा सके ताकि अनाज आयातित न करना पड़े।

बाहर से लाये गये बीजों का उपयोग और रसायनों के प्रयोग से फ़सल की उपज को आश्चर्यजनक रूप से बढ़ावा मिला। धीरे–धीरे उपज बढ़ी और कुछ हद तक खाद्यान्न की समस्या मिटी। भारत अनाज निर्यात करने लगा। पर, यहाँ सवाल यह है कि यदि सभी समस्याएँ दूर हो गयी थीं तो भारत आज भी भारी मात्रा में अनाज आयात क्यों करता है? ताज़ा रिपोर्ट के मुताबिक़ 2019–20 में ही सरकार ने आयात टैक्स दर घटाकर एक लाख टन मक्का आयात करना मंज़ूर किया है। इसके अलावा भी भारत गेहूँ, दालें, चावल, कपास के अलावा कई अन्य खाद्य वस्तुएँ आयात करता है। यदि हरित क्रान्ति से हम इतने ही सम्पन्न हो गये थे तो आज भी हमारी यह आयात निर्भरता क्या दर्शाती है?

इससे इतर एक दृश्य और था। देश में जो उपज बढ़ी थी वह भी अकेले नहीं बढ़ी, दुष्प्रभाव साथ लेकर बढ़ी। जिसने हरित क्रान्ति

के बाद कुछ ही सालों में अपना असर दिखाना शुरू कर दिया। इस समस्या का विकराल रूप फिर भी जाने क्यों किसी को बड़ा संकट नहीं लगता। खाद्यान्न में पाये जाने वाले पेस्टिसाइड शरीर के लिए बहुत दुष्प्रभावी हैं। इन रसायनों ने न सिर्फ़ इन्सान के शरीर में अपनी पैठ बनायी बल्कि मिट्टी को पंगु बना दिया। अब यदि मिट्टी में रसायन न डालो तो वह ठीक से उपज ही नहीं देती। उसकी ख़ुद की क्षमताएँ, पाये जाने वाले सूक्ष्म जीवाणु सब नष्ट हो चुके हैं, होते जा रहे हैं।

सर अलबर्ट हार्वर्ड ने 1890 में ही रसायनों के दुष्प्रभाव के बारे में चेताया था। उन्होंने कहा था कि सिर्फ़ रसायनों से खेती नहीं हो सकती। इनके दुष्प्रभाव मनुष्य और खेत दोनों के लिए घातक हैं। रसायनों के अधिक प्रभाव के कारण सूक्ष्म जीव, केंचुए आदि मृदा को पोषित रखने वाले तत्त्व ख़त्म होते जा रहे हैं, जिसके कारण खेत लम्बे समय तक नमी बरकरार नहीं रख पाते।

भारत में भी हरित क्रान्ति शुरू होने के लगभग पच्चीस साल बाद ही भारत की सबसे बड़ी ख़बरिया कम्पनी 'इंडिया टुडे' ने अपनी पत्रिका में एक लेख छापाः

"Indian food laced with some of the highest amounts of toxic pesticide residue in the world."

(भारतीय खाद्य पदार्थ दुनिया में सबसे अधिक मात्रा में ज़हरीले कीटनाशकों के अवशेषों से भरे हैं)

16 जून 1989 को चिदानन राजघट्टा, राज चेंगप्पा द्वारा लिखे गये इस लेख में बहुत विस्तार से रसायनों के दुष्प्रभाव के बारे में बताया गया। इस लेख का बस सारांश लिख रही हूँ।

भारतीयों के दैनिक भोजन में भोज्य पदार्थों के साथ–साथ आधा मिलीग्राम डीडीटी और बीएचसी जैसे ज़हरीले रसायन भी पहुँचते हैं। यह मात्रा यूँ तो बहुत कम है लेकिन यह न सिर्फ़ अमेरिकन या अंग्रेज़ी लोगों द्वारा निगले जा रहे ज़हरीले रसायनों से चालीस गुना अधिक है, बल्कि वर्ल्ड हेल्थ ऑर्गेनाइज़ेशन की डेंजर लिमिट के बराबर है। बार–बार किये गये सर्वेक्षणों में यह पाया गया कि पूरी दुनिया में भारतीय अपने भोजन में सबसे अधिक मात्रा में ज़हरीले

रसायनों के अवशेषों से भरा भोजन ले रहे हैं। इस दूषित भोजन से दिल, दिमाग, किडनी और लीवर की बीमारियों के साथ–साथ कैंसर जैसे रोग ने भी उन्हें घेर सकते हैं। सिर्फ़ भोजन नहीं बल्कि स्तनपान द्वारा बच्चे के पेट तक पहुँचता माँ का दूध या बच्चों के लिए उपलब्ध कृत्रिम भोजन के माध्यम से भी इन रसायनों के अवशेष मानव शरीर तक पहुँच रहे हैं।

कर्नाटक के दो ज़िलों शिमोगा और चिकमगलूर में 1975 के बाद से खेतों में काम करने वाले 300 से अधिक लोगों में गठिया रोग के विस्मयकारी हमले और उसके बाद अपंगता के मामले सामने आये। जब सर्वेक्षण हुआ तो मालूम चला कि खेतों में काम करने वाले मज़दूरों को जब ठीक से पैसा नहीं मिल रहा था तो उन्होंने केकड़े खाने शुरू किये। ये केकड़े खेतों से पकड़े जाते थे और खेतों में छिड़के गये रसायनों से दूषित थे। जिन्हें खाकर वहाँ के लोगों में इस बीमारी ने अपना घर बनाना शुरू किया। उसी समय में उत्तर प्रदेश के लखीमपुर ज़िले में लगभग 250 खेती से जुड़े लोगों में मिर्गी रोग की शिकायत पायी गयी। कारण खोजा गया तो मालूम हुआ कि किसान अपने खेतों में बीएचसी का इस्तेमाल कर रहे थे। जिसके असर को इस रोग की वजह माना गया।

इस लेख के प्रकाशित होने के क़रीब बारह साल बाद भारत में डीडीटी पर कृषि उपयोगों के लिए रोक लगा दी गयी। यह अलग बात है अब भी मच्छरों से बचाव के लिए डीडीटी का प्रयोग किया जाता है और कई जगह चोरी–छुपे खेती में भी इसका प्रयोग किया जाता है। भारत में डीडीटी तो बैन हो गया लेकिन उसकी जगह तेज़ी से बढ़ते दूसरे रसायनों ने ले ली। आश्चर्य की बात यह है कि इस देश में जहाँ आन्दोलन गुड्डे–गुड़ियों का खेल बन गया है वहाँ रसायनों के प्रयोग के लिए कोई बड़ा आन्दोलन नहीं हुआ। न सत्ताधारी चेते न ही कृषि विशेषज्ञों ने ठोस क़दम उठाने को मजबूर किया।

हरित क्रान्ति के समय सबसे ज़्यादा अन्न उत्पन्न करने वाले पंजाब के कई इलाक़ों की वर्तमान हालत यह है कि वे ही आज खाद्यान्न

में पेस्टिसाइड की समस्या से सबसे ज़्यादा जूझ रहे हैं। लगभग तीस–पैंतीस सालों से पंजाब में रसायनों के दुष्प्रभावों, जनहानि, रोग आदि पर ख़बरें छप रही हैं। गूगल पर पंजाब में रसायनों का प्रयोग लिखने से ढेर ख़बरें सामने आती हैं। हम पुरानी ख़बरों को छोड़ भी दें तो 2013, 2015, 2017 की ताज़ा ख़बरों को खँगालने से कई बातें सामने आती हैं।

मार्च 2017 की 'डाउन टू अर्थ' में प्रकाशित एक ख़बर के मुताबिक़ "पंजाब में खेती सबसे बड़ा व्यवसाय है, जहाँ कुल भूमि का 82.5 प्रतिशत खेती के लिए इस्तेमाल होता है। पंजाब सरकार के आँकड़ों के मुताबिक़, कृषि विकास दर नौ वर्षों में घटकर 2005–06 में 0.95 प्रतिशत से घटकर 2014–15 में (–) 3.40 प्रतिशत हो गयी। केवल 50 एकड़ से अधिक भूमि वाले बड़े किसान बढ़ती लागत को वहन कर सकते हैं, लेकिन छोटे और सीमान्त किसानों की क्षमता में गिरावट जारी है।

महाराष्ट्र के बाद पंजाब में किसान आत्महत्या के सबसे ज़्यादा मामले सामने आये। 2015 में कुल 449 मामले दर्ज हुए थे। अप्रैल 2010 से मार्च 2013 के बीच किसान आत्महत्या की घटनाओं से यह पता चला कि इन आत्महत्याओं में से कम–से–कम 79 प्रतिशत पीड़ितों के पास पाँच एकड़ से कम ज़मीन थी और 74 प्रतिशत किसान आत्महत्याएँ कृषि ऋण से सम्बन्धित थीं। सूखे के वर्षों और अपर्याप्त वर्षा के कारण नदी–नहरें सूख गयीं, जिससे किसानों को बोरवेलों का अनियमित उपयोग करना पड़ा (1.4 मिलियन पहले से मौजूद हैं)। 2008 से 2012 तक प्रतिवर्ष पानी की मात्रा में 0.7 मीटर की गिरावट आयी। वर्तमान में, पंजाब के 75 प्रतिशत ब्लॉक को 'डार्क ब्लॉक' घोषित किया गया है, जहाँ पानी का अत्यधिक दोहन होता है।

पंजाब कभी भी चावल उत्पादक और खपत क्षेत्र नहीं था। 1960–61 में धान की कटाई छह प्रतिशत के हिसाब से हुई, जो 2012–13 में बढ़कर 69 प्रतिशत हो गयी। खरीफ अनाज में धान के क्षेत्र का हिस्सा 1961 में 33 प्रतिशत से बढ़कर 2013 में 96 प्रतिशत हो गया।"

दिसम्बर 2013, पुलिल्ज़र सेंटर द्वारा प्रकाशित एक ख़बर के मुताबिक़, "पंजाब जो कभी भारत का 'फूड बास्केट' माना जाता था अब 'डिजीज़ बास्केट माना जाने लगा है। फ़रीदकोट के बाबा फ़रीद सेंटर में 2003 से काम कर रहे डॉक्टर सिंह, आसपास के इलाकों में शारीरिक और मानसिक रूप से कमज़ोर पैदा हो रहे बच्चों की बढ़ती संख्या के लिए थेरेपी प्रोग्राम चला रहे हैं।

1960 के दशक की हरित क्रान्ति में आधुनिक तकनीकी प्रगति और कृषि पद्धतियों का विस्तार हुआ, जिससे पंजाब चावल, गेहूँ, और विभिन्न सामान्य उपज वाली वस्तुओं के उत्पादन में देश का अग्रणी बन गया। तेज़ी से बढ़ते उत्पादन ने भारत को दुनिया का दूसरा सबसे बड़ा उत्पादक और कपास का निर्यातक बनाया, जिसमें से दो तिहाई पंजाब क्षेत्र में उगाया जाता है।

इन 50 वर्षों में उत्पादकता बहुत बढ़ी, यह अलग बात है कि उर्वरकों और कीटनाशकों के अत्यधिक उपयोग ने पानी, मिट्टी, भोजन के भीतर विषाक्त पदार्थों का धीमे–धीमे संचय किया। नतीजतन यहाँ के लोग, बच्चे मर रहे हैं। मनुष्य ने रसायनों से प्रयोग से पर्यावरण को हानि पहुँचायी बदले में वही दूषित पर्यावरण मनुष्य की हानि का कारण बन रहा है।

2009 में, यूके में एक्सेटर विश्वविद्यालय के वैज्ञानिकों द्वारा की गयी एक ग्रीनपीस रिपोर्ट में पाया गया कि फ़रीदकोट में स्थानीय कुओं के पानी में नाइट्रेट्स ख़तरनाक स्तर तक पाया गया। यह आसपास की कृषि भूमि में मौजूद सिंथेटिक नाइट्रेट उर्वरकों का एक उप–उत्पाद है।"

रिपोर्ट के अनुसार, "सभी सैंपल कुओं में से 20 प्रतिशत में पेयजल के लिए नाइट्रेट की मात्रा 50 मिलीग्राम प्रति लीटर की सुरक्षा सीमा से ऊपर है, जिसे विश्व स्वास्थ्य संगठन (डब्ल्यूएचओ) द्वारा स्थापित किया गया है।" इसमें आगे लिखा है कि "पीने के पानी में नाइट्रेट प्रदूषण है। इस पानी का मनुष्यों पर गम्भीर स्वास्थ्य प्रभाव हो सकता है, विशेषकर शिशुओं और बच्चों के लिए। नाइट्रेट से दूषित पेयजल का सबसे महत्त्वपूर्ण सम्भावित स्वास्थ्य प्रभाव ब्लू–बेबी सिंड्रोम (मेथेमोग्लोबिनमिया) और कैंसर है।

जर्मनी में माइक्रो ट्रेस मिनरल्स लैबोरेटरी के वैज्ञानिकों ने 2010 में 'पंजाब, भारत के शारीरिक और मानसिक रूप से विकलांग बच्चों में धातु एक्सपोजर' नामक एक अध्ययन में पाया कि स्थानीय बच्चों में भारी धातुओं का स्तर बढ़ा है।

इन्सान तो इन्सान चिड़िया, उल्लू, बाज और गिद्ध जैसे पक्षी भी अब यहाँ दिखायी नहीं देते। प्रकृति ने जैसे नाता तोड़कर सन्नाटा पसरा दिया है।"

पंजाब की भूमि ने न जाने कितनी ही बार चीख़ा–पुकारा, मिट्टी पर हो रहे अन्धाधुन्ध कीटनाशकों के प्रयोग से जब ज़हर इन्सानों के शरीर में पहुँचने लगा तब भी यह एक बड़ी ज़रूरत नहीं बन पायी कि समस्या की जड़ को समझा जाये। पंजाब में बढ़ते कैंसर रोगी यही बात सत्यापित करते हैं। हिन्दुस्तान टाइम्स ने 2015 में एक ग्राउंड रिपोर्ट प्रकाशित की जिसकी मानें तो 2009 में हुए एक सर्वेक्षण में पंजाब में कैंसर मरीज़ों की संख्या 7738 थी, जबकि 2013 में यही संख्या बढ़कर 23874 हो गयी। इन पाँच सालों में 33000 से अधिक मौतों के साथ 24000 कैंसर मरीज़ों का पता लगा। इस मामले में मालवा क्षेत्र सबसे आगे रहा जहाँ 33318 मौतों के साथ 14682 कैंसर पीड़ितों का पता लगा। पश्चिमी पंजाब के ये इलाक़े वही हैं जहाँ कपास की खेती में कीटनाशकों के अन्धाधुन्ध प्रयोग होते रहे हैं। पूरे पंजाब का 75 प्रतिशत कीटनाशक खपत सिर्फ़ मालवा में ही हो जाता है।"

आश्चर्य की बात यह है कि इन कैंसर मरीज़ों में से 90 प्रतिशत मरीज़ों का इस बीमारी से सम्बन्धित कोई पारिवारिक इतिहास नहीं था। दूषित पर्यावरण और बदलती जीवन–शैली इन बीमारियों के जीवाणुओं को पोषित करते हैं और रोग बढ़ाने में सहायक बनते हैं।

भारतीय कृषि में इस्तेमाल होने वाले ये ज़हरीले कीटनाशक विदेशी सीमाएँ लाँघकर निर्यात भी हो रहे हैं। पंजाब की एक विश्व प्रसिद्ध कम्पनी द्वारा बेचे जा रहे चावल के ख़िलाफ़ ऑस्ट्रेलिया में शिकायत दर्ज होती है। ये ब्रांडेड चावल वहाँ की जाँच प्रक्रिया में फेल हो जाते हैं। **इसके अलावा भी भारत से निर्यात किये गये पान, इलायची,**

सुपारी गुणवत्ता पर खरे न उतर पाने के कारण वापस भेज दिये गये। यहाँ के आम की भी किसी प्रजाति को गुणवत्ता में फेल होने की वजह से बैन कर दिया गया।

बीते साठ दशकों में सिर्फ़ भोज्य पदार्थ ही नहीं मानव शरीर ने भी इन कीटनाशकों को अपने भीतर इतना संगृहित कर लिया है कि अब स्तनपान कराने वाली माँ का दूध भी इनसे ग्रसित पाया जाने लगा है। एक माँ जब अपने बच्चे को स्तनपान कराती है तो वह वसा, प्रोटीन, कैल्शियम आदि ही उसके शरीर में नहीं पहुँचाती बल्कि उसके साथ अन्य दुष्प्रभावी पदार्थ भी उसके शरीर में जाते हैं जो बच्चे को नुक़सान पहुँचा सकते हैं, जैसे माँ की साँस द्वारा शरीर में जा रही ज़हरीली हवा, पेस्टिसाइड युक्त भोजन, कॉस्मेटिक में मिले केमिकल्स, पेंट्स में मिले थिनर, शराब, निकोटिन आदि। देखा जाये तो बच्चे के मन–मस्तिष्क पर जब भावनाओं का प्रभाव पड़ता है तो माँ के द्वारा खाये जा रहे भोजन का तो पड़ेगा ही।

1980 में बन्द हो चुके कीटनाशकों के अवशेष माँ के दूध में 2002 में हुई एक शोध में पाये जाते हैं। यह शोध इंडस्ट्रियल टॉक्सिकोलॉजी रिसर्च सेंटर द्वारा किया गया जिसका नेतृत्व डॉक्टर एम. जे सिद्धीक़ी ने किया था। शोध के लिए लखनऊ के एक अस्पताल में भर्ती महिलाओं के ब्रेस्टमिल्क सेम्पल लिए गये। जिनमें एचसीएच का स्तर वर्ल्ड हेल्थ ऑर्गेनाइजेशन के सुरक्षा मानक स्तर से दो गुना ज़्यादा था, जबकि डीडीटी का स्तर सात गुना ज़्यादा। वहीं एल्ड्रिन का स्तर बीस गुना ज़्यादा था।

2009 में राजस्थान यूनिवर्सिटी द्वारा किये गये एक शोध में अनूपगढ़, गंगानगर की महिलाओं के ब्रेस्टमिल्क में भी ऑर्गेनोक्लोरिन कीटनाशक के अवशेष पाये गये। इस शोध में कहा गया कि ***यदि नवजात इन कीटनाशकों के सम्पर्क में आते हैं तो उनकी सहनशीलता, क्षमता और रोग प्रतिरोधक क्षमता प्रभावित होती है। इससे बच्चों की याददाश्त भी प्रभावित हो सकती है, साथ ही बच्चा अन्य अक्षमताओं का भी शिकार हो सकता है।***

जुलाई 2013 में हुए एक शोध[2] के मुताबिक़ : "भारतीय कृषि में ऑर्गेनोक्लोरिन कीटनाशकों ने पैदावार बढ़ाने और कीटों से सुरक्षा देने में महत्त्वपूर्ण योगदान दिया। यह अलग बात है कि पिछले तीन दशकों में ये कीटनाशक पर्यावरण के जड़–चेतन दोनों ही रूपों में धीमे–धीमे जमा होते गये। ज़्यादा लम्बे समय तक इनके सम्पर्क में रहने से प्रकृति को तो नुक़सान पहुँचता ही है, मानव को भी शारीरिक क्षति पहुँचती है, मसलन लीवर, किडनी, अन्तःस्रावी प्रणाली को प्रभावित करते हैं, मानसिक और मनोवैज्ञानिक विकास प्रभावित हो सकता है, न्यूरोलॉजिकल और इम्यून सिस्टम प्रभावी हो सकते हैं, ब्रेस्टमिल्क, फेंफड़े, सर्विक्स और प्रोस्टेट कैंसर, endometriosis, hypospadias, cryptorchidias का ख़तरा बढ़ जाता है। नवजात शिशु के बौद्धिक स्तर पर बहुत असर पड़ सकता है, उनके सेंट्रल नर्वस सिस्टम की प्रक्रिया थोड़ी मन्द हो जाती है। ऑर्गेनोक्लोरिन कीटनाशकों में मुख्य रूप से डीडीटी और एचसीएच आते हैं। डीडीटी भारत में बैन तो हो गया है लेकिन आज भी मलेरिया से बचाव के लिए मच्छर उन्मूलन के रूप में और कहीं–कहीं कृषि में भी इसका प्रयोग हो रहा है। आजकल ऑर्गेनोक्लोरिन कीटनाशकों की जगह ऑर्गेनोफॉस्फेट कीटनाशक इस्तेमाल होने लगे हैं। ये भी बहुत नुक़सानदायक होते हैं लेकिन तुलनात्मक रूप से देखा जाये तो ऑर्गेनोक्लोरिन कीटनाशकों से थोड़ा कम। इस शोध के अनुसार, पहले जिन लोगों के ब्रेस्टमिल्क में ऑर्गेनोक्लोरिन कीटनाशकों के अवशेषों की बढ़ी हुई मात्रा सर्वेक्षण के दौरान पायी गयी थी, वह अब पहले से कम हुई है। हालाँकि अभी भी कुछ जगहों पर इनकी मात्रा सुरक्षा मानकों के स्तर से ऊपर ही है। इस शोध में ऑर्गेनोक्लोरिन कीटनाशकों में मोनोक्रोटोफॉस एवं इंडोसल्फान ब्रेस्टमिल्क में नहीं के बराबर पाये गये जिनके प्रयोग पर रोक लगायी गयी थी। पर इनके अलावा कुछ अन्य कीटनाशकों की थोड़ी–थोड़ी मात्रा पायी गयी। कुल मिलाकर ऐसा कह सकते हैं कि ऑर्गेनोक्लोरिन कीटनाशकों पर लगने वाली रोक कारगर रही है।"

---

2. Pesticide residues in human brest milk : Risk assessment for infants from Panjab, India, J.S. Bedi, P.A. Pooni, 2013

ऐसा ही एक और शोध 2015 में हिमाचल प्रदेश की महिलाओं के साथ किया गया[3]। तक़रीबन तीस महिलाओं के ब्रेस्टमिल्क के सेम्पल लिए गये। अलग–अलग क्षेत्र, खानपान, उम्र एवं पर्यावरण प्रभावों को देखते हुए यह शोध किया गया। इस शोध के नतीजे भी कुछ–कुछ वैसे ही थे। जिनके मुताबिक़ 26 कीटनाशकों, जिनमें ऑर्गेनोफॉस्फेट, ऑर्गेनोक्लोरिन एवं सिंथेटिक पयरेथ्रोइड्स की मात्रा पहले से कम पायी गयी। फिर भी 27 प्रतिशत में डीडीटी या डीडीटी कुछ लोगों में अब भी सुरक्षा मानकों की लिमिट से ऊपर था।

2015 में ही सिसरा, हरियाणा की माताओं के साथ किये गये एक शोध में कीटनाशकों के अवशेष 0.12 मिलीग्राम प्रति किलोग्राम पाये गये। यह मात्रा WHO द्वारा निर्धारित सुरक्षा मानक से दस गुना ज़्यादा थी।[4]

जनवरी 2017 में हुए एक शौध के मुताबिक़, "स्तन ग्रन्थियाँ खून से अत्यधिक जुड़ी हुई होती हैं। ऐसा मान लीजिए कि जो भोज्य अथवा किसी भी रूप में (कीटनाशकों द्वारा प्रभावित या दूषित आसपास के वातावरण, हवा, पानी) ग्राह्य पदार्थ माँ के ख़ून में घुलनशील अवस्था में हैं वे सीधे रूप में स्तनग्रन्थियों द्वारा माता के दूध में जा रहे हैं।"[5]

इसलिए कहा जाता है माता को कि स्तनपान कराते समय उसे शराब आदि का सेवन नहीं करना चाहिए। जानवरों पर शोध करके यह पाया गया कि अधिकांश पेस्टिसाइड ख़ून में घुलनशील होते हैं। यानी वे माता के दूध में भी होंगे। अब यदि ऑर्गेनोक्लोरिन के स्थान पर ऑर्गेनोफॉस्फेट इस्तेमाल हो रहे हैं तो वे भी ख़ून में पहुँच ही रहे होंगे और उस रास्ते माता के दूध से होकर नवजात एवं शिशुओं के शरीर तक पहुँच रहे होंगे। भले ही वे माता के दूध में सरकारी सुरक्षा

---

3. Presence of the pesticides in brest milk and infants formulae in Himachal Pradesh, India, Neeta Devi Sharma, Ishwar D. Sharma, Rajeshwar Singh Chandel & John C. wise, 2015
4. Pesticide content found in brest milk in sirsa, India Today, Manjeet Sehgal, 2015
5. Lactation exposure to pesticide : A review, Ahemad K. Salama, Biology Department College of Science, Majmaah University, Saudi Arabia.

मानकों से कम या अधिक स्तर पर शोधों में पाये जा रहे हैं, लेकिन वे प्राकृतिक क़तई नहीं हैं। जो प्राकृतिक नहीं है वह नवजात एवं शिशुओं के लिए सुरक्षित कैसे हो सकता है?

डॉक्टर्स कहते हैं कि जन्म के बाद प्रथम छह माह तक बच्चे को सिर्फ़ माँ का दूध पिलाना चाहिए। वही उसके लिए लाभदायी है और स्वास्थवर्धक भी। पर कीटनाशक मिला वह दूध क्या बच्चों के लिए लाभदायी है? क्या वह धीमे-धीमे उनके भीतर जमा होकर बीमारियों की सम्भावना को जन्म नहीं देता?

यह वाणिज्यिक खेती, गिरता भूजल स्तर, मरते लोग, प्रदूषित पर्यावरण, प्रदूषित ब्रेस्टमिल्क किस ओर इशारा करते हैं? इन डराने वाली ख़बरों से हम क्या समझें? रसायनों के बढ़ते प्रयोग और उनका हमारे शरीर में घुलना भी यदि हमें यह नहीं समझा पाता कि हम पर्यावरण के साथ-साथ अपनी भावी पीढ़ियों को भी बर्बाद कर रहे हैं तो जाने किस मिट्टी के बने हैं हम। पंजाब के गाँव में ख़ून की जाँचों में पन्द्रह से अधिक रसायनों के सैम्पल पाये गये। इतना कचरा हमारे शरीर को कितने दिनों तक स्वस्थ रूप से चलने देगा? हमारे शरीर में कीटनाशक कितने हो सकते हैं, किस स्तर तक हो सकते हैं, किस स्तर तक उनका होना सुरक्षित माना जाये इसके कोई तय मानक नहीं हैं। पंजाब में ब्लड सैम्पल्स में पाये गये कीटनाशक किसी भी मानक को तोड़ सर्वोच्च स्तर पर पहुँचने की कगार पर हैं। ऐसा मान सकते हैं कि वहाँ के कुछ इलाकों में लोग कीटनाशकों द्वारा तैयार की गयी कॉकटेल पीते हैं जिसमें पहले इस्तेमाल होने वाले डीडीटी के साथ, वर्तमान में इस्तेमाल हो रहा लिंडेन भी डाला जाता है, साथ में मोनोक्रोटोफॉस और क्लोरोपाइरीफॉस भी मिला दिया जाता है और तब बनती है एक शानदार ज़हरीली कॉकटेल जिसने शरीर को अब तक जाने कितना नुक़सान पहुँचा दिया है।

पेस्टिसाइड जो हमारे शरीर में वसा के साथ इकट्ठे हो जाते हैं और कई वर्षों तक अपना असर बनाये रखते हैं। *"नयी दिल्ली स्थित अनुसन्धान और वकालत संस्था, सेंटर फॉर साइंस एंड एनवायरनमेंट (सीएसई) द्वारा 2005 में किये गये एक अध्ययन में पंजाब के गाँवों से*

लिए गये मानव रक्त के नमूनों में पाये गये कीटनाशकों के अवशेष का स्तर बहुत अधिक था। नमूनों में कुछ लगातार इस्तेमाल होने वाले ऑर्गेनोक्लोरिन कीटनाशकों ;व्बद्ध का स्तर हैरान करने वाला था। यह अमेरिकी लोगों के रक्त–नमूनों में पाये गये पेस्टिसाइड से 15–605 गुना अधिक था, जिसका परीक्षण यूएस सेंटर फॉर डिज़ीज कंट्रोल एंड प्रिवेंशन द्वारा 2003 की अपनी रिपोर्ट में दर्शाया गया। भारत में प्रतिबन्धित कीटनाशक लिंडेन का स्तर भारतीय रक्त–नमूनों में अमेरिकी आबादी में पाये जाने वाले लोगों की तुलना में 605 गुना अधिक था। इसी तरह, डीडीटी का स्तर 188 गुना अधिक था। सीएसई अध्ययन ने सभी रक्त नमूनों में हेक्साक्लोरोसायक्लोहेन (एचसीएच) और 95 प्रतिशत नमूनों में डीडीटी का पता लगाया।

मानव रक्त में ऑर्गेनोफॉस्फोरस कीटनाशकों (ओपी) के परीक्षण के लिए यह भारत में पहला अध्ययन है। ये समान रूप से उच्च स्तर में पाये गये। उद्योग जगत का दावा है कि ये कीटनाशक लम्बे समय तक शरीर में नहीं रहते और जल्द ही इनकी मात्रा घट जाती है, लेकिन 75 प्रतिशत रक्त नमूनों में यह कथित कम–निरन्तर और घटने वाला ऑर्गेनोफॉस्फोरस कीटनाशक मोनोक्रोटोफॉस पाया गया, जबकि क्लोरपाइरीफोस 85 प्रतिशत नमूनों में मौजूद था। सत्तर फ़ीसदी नमूनों में दो और ऑर्गेनोफॉस्फोरस कीटनाशक पाये गये जो थे, फॉस्फैमिडन और मैलाथियान।

आश्चर्यजनक रूप से, पंजाब रक्त नमूनों (0.095 पीपीएम) में मोनोक्रोटोफॉस का औसत स्तर विश्व स्वास्थ्य संगठन/खाद्य और कृषि संगठन द्वारा निर्धारित मनुष्यों के लिए अल्पकालिक जोखिम सीमा से चार गुना अधिक पाया गया। यदि हम दीर्घकालिक एक्सपोजर सीमा पर विचार करते हैं, तो परिणाम और भी अधिक भयावह हो सकते हैं: सीएसई द्वारा परीक्षण की गयी आबादी के रक्त में मोनोक्रोटोफॉस की औसत मात्रा मनुष्यों के लिए दीर्घकालिक एक्सपोजर सीमा से 158 गुना अधिक थी।

सीएसई विश्लेषण बताता है कि पुराने ऑर्गेनोक्लोरिन कीटनाशकों के उच्च स्तर के साथ रक्त के नमूने पहले से ही दूषित लग रहे हैं,

जिनमें नये ऑर्गेनोफॉस्फोरस कीटनाशक अब शरीर में कीटनाशकों की मात्रा में इज़ाफ़ा ही कर रहे हैं।

दुनिया भर में हो रहे अध्ययन कीटनाशकों के प्रयोग को लेकर यही बात बताते हैं। ***जानवरों पर किये गये अध्ययनों से पता चलता है कि, विशेष रूप से शुरुआती मस्तिष्क के विकास के दौरान ऑर्गेनोफॉस्फेट्स का निनतर सम्पर्क भी मस्तिष्क की कार्यप्रणाली को स्थायी रूप से प्रवाभी कर सकता है, नुक़सान पहुँचा सकता है।*** *यह बात इन्सानों के लिए यदि देखें तो बचपन में इन रसायनों का शरीर में पहुँचना बच्चों के मानसिक विकास को प्रभावित करता है।*

2003 में न्यूयॉर्क में किये गये एक अन्य अध्ययन में पाया गया कि क्लोरोपाइरीफॉस और इसके विषाक्त मेटाबोलाइट क्लोरोफिरिफॉस ऑक्सन प्लेसेंटा को पार कर सकते हैं। अध्ययन में यह भी पाया गया कि अगर गर्भवती महिलाओं को बहुत कम स्तर पर भी इस कीटनाशक के सम्पर्क में लाया जाता है, तो यह उनके अजन्मे बच्चे को प्रभावित कर सकता है।"[6]

अब एक बार सोचिए कि जिन कीटनाशकों ने हमारे शरीर को इतना नुक़सान पहुँचाया उन्होंने मिट्टी के साथ–साथ उसमें रहने वाले असंख्या सूक्ष्म–जीवों, छोटे जीव–जन्तुओं को कितना नुक़सान पहुँचाया होगा। ध्यान देने वाली बात यह है कि सिर्फ़ पंजाब नहीं बल्कि समूचा भारत ही इन कीटनाशकों के प्रभाव में है। कीटनाशकों का प्रयोग दुष्परिणाम जानने के बाद भी कम नहीं हुआ बल्कि आँकड़े इनके प्रयोग में बढ़ोतरी ही बताते हैं।

1960–61 में रासायनिक उर्वरकों का उपयोग प्रति हेक्टेयर दो किलोग्राम होता था जबकि 2008–09 में यह बढ़कर 128.6 किलोग्राम प्रति हेक्टेयर हो गया। 1960–61 में रासायनिक खादों की कुल खपत 2.92 लाख टन थी जबकि 2008–09 में यही 249.09 लाख टन हो गयी।

भाअनुप–राष्ट्रीय कृषि आर्थिकी एवं नीति अनुसन्धान संस्थान द्वारा पॉलिसी ब्रीफ़ : दिसम्बर 2017 से कुछ आँकड़े यहाँ संज्ञान में ले रही हूँ।

---

6. Residue of A Revolution, www.panjab.org.uk

कृषि में कीटनाशकों का प्रयोग आम बात है। पूरी दुनिया में हज़ार से भी ज़्यादा रासायनिक और जैविक कीटनाशक रजिस्टर्ड हैं। प्रगतिशील देशों में कीटों से होने वाली उत्पादन हानि ज़्यादा होती है। भारत में कीटों की वजह से प्रतिवर्ष तक़रीबन 42.66 लाख डॉलर की उत्पादन हानि होती है। कीटों से सुरक्षा के लिए इंसेक्टिसाइड, फंगीसाइड और हर्बीसाइड का इस्तेमाल किया जाता है। भारत में सबसे ज़्यादा इंसेक्टिसाइड का इस्तेमाल होता है। भारत में प्रति हेक्टेयर कीटनाशकों के इस्तेमाल में वृद्धि हुई है। 2014–15 में यह संख्या 0.29 किलोग्राम प्रति हेक्टेयर आँकी गयी जोकि 2009–10 की तुलना में 50 प्रतिशत अधिक थी। कीटनाशकों के प्रयोग में हालिया वृद्धि का कारण हर्बीसाइड (खरपतवार) के प्रयोग में वृद्धि है। अब प्रतिदिन मानव–भत्ता बढ़ गया है। इसलिए हाथ से घास निकालने की जगह किसान एक बार में दवाई छिड़कना ज़्यादा मुनाफ़ेदार समझता है। यह अलग बात है कि इस बढ़ोतरी के बाद भी भारत अभी कुछ देशों से पीछे है। चाइना में 13.06 किलोग्राम/हेक्टेयर, ब्राजील में 4.57 किलोग्राम/हेक्टेयर और अन्य लैटिन अमरीकी देश भी इस मामले में भारत से आगे हैं।

भारत में सबसे ज़्यादा प्रयोग महाराष्ट्र में, उसके बाद क्रमशः उत्तर प्रदेश, पंजाब और हरियाणा में होता है। पिछले कुछ दशकों में जबकि महाराष्ट्र और उत्तर प्रदेश में पेस्टिसाइड का प्रयोग बढ़ा है वहीं पंजाब में इसे धीमे–धीमे नकारना शुरू किया है। पश्चिम बंगाल, गुजरात और कर्नाटक जैसे राज्यों की कुल खपत में गिरावट आयी है। वहीं केरल और छत्तीसगढ़ में पेस्टिसाइड की कुल खपत में वृद्धि हुई है। 2016–17 में प्रति हेक्टेयर पेस्टिसाइड की सबसे ज़्यादा खपत पंजाब में हुई जोकि 0.74 किलोग्राम/हेक्टेयर थी, उसके बाद हरियाणा 0.62 किलोग्राम/हेक्टेयर और फिर महाराष्ट्र 0.57 किलोग्राम/हेक्टेयर। बिहार, राजस्थान, कर्नाटक एवं मध्य प्रदेश में खपत दर सबसे कम रही।

1991–92 के पहले जो असिंचित क्षेत्र होता था, उनमें अधिकांशतः पेस्टिसाइड का प्रयोग नहीं होता था। असिंचित क्षेत्र वह होगा जहाँ बारिश के पानी के अलावा सिंचाई के अन्य साधन नहीं है। इन क्षेत्रों

में देसी बीज ही लगाते थे अतः ज़्यादा कीटनाशक नहीं डालते थे, कारण कुछ भी हो सकता है, पैसे की कमी या देसी बीज को ज़रूरत ही नहीं पड़ती थी। 2011–12 तक यह स्थिति बदल गयी। अब क्षेत्र सिंचित हो या असिंचित कीटनाशक का प्रयोग होने लगा है क्योंकि हाइब्रिड बीज का इस्तेमाल होने लगा है। हाइब्रिड बीज अधिक पैदावार देने के उद्देश्य से तैयार किये जाते हैं। उनमें कीटों से लड़ने की क्षमता कम होती है क्योंकि उनकी शक्ति अधिक पैदावार देने में ज़्यादा ख़र्च होती है। अतः उन्हें कीटों से बचाने के लिए कीटनाशकों का प्रयोग ज़रूरी होता है। जहाँ रासायनिक खाद का प्रयोग होगा वहाँ रासायनिक कीटनाशक देना ही पड़ेगा।

भारत के पेस्टिसाइड प्रोडक्शन क्षेत्र में कीटनाशक (इंसेक्टिसाइड) एवं फफूँदनाशक (फंगीसाइड) का प्रभुत्व है। उसके बाद हर्बीसाइड (खरपतवारनाशक) एवं रोडेंटीसाइड (चूहा नाशक) का नम्बर आता है। हालाँकि 2016–17 के आँकड़े बताते हैं कि अब 2003–04 की तुलना में इंसेक्टिसाइड का प्रतिशत घटा है, जबकि फंगीसाइड, हर्बीसाइड एवं रोडेंटीसाइड का प्रतिशत बढ़ा है। इन तीनों में भी सबसे ज़्यादा फंगीसाइड का क्योंकि इसका इस्तेमाल फलों और सब्ज़ियों में किया जाता है। भारत में मुख्यतः मेंकोजेब 2–4–डी, एस्फेट एवं प्रोफेनोफॉस कीटनाशक बनाये जाते हैं। ब्राजील, यूएसए एवं फ्रांस में भारतीय पेस्टिसाइड सबसे अधिक निर्यात किया जाता है, जबकि चाइना एवं जर्मनी से सबसे ज़्यादा भारत में आयात किया जाता है।

पेस्टिसाइड उत्पादन बाज़ार में सबसे ज़्यादा प्रतियोगी माहौल रहता है। तक़रीबन 600 पेस्टिसाइड बनाने वाली कंपनियाँ पंजीकृत हैं जिनमें से 60 प्रतिशत इंसेक्टिसाइड, हर्बीसाइड एवं फंगीसाइड बनाती हैं। हर कम्पनी को अपना हर उत्पाद बाज़ार में उतारने से पहले The Insecticides Act (1968) and Insecticides Rules (1971) के तहत पंजीकृत कराना होता है। जिससे मानव तथा जानवरों पर उनसे होने वाले ख़तरे की जाँच हो सके। जून 2017 तक कुल 279 उत्पाद (265 रासायनिक एवं मात्र 14 जैव–कीटनाशक) तथा संयोजन सहित 658 फॉर्म्यूलेशन CIB & RC के तहत पंजीकृत हैं।

पेस्टिसाइड को जाँचने के लिए हर स्तर पर कुछ प्रक्रिया और नियम निर्धारित हैं। केन्द्रीय कीटनाशक प्रयोगशाला (CIL), केंन्द्र या राज्य सरकार के किसी भी अधिकारी या एजेंसी द्वारा रेफरल नमूनों का परीक्षण करती है,जबकि राज्य कीटनाशक परीक्षण प्रयोगशालाएँ (STPL) गुणवत्ता नियन्त्रण के लिए उन नमूनों का परीक्षण करती हैं जो निर्माणाधीन हैं या बिक्री के लिए तैयार हैं। STPL के परिणामों से संकेत मिलता है कि परीक्षण किये गये नमूनों के लगभग 2.5 से 3 प्रतिशत 2008–09 से 2012–13 के दौरान मानकों पर खरे नहीं उतरे। कुल मिलाकर, 28 कीटनाशक और चार फॉर्म्यूलेशन देश में बनाने, उपयोग करने, या आयात पर प्रतिबन्ध हैं। हाल ही में विशेषज्ञ समिति की सलाह पर, जनवरी 2018 से 12 पेस्टिसाइड को पूर्णतः प्रतिबन्धित कर दिया गया है, एवं छह को 2020 तक प्रतिबन्धित कर दिया जायेगा।

यदि जैव–कीटनाशकों को देखें तो अभी तक भारत में सिर्फ़ तीन प्रतिशत जैव–कीटनाशक पंजीकृत हैं। जिनमें चौदह अलग–अलग तरह के जैव–कीटनाशक हैं। यहाँ ध्यान देने वाली बात यह है कि जैव–कीटनाशक (जीवित कीटनाशक) एवं जैविक कीटनाशक (रसायन–मुक्त) में थोड़ा–सा अन्तर है, 1996–97 में जैव–कीटनाशकों की खपत का आँकड़ा 219 टन था, जो कि 2000–01 में बढ़कर 683 टन हुआ और 2015–16 में यह बढ़कर 3000 टन हो गया। इस शोध के अनुसार यदि एकीकृत कीट प्रबन्धन में जैव–कीटनाशकों का प्रयोग करते हैं तो कपास में 66 प्रतिशत एवं गोभी में 45 प्रतिशत तक रासायनिक कीटनाशकों का प्रयोग कम हो जायेगा। यह दर्शाता है कि रासायनिक कीटनाशकों के स्थान पर जैव कीटनाशक पर्यावरण की सुरक्षा में बहुत अहम भूमिका निभा सकते हैं, लेकिन जिस तेज़ी से जैव–कीटनाशकों का प्रयोग बढ़ना चाहिए वह नहीं हो रहा है। इनका प्रयोग अभी बहुत धीमी गति से आगे बढ़ रहा है। इसकी एक वजह शायद यह है कि इनके संरक्षण के लिए अधिक कुशलता एवं सुविधाओं की ज़रूरत होती है जोकि सप्लाई–चेन में सम्भव नहीं हो पाती।

भारत में अब भी रासायनिक खाद एवं कीटनाशकों का प्रयोग कई स्थानों पर अन्धाधुन्ध तरीक़े से हो रहा है। सरकार के संज्ञान

में बात होते हुए भी इतने वर्षों से इनके प्रयोग पर कोई रोक नहीं लगायी गयी थी। वर्तमान सरकार ने एक विशेष समिति बिठाकर जिन 18 कीटनाशकों पर रोक लगायी या भविष्य में जिन पर रोक लगनी है, दुर्भाग्य से उनमें भी कुछ ऐसे कीटनाशक सम्मिलित नहीं हैं जो प्रयोग में लाये जा रहे हैं एवं जानलेवा हैं। 2017 में आयी कुछ ख़बरों से यह बात सामने आयी कि महाराष्ट्र के विदर्भ में चार महीनों में 37 किसानों की मृत्यु कीटनाशकों के इस्तेमाल से हुई। कीटनाशक का छिड़काव करते हुए उनकी सांस द्वारा कीटनाशक का उनके भीतर पहुँचना उनकी मौत का कारण बना। अधिकांश कीटनाशकों के साथ, उनके पैकेट पर ही प्रयोग के नियम लिखे रहते हैं, जिनमें से एक बेहद अहम और प्रमुख है। जो कहता है कि किसी भी कीटनाशक का प्रयोग दस्ताने एवं फेस–मास्क (चेहरे का नक़ाब) के बिना नहीं किया जाना चाहिए। ग़ौरतलब है कि इस मामले में जितने ढीले नियम क़ानून हैं उतने ही अनभिज्ञ एवं लापरवाह वे किसान जो इन कीटनाशकों का प्रयोग करते हैं। लापरवाही का दोष किसानों पर इसलिए भी नहीं मढ़ा जा सकता क्योंकि छोटे किसानों के पास पैसा कम होता है और फ़सल को ख़राब होने से बचाने की चिन्ता ज़्यादा। उन्हें तो जिसने जो कह दिया उन्होंने कर लिया। अपनी फ़सल को बचाने के लिए वे यह जाने–समझे बिना कि इन दवाइयों का उन पर क्या असर पड़ेगा, अन्धाधुन्ध तरीक़े से इनका प्रयोग करते हैं।

इसमें दोष उन संस्थानों का भी है जो किसानों का ग़लत सलाह देते हैं। देश में कई ऐसे कृषि संस्थान एवं विश्वविद्यालय हैं जिनके द्वारा सुझाये गये कीटनाशक केन्द्रीय कीटनाशक बोर्ड एवं पंजीयन समिति द्वारा पंजीकृत नहीं होते।[7] अब जो पंजीकृत ही नहीं हैं उनकी गुणवत्ता जाँच, सुरक्षा मानक आदि के लिए कौन ज़िम्मेदारी लेगा? उनसे होने वाली हानि के लिए कौन ज़िम्मेदारी लेगा? उनका नुक़सान मुख्य रूप से किसान और मिट्टी भुगतते हैं।

---

7. Why India continues to use lethal pesticides, 27 nov 2017/down to earth

कीटनाशकों के प्रयोग एवं नियम हेतु सरकार या निर्माणकर्ताओं द्वारा सही से शिक्षा न देना भी इनके दुष्प्रभावों का एक कारण है।

विदर्भ में जिन किसानों की मौत कीटनाशकों की वजह से हुई उनके लिए जाँच समिति बनायी गयी। जिसमें पाया गया कि उन किसानों की मौत का ज़िम्मेदार monocrotophos, oxydemetonmethly, acephate, profenofos, fipronil, imidacloprid और cypermethrin जैसे कीटनाशकों को बताया गया। Monocrotophos एवं oxydemetonmethly क्लास–1 पेस्टिसाइड हैं। क्लास–1 पेस्टिसाइड्स वे होते हैं जिन्हें बेहद ख़तरनाक की श्रेणी में रखा जाता है। इनके कुछ ग्राम एक सामान्य स्वस्थ युवा के लिए जानलेवा हो सकते हैं। दुःख की बात यह है कि विश्व के अधिकांश देशों में इनका प्रयोग प्रतिबन्धित है, जबकि भारत में इनका बहुतायत में प्रयोग होता आ रहा है। इससे भी ज़्यादा दुःख की बात यह है 2018 में जिन 18 पेस्टिसाइड्स को प्रतिबन्धित करने की बात हुई उनमे Monocrotophos एवं oxydemetonmethly दोनों ही शामिल नहीं हैं, जोकि हाल ही में हुई कई मौतों के कारण बने हैं। इन दो के अलावा भी कई ऐसे पेस्टिसाइड्स पर प्रतिबन्ध नहीं लगा जो कि जानलेवा हैं एवं क्लास–1 में पंजीकृत हैं।

2015–16 में एक सर्वेक्षण से ज्ञात हुआ कि भारत में क्लास–1 के कई ऐसे कीटनाशक इस्तेमाल हो रहे हैं जो दुनिया के कई देशों में प्रतिबन्धित हैं। जिनमें से कुछ के आँकड़े इस प्रकार हैं–[8]

60 देशों में प्रतिबन्धित है जबकि भारत में 371 टन इस्तेमाल किया गया।

40 देशों में प्रतिबन्धित है जबकि भारत में 315 टन इस्तेमाल किया गया।

49 देशों में प्रतिबन्धित है जबकि भारत में 90 टन इस्तेमाल किया गया।

49 देशों में प्रतिबन्धित है जबकि भारत में 337 टन इस्तेमाल किया गया।

---

8. Why India continues to use lethal pesticides, 27 nov 2017/down to earth

59 देशों में प्रतिबन्धित है जबकि भारत में 674 टन इस्तेमाल किया गया।

37 देशों में प्रतिबन्धित है जबकि भारत में 455 टन इस्तेमाल किया गया।

2015–16 में भारत में कुल 7717 टन कीटनाशकों का इस्तेमाल किया गया जिसमें से 2254 टन कीटनाशक क्लास–1 श्रेणी के थे। अब यह जानकार हैरानी नहीं होगी कि नेशनल क्राइम ब्यूरो की रिपोर्ट के मुताबिक़ 2015–16 में इन्हीं क्लास–1 पेस्टिसाइड्स की वजह से तक़रीबन आठ हज़ार मामले दर्ज हुए थे जिनमें किसान के शरीर में इनके छिड़काव की वजह से ज़हर पहुँचने की शिकायत हुई थी। जिसमें से तक़रीबन सात हज़ार लोगों की मौत हो गयी थी।

2013–14 में हुए एक शोध के मुताबिक़ जाँच हेतु लिए गये 16790 नमूनों में से 509 नमूनों में पेस्टिसाइड का स्तर अधिकतम सीमा से भी ज़्यादा था। अधिकतम सीमा यानी वह सीमा जो ख़तरे का निशान तय करती है। बाक़ी सभी में भी था लेकिन 509 में सीमा के पार था। इन नमूनों में गेहूँ, चावल, फल, मसाले, सब्ज़ियाँ शामिल थे।

बाज़ार में माल बढ़ रहा है क्योंकि कीटनाशकों के प्रयोग से उत्पादन क्षमता एवं रूप में वृद्धि होती है। यह अलग बात है कि स्वाद के मामले में देसी की कोई तुलना नहीं लेकिन वर्तमान में स्वाद के मानक रूप से जुड़े होते हैं। मसलन हमें एक लाल दिखने वाली लीची ज़्यादा स्वादिष्ट लगेगी, लेकिन उसकी तुलना में थोड़े मटमैले से रंग वाली लीची को हम देखकर ही ख़ारिज कर देंगे और यह मान लेंगे कि वह स्वादिष्ट नहीं हो सकती। जबकि बिना रसायनों के तैयार की गयी वह मटमैले रंग वाली लीची का स्वाद रसायनों से तैयार की गयी लीची से बहुत अच्छा हो सकता है, होता है। हमारी वैदिक वाटिका में तैयार होने वाली लीची इसका उदाहरण है।

फल–सब्ज़ियों का रूप रासायनिक कीटनाशकों के प्रयोग से और भी आकर्षक दिखने लगता है। जो ख़रीददारों को आकर्षित करता है। कीटनाशकों का प्रयोग सिर्फ़ उगाते समय नहीं होता। उगाने से पहले ज़मीन तैयार करने से लेकर, उगाते समय एवं फ़सल के संरक्षण

आदि हर स्तर पर किया जाता है। ब्रेड, गेहूँ आदि में जो कीटनाशक पाये जाते हैं वो अधिकांशतः वे होते हैं जो फ़सल कटने के बाद संरक्षण में इस्तेमाल किये जाते हैं। खेत से निकलने के बाद और हमारी थाली में पहुँचने से पहले अनाज में ऑर्गेनोफोस्फेट, कार्बामेट, सिंथेटिक पाइरेथ्रोइड्स एवं कीट विकास नियामक दवाइयों को डाला जाता है। उगाते समय भी फफूँदनाशक, कीटनाशक, दीमकनाशक के लिए कई रासायनिक दवाइयाँ डाली जाती हैं। ये दवाइयाँ आसानी से छोटे शहरों एवं कस्बों की खाद दुकानों पर उपलब्ध होती हैं।

दुनिया में सबसे ज़्यादा रासायनिक कीटनाशकों के प्रयोग से ज़हरीले होते हैं ककड़ी/खीरा। अन्य फलों सब्ज़ियों की तुलना में खीरे में सबसे ज़्यादा पेस्टिसाइड के अंश पाये गये। इसके अलावा सबसे ज़्यादा दूषित होते हैं, चाय और अंगूर जिनमें नौ कीटनाशकों के अंश पाये गये। अगली बार चाय पियें तो सोचिएगा कि आप धीमा ज़हर पी रहे हैं और अंगूर खायें तो उन्हें बहुत अच्छे से धोकर ही खाइयेगा।

यह समझना भी ज़रूरी है कि किसी भी खाद्य पदार्थ में कीटनाशक का मिलना और उसका सुरक्षा मानक की अधिकतम सीमा तक पाया जाना दो अलग–अलग बाते हैं। लगभग सभी खाद्य पदार्थों में कीटनाशक पाये जाते हैं, लेकिन इसे उतनी बड़ी समस्या नहीं मानकर अनदेखा कर दिया जाता है। समस्या माना जाता है अधिकतम सीमा तक पहुँचना या उसके पार जाना। बेल्जियम में एक शोध सर्वेक्षण के दौरान 72 प्रतिशत नमूनों में कीटनाशक पाये गये, जिनमें से सिर्फ़ छह में अधिकतम सीमा से अधिक थे।

कीटनाशक सबसे ज्यादा प्रभावी ठण्ड के मौसम में होते हैं क्योंकि वे विघटित नहीं पाते हैं। खाद्य पदार्थों की अगर जाँच करेंगे तो सर्दी के मौसम में अन्य की अपेक्षा सबसे ज़्यादा कीटनाशक–अंश की मात्रा पायी जायेगी।

'द हिन्दू' की एक ख़बर की मानें तो, भारत में कोल्डड्रिंक के लिए जो सर्वेक्षण हुआ उसमें ब्यूरो ऑफ़ इंडियन स्टैंडर्ड द्वारा तय की गयी सीमा से 24 गुना ज़्यादा कीटनाशक–अंश पाये गये।

कुछ सॉफ्टड्रिंक्स में लिंडेन नामक कीटनाशक—अंश 140 गुना ज़्यादा पाया गया। heptachlor कीटनाशक जोकि भारत में तथाकथित रूप से प्रतिबन्धित है वह 71 प्रतिशत सॉफ्टड्रिंक्स में सीमा से चार गुना ज़्यादा पाया गया। वहीं chlorpyrifos सीमा से 200 गुना ज़्यादा पाया गया।

ये सारे सर्वेक्षण, ये सभी बताये नुक़सान व्यर्थ हैं यदि हम अब भी नहीं जागेंगे तो। यह सच है कि हरित क्रान्ति ने देश को खाद्यान्न संकट से कुछ हद तक राहत दिलायी थी, लेकिन उस सच का कड़वा सच यह है कि इस हरित क्रान्ति के लिए इस्तेमाल किये गये रासायनिक कीटनाशकों ने प्रकृति के सामने अकाल जैसी स्थिति खड़ी कर दी है। यह भी सर्वविदित है कि हरित क्रान्ति का अकेला दुष्प्रभाव रसायनों का प्रयोग नहीं था। यह क्रान्ति कुछ चुनी हुई फ़सलों तक सीमित रही जैसे गेहूँ, ज्वार, बाजरा आदि। फ़सलों के अलावा यह

किसानों के मामले में भी पक्षपाती साबित हुई। यह सिर्फ़ उन किसानों तक सीमित रही जिनके पास बड़ी ज़मीनें, सिंचाई, जुताई के आधुनिक साधन थे या ख़रीदने के लिए पर्याप्त धन था। पूँजीवादी कृषि को बढ़ावा देने हेतु हरित क्रान्ति से देश के छोटे किसान अनदेखे रह गये।

डॉक्टर वी. के. आर. वी. राव के अनुसार, "यह बात अब सर्वविदित है कि तथाकथित हरित क्रान्ति, जिसने देश में खाद्यान्नों का उत्पादन बढ़ाने में सहायता दी है, के साथ ग्रामीण आय में असमानता बढ़ी है। बहुत से छोटे किसानों को अपने काश्तकारी अधिकार छोड़ने पड़े हैं। और ग्रामीण क्षेत्रों से सामाजिक और आर्थिक तनाव बढ़े हैं।"

आज कृषि के असली वाहकों की जो दयनीय अवस्था है वह उनकी अनदेखी ही है। परम्परा और प्रकृति को अनदेखा कर कृषि ने इस देश में तो कम–से–कम नुक़सान ही उठाया है। जिसकी भरपाई अब सिर्फ़ इन्हें बचाकर और इनकी महत्ता समझकर ही की जा सकती है।

भविष्य को बचाने के लिए इतिहास में लौटने का नाम है : रसायन-मुक्त खेती

उस ज़माने में सतपुड़ा की पहाड़ियों में बसा यह ज़िला जशपुर घने जंगलों से घिरा था। कहते हैं एक समय था जब अंग्रेज़ जशपुर को मध्य प्रदेश की 'विंटर कैपिटल' बनाना चाहते थे। हाँ, तब यह मध्य प्रदेश का ही हिस्सा था। सन् 2000 के बाद छत्तीसगढ़ में आया। पर, अब भी झारखण्ड एवं ओडिशा बॉर्डर पर होने की वजह से यहाँ के बोलचाल एवं रहन–सहन में छत्तीसगढ़ी से अलग झारखण्डी असर ज़्यादा दिखता है। बोली भी सादरी है। जिन्होंने इस सुन्दर स्थान पर, प्रकृति के सान्निध्य के सुनहरे वर्षों को जिया, उनमें से अधिकांश बुज़ुर्ग अब इस दुनिया में नहीं हैं। जो हैं वे आँखों–देखी बताते हैं कि एक वह भी समय था जब यहाँ से आठ किलोमीटर दूर लोरो घाट में शेर दहाड़ता तो लोग दुकान बढ़ाकर घर चल देते थे। यूँ तो आज भी इक्का–दुक्का भालू, कुछ सियार यहाँ दिखते हैं। उत्तर पूर्व से ओडिशा की ओर स्थानान्तरित होते हाथियों का रास्ता भी यहीं से होकर गुज़रता है। ओडिशा की ओर आगे बढ़ो तो रात्रि के समय सड़क पर कछुए और अजगर भी दिख जाते हैं। इतने के बाद भी अब यह इलाक़ा वैसा नहीं रहा जैसा पहले हुए करता था। मनुष्य को लगा कि वह तरक़्क़ी करता गया, पर असल में प्रकृति का नाश होता गया। जंगल कटे और रसायनों के अति प्रयोग से खेत भी मिटे। अब यहाँ पहले जैसी बारिश नहीं होती। नदियाँ सूखने लगी हैं, भूजल स्तर गिरने लगा है। किसान फ़सलों के लिए हाय–हाय करते मरने लगा है।

समर्थ का बचपन अपने दादा जी के साथ खेतों में बीता। वह व्यावसायिक खेती नहीं थी। निजी प्रयोग के लिए लगाये गये धान, गेहूँ, सब्ज़ियाँ आदि। समर्थ गाँव के अन्य बच्चों की तरह ही खेतों में रहे। इन्हीं खेतों में काम करने वाले लोगों के मिट्टी के घरों में चूल्हे पर बने साग–भात को खाकर बड़े हुए। सम्भवतः यह भी एक कारण रहा कि वे विदेशों में चमकता भविष्य छोड़ अपनी मिट्टी में सनने वापस आ गये। पिछले पाँच वर्षों में इस नवेले किसान की खेती, रसायन–मुक्त खेती एवं रसायन–मुक्त खाद बनाने की कोशिशें कितनी सफल रहीं, एवं वह यात्रा किन–किन पड़ावों से होकर गुज़री, साझा कर रही हूँ–

"मैं दसवीं के बाद ही आगे की पढ़ाई के लिए बाहर चला गया था। उच्च शिक्षा या नौकरी के लिए जितने वर्ष मैं घर से दूर देश या विदेश में रहा किसानों की ख़बरों से जुड़ा रहा। यह पता चलता रहता था कि कितने किसानों की फ़सलें बर्बाद हो रही हैं। यूरिया की कमी हो रही है, या पूर्ति हो रही है। मौसम की मार तथा मण्डियों की मार से भी किसान नुक़सान में है। आत्महत्या की ख़बरें भी आने लगीं थीं। कुछेक ख़बरें ऐसी भी पढ़ने को मिलीं कि कीटनाशकों की अधिकता की वजह से, किसी देश ने भारत से आयात की गयी चाय वापस भेज दी, किसी ने आम वापस भेज दिये। बाहर के किसानों की हालत हमारे यहाँ से बहुत बेहतर थी। हालाँकि इसका एक कारण यह भी है कि वहाँ बड़े किसान होते हैं। वहाँ ज़मीन के लिए मारा–मारी नहीं है। जनसंख्या ही इतनी कम होती है कि लोगों के पास भरपूर ज़मीनें हैं। किसानों के पास भी। हमारे यहाँ छोटे किसान हैं जिनके पास ज़मीनें कम हैं। यह भी उनकी ग़रीबी का एक कारण है। इसके अलावा जो बड़ा फ़र्क़ देखा वह यह कि हमारे यहाँ किसान अन्धाधुन्ध रासायनिक खाद एवं कीटनाशकों का प्रयोग कर रहे हैं जबकि वहाँ ऐसा नहीं था। समय के साथ एक और बदलाव मैंने देखा कि बचपन में जब हम दोस्तों के साथ खेतों में खेलते थे तो साँप–केंचुए, अलग–अलग तरह की तितलियाँ, टिड्डे, मकड़े, ड्रेगन फ्लाई आदि बहुत दिखते थे। अब वे जैसे नदारद ही हो गये हैं।

इन्हीं सारी बातों के साथ मैंने पढ़ना–समझना शुरू किया कि समस्या कहाँ–कहाँ और किस–किस स्तर की है। विदेश से वापस लौटते समय मैं इस बारे में पूरी तरह निश्चित नहीं था कि मैं आगे खेती ही करूँगा। बचपन से जो देखा था वह फौरी ज्ञान था। किसी क्षेत्र में घुसने के लिए ज़रूरी है कि उसे शून्य से समझा जाये। हाँ बस इतना तय कर लिया था कि इस क्षेत्र में कुछ करना है।

जब मैं वापस आया था हमारी जितनी ज़मीन थी उसके एक छोटे से हिस्से पर ही खेती हो रही थी। बाक़ी ज़मीन जंगल बनी हुई थी। बीस–बाईस सालों से उस पर कुछ नहीं उगा था। पिताजी अकेले ही देखते थे। उन्होंने बीस–पच्चीस केले के पेड़ लगाये हुए थे। जिससे अच्छा प्रोडक्शन हो रहा था। मैंने उसी धागे को पकड़कर आगे बढ़ना तय किया। शुरुआत में ही कई ऐसे लोग मिले जो सलाह देते थे कि हमारी ज़मीनें हाइवे पर हैं। खेती–किसानी में समय और पैसा लगाने से अच्छा है कि मैं इन पर रिसोर्ट बनाऊँ, कॉलोनी बनाऊँ, दुकानें बनाऊँ जिससे बड़ा मुनाफ़ा मिलेगा। ख़ुद अपनी शिक्षा पर आधारित बढ़िया नौकरी करूँ। मुझे दो तरह के लोग मिले, एक वे जो अमीर थे और मेरे निर्णय की आलोचना करके मुझे भी अमीर बनने की सलाह देते थे। दूसरे वे जो ग़रीब किसान थे, जो मेरी कोशिशों को देखकर ख़ुश होते थे कि कोई है जो शायद उनकी मदद कर पायेगा।

शुरुआत में मुझे कुछ नहीं पता था कि क्या करना है। रसायन–मुक्त खाद–दवाइयाँ या रसायन–मुक्त पर्सनल केयर प्रोडक्ट बनाने का भी कहीं कोई विचार नहीं था। बस यह था कि रसायन–मुक्त खेती कैसे होगी, कितनी सफल हो सकती है, और किसानों के लिए कैसे सहायक हो सकती है। यह सच में सम्भव है या सिर्फ़ बोलने–सुनने की बातें हैं। इन्हीं सवालों के साथ शुरू किया।

हमारे क्षेत्र में खेत बोलने से लोग समझते हैं, 'जहाँ धान होता है या जहाँ पानी जमता है'। इस क्षेत्र में खेत मतलब फार्म (खेती योग्य ज़मीन) नहीं होता है। दादाजी के समय मेरे खेतों की स्थिति अच्छी थी। गेहूँ आदि लगता था। कुआँ था, पानी दौड़ता था। दादाजी के जाने के बाद पिताजी व्यवसाय में उलझ गये और खेतों में समय

नहीं दे पाये। इसलिए सब जंगल होता गया। जब मैं आया तब सिर्फ़ बाँस के झुण्ड थे और कुछेक केले के पेड़। खेत से तितलियाँ, केंचुए ख़त्म हो गये थे। हालाँकि रसायन नहीं डाले गये थे इसलिए घास थी। ज़मीन उपजाऊ थी। क्योंकि बीच–बीच में छोटे से प्लाट में ही सही पिताजी मौसमी सब्ज़ी–भाजी लगाते रहते थे। सूरजमुखी जब लगा था तो हमारे आसपास का इलाक़ा तोतों से भर जाता था। पर जो भी लगता था वह घर खाने के हिसाब से लगता था। व्यावसायिक खेती नहीं थी। गाय पलती रही थीं इसलिए थोड़ी बहुत खाद भी एक खेत को मिलती रही। दूसरा जो यहाँ से कुछ दूरी पर है उसमें कुछेक आम या लीची के पेड़ थे बाक़ी जंगल था। वहाँ कोई खाद–पानी की व्यवस्था नहीं थी। इसलिए पहली चुनौती इन खेतों को तैयार करना ही था। पर उससे पहले यह तय करना था कि खेतों में लगाना क्या है?

धान यदि लगाता तो उसमें यदि बढ़िया क़िस्म न लगाओ तो पैसा ज़्यादा नहीं मिलता है। गेहूँ आदि व्यावसायिक फ़सलों की खेती मैंने बहुत छुटपन में देखी थी। इसलिए कोई अनुभव नहीं था। सामने जो थे वह थे केले के पेड़ जो पिताजी ने लगाये थे। उसके अलावा मैं पढ़ता था। दिन में आठ–दस घण्टे इसी बारे में पढ़ता था। अलग–अलग जगहों से। रिसर्च पेपर्स, किताबें। लोगों के अनुभव। वैश्विक स्तर पर जो लोग रसायन–मुक्त खेती कर रहे हैं उनके अनुभव। क्या लगाने से क्या होगा क्या नहीं होगा। जशपुर के बाज़ार में देखा तो वहाँ उपलब्ध केला अच्छी गुणवत्ता वाला नहीं लगा। जबकि पिताजी ने जो केले उगाये थे वे बहुत ही बढ़िया गुणवत्ता वाले थे। उस समय गाय भी एक–दो ही थीं। मेरे पास उतने कर्मचारी भी नहीं थे। एक बूढ़े बाबा थे जो गाय की देख–रेख करते थे और मैं था। तो तय किया कि केले को ही आगे बढ़ाते हैं। शुरुआत तक़रीबन चार सौ पेड़ों से की। फिर संख्या और बढ़ी। केले के साथ–साथ छोटी जगहों में अन्य सब्ज़ियाँ आदि भी लगाकर देखता रहा। केले में अच्छी सफलता मिल रही थी। वह पूरी तरह जैविक खेती थी। मैं हर पौधे पर ध्यान देता था। हर पौधे की निजी देखरेख करता था।

विदेश में जहाँ से मैं आया था वहाँ सरकारी चीज़ सबसे अच्छी मानी जाती थी। अन्य जगहों की सेकेंड या थर्ड ग्रेड मानी जाती थीं। यहाँ का अनुभव उल्टा रहा। केलों की खेती का विस्तार किया तो उसके लिए सबसे पहले पौधों की आवश्यकता हुई। मेरी जानकारी में जो सरकारी नर्सरी थी मैंने उसी को सबसे बेहतर मानकर उनसे ही पौधे लिए और लगाये। मेहनत की। ज़मीन तैयार की। लेकिन जब पौधे बड़े हुए तो पता लगा कि ये वह प्रजाति नहीं थी जिसे समझकर मैंने लिया था। रंग–रूप–फल सब वैसा नहीं आया जैसा मैंने सोचा था। उस समय प्रजातियों की इतनी अधिक जानकारी भी नहीं थी। हताशा हुई। इस बाबत जानकारी लेनी चाही तो मालूम हुआ कि जितने भी ये सरकारी काम होते हैं, खाद, बीज, पौधे आदि बाँटे जाते हैं, उनमें गुणवत्ता पर उतना ध्यान नहीं दिया जाता। बस एक काम की तरह सब सिलसिला चलता रहता है।

केले के ठीक पौधे न मिल पाने से हताशा तो हुई थी लेकिन मेहनत ज़ाया नहीं गयी। ठीक–ठाक काम चलने लगा था। आगे जो फ़सल बढ़ायी उनके पौधों को लाने–लगाने में ध्यान दिया। पर केले में एक वायरस होता है, बंचीटॉप वायरस। यह वायरस केले के पेड़ को पूरा बाँध देता है तो उसके पत्ते निकल नहीं पाते हैं। आपको दूर से देखने में पेड़ ठीक लगेगा लेकिन उसकी पत्तियाँ अन्दर ही अन्दर फँस जाती हैं। यदि फूल नहीं निकला है तो नहीं निकलेगा। पेड़ पतला होता जायेगा। जब मेरे यहाँ केले की फ़सल में उसका प्रकोप बढ़ा तो यहाँ के लोगों, उद्यान विभाग आदि सभी जगह पता किया, लोगों को बहुत अधिक जानकारी नहीं थी। पढ़कर–समझकर जो दवाई लेने गये वह उपलब्ध नहीं थी। दुकानदार की सलाह पर जो दवाई डाली वह कारगर नहीं रही। यह वायरस यदि अन्दर घुसकर बढ़ने लगे तो फिर उस पर क़ाबू नहीं पाया जा सकता। पौधा पूरा ख़त्म हो जाता है। केला में कांदा से पौधा निकलता है। साल–दो साल–पाँच साल बाद भी पौधा निकल आता है। पर यदि आपके यहाँ वायरस वाला एक पौधा भी रह गया है। और आपने बाक़ी पौधे अच्छे लगा रखे हैं तो चूसने वाले जो कीड़े होते हैं उनके ज़रिये यह वायरस एक से दूसरे

पौधे में पहुँच जाता है और फिर पूरी फ़सल को नष्ट करता है। इसके लिए सही समय पर सही ट्रीटमेंट की आवश्यकता होती है। किन्तु यह ट्रीटमेंट उस समय मेरे पास कम जानकारी और छोटी जगह पर दवाइयों की अनुपलब्धता की वजह से नहीं हो सका। इस वजह से मैंने केला पूरी तरह ख़त्म किया और अन्य फ़सलें लगानी शुरू कीं।

मैंने कई तरह की फ़सलों को एक साथ लगाना इसलिए शुरू किया क्योंकि रसायन–मुक्त खेती का एक ज़रूरी चरण 'मल्टीक्रॉपिंग' भी है। अब यदि मैं खुद अपने खेतों में उसका प्रयोग नहीं करूँगा तो किसानों को उदाहरण कैसे दूँगा? फ़ायदे कैसे सिखाऊंगा? किसान जब तक डेमो नहीं देखेंगे उनके लिए भरोसा करना कठिन होता है क्योंकि वे वर्षों से जिस डगर पर चल रहे हैं उससे इतर कुछ करने के लिए कहने से पहले ज़रूरी है कि आपके पास भरपूर जीवन्त उदाहरण हों। शुरुआत में मैंने जिन किसानों को ट्रेनिंग दी उनमें से इक्का–दुक्का ही समझते थे या अपनाते थे। पर जब उन्हें मेरे खेतों में उदाहरण देखने को मिलने लगे तो अब अधिकांश किसानों पर प्रभाव पड़ता है। वे सुनने, समझने और अपनाने के लिए तैयार होते हैं। मैं जब भी किसानों को ट्रेनिंग देता हूँ उन्हें एक छोटे हिस्से से शुरू करने के लिए कहता हूँ। वे जब ख़ुद अपने ही खेतों में दोनों के बीच फ़र्क़ देखते हैं तो रसायन–मुक्त की ओर स्वतः आकर्षित होते हैं।

मल्टीक्रॉपिंग के अलावा यदि मुझे जैविक खाद पर ही निर्भर रहना था तो गोबर की भरपाई भी करनी थी। उसी विचार को बढ़ाते हुए डेरी प्लान की। गोबर–गोमूत्र और दवाइयाँ बनाने के लिए। घर में एक पुराना गोबर–गैस प्लांट था। वह ख़राब हो गया था। उसकी जगह एक नया गोबर गैस प्लांट बनवाया। जिससे आज तीन चूल्हे जल रहे हैं। इस तरह रसायन–मुक्त खाद की बुनियाद बनी और यह काम भी शुरू हुआ।

इस क्षेत्र में मिर्च बहुत लगती है। अतः उसकी भी बड़े स्तर पर खेती करने का एक ट्रायल लेना था। क्या उसमें रसायन–मुक्त खेती हो सकती है? कैसी फ़सल रहेगी? क्या–क्या समस्याएँ आती हैं? इसके लिए हमने एक खेत किराये पर लिया। उसमें मिर्च की खेती की।

तकनीकी रूप से मैं सही था इतना भरोसा था क्योंकि मैं हर चीज़ पढ़कर–समझकर कर रहा था। अपने साथ कुछ गाँव के किसान भी लिए जो खेती के बारे में जानते थे। उस वर्ष एक समस्या यह आयी कि फ़सल तो अच्छी हुई लेकिन मिर्च के दाम बहुत गिरे। दूसरा जितनी अच्छी मिर्च तैयार होनी चाहिए थी वह नहीं हुई। जबकि हर चीज़ फ़सल में नियम–क़ानून से डाली गयी थी। वह हालाँकि पूरी तरह जैविक खेती नहीं थी क्योंकि तब मेरे पास उतने बड़े स्तर की खेती के लिए खाद–आदि तैयार नहीं थी। इसके साथ–साथ वहाँ की ज़मीन भी जैविक खेती के लिए तैयार नहीं थी। पर जो दवाइयाँ मैंने डालीं वे सभी पढ़कर–समझकर डालीं। और एक तय मात्रा में ही उनका प्रयोग किया गया। मैंने तीन प्रजातियाँ लगायी थीं। ताकि एक ख़राब हो तो दूसरे से फल मिले। इस सबके बावजूद भी जब कुल फ़सल की पैदावार अच्छी नहीं हो पायी तब मैंने कारण खोजने शुरू किये। जो कारण मिले उनमें एक था कि डाले गये कीटनाशक, खाद एवं अन्य दवाइयाँ अच्छी गुणवत्ता के नहीं थे जबकि उनकी क़ीमत बहुत थी। एक छोटे किसान के लिए यह जेब और फ़सल दोनों पर भारी थी। दूसरा यदि मैंने पाँच एकड़ में सिर्फ़ मिर्च लगाने की जगह मल्टीक्रॉपिंग अपनाकर चार एकड़ में मिर्च और बचे हुए एक एकड़ में अन्य सब्ज़ियाँ लगायी होतीं तो पूरी मेहनत बेकार नहीं जाती। नुक़सान के बाद भी हाथ में कुछ होता। इसे भी एक छोटे किसान के परिप्रेक्ष्य में देखना चाहिए।

इसके बाद मैंने ऑफ़–सीज़न सब्ज़ियाँ उगाकर देखीं। अन्य फ़सलों पर भी काम किया। किसानों से बात की, वे जो उगा रहे थे उन्हीं फ़सलों को छोटे–छोटे प्लॉट्स में लगाकर उनकी जैविक के साथ टेस्टिंग की। खाद–दवाइयों पर ध्यान दिया ताकि उनकी उपलब्धता से बड़े खेतों के लिए भी पूरी तरह रसायन–मुक्त रहा जा सके। रसायन–मुक्त खाद बनाने के लिए बैक्टीरिया तैयार किये। वर्मी–कम्पोस्ट पर काम किया। जब अपने खेतों में अन्य किसानों की तुलना में जो रसायनों का प्रयोग कर रहे थे, अन्तर पाया तो देखा कि हमारे पौधे अधिक स्वस्थ हैं। फल–फूल भी तुलना में अधिक होते।

बीमारी कम थी। पौधे मज़बूत थे। कुछ सरकारी लोगों को भी खाद टेस्टिंग के लिए दी। कुछ लोगों को घरों में बागवानी आदि के प्रयोग के लिए दी। परिमाण अच्छा मिलने लगा तब फिर इन पूर्णतः रसायन–मुक्त खाद–दवाइयों को किसानों तक पहुँचाने का विचार बनाया। जिसके लिए बड़े स्तर पर खाद–दवाई बनाने का काम शुरू किया। कम क़ीमत पर छोटे किसानों के लिए इनकी उपलब्धता पर ध्यान दिया। दुकानदारों से बात करनी शुरू की। उसके ज़रिये जिन किसानों तक हमारे यहाँ की खाद–दवाई पहुँची उन्हें फ़ायदा मिला तो दुकानदार ने सलाह दी कि इसे पैक करके बेचना शुरू किया जाये।

ड्रिप एरिगेशन, शेडनेट सभी के साथ प्रयोग किये। केले लगाने के लिए तो सिर्फ़ गड्ढे तैयार करने थे लेकिन जब अन्य फ़सलों पर काम किया और अनुभव बढ़ता रहा तो समझ आया कि ह्यूमस क्या होता है। जैविक तत्त्व क्या होते हैं। कैसे काम करते हैं। समय के साथ यह सब समझ आता गया। मैंने अपने दोनों ही खेतों को टेस्टिंग सेंटर बनाया और किसानों को कुछ भी बताने से पहले या उन्हें कोई भी खाद–दवाई देने से पहले उसे अच्छी तरह अपने खेतों में, अपनी फ़सल पर जाँच कर देखा। इसी के बाद मैंने मल्टीक्रॉपिंग और रसायन–मुक्त खेती की ट्रेनिंग गाँव–गाँव जाकर किसानों को देनी शुरू की। अब तक मेरे निजी अनुभव इकट्ठे हो गये थे। मुझे लाभ–हानि की समझ होने लगी थी। सुधार की सम्भावनाएँ दिखने लगी थीं। ताकि किसानों को जो समस्या आती हैं, या वे किसान जो ज़मीन किराये पर लेकर खेती करते हैं उन्हें नुक़सान से बचाया जा सके।"

आज यदि हमें प्रकृति और मनुष्य दोनों को बचाना है तो रसायन–मुक्त खेती ही एक उपाय है। रसायनों के दुष्प्रभावों के बारे में हम विस्तार से पिछले अध्यायों में चर्चा कर चुके हैं। कई देश रसायन–मुक्त होने की राह पर निकल पड़े हैं। फ्रांस ने हाल ही में अपने देश में कुछ ऐसे रसायनों पर पूर्णतः रोक लगा दी है जिनसे मधुमक्खियों को नुक़सान पहुँच रहा था। परागण के बिना आप कैसी खेती, कैसे जंगल और कैसी धरती की कल्पना करते हैं? 'हाईप्रोडक्शन' के लिए हायब्रिड तो तैयार कर रहे हैं लेकिन यदि 'पोलिनेशन' ही नहीं होगा तो प्रोडक्शन

कहाँ से आयेगा? दुनिया के पास रसायन–मुक्त बन जाने की एक तकनीकी वजह यह भी है कि हम कितना रसायन प्रोड्यूस कर सकते हैं? बाक़ी देशों के पास कितनी अधिक ज़मीनें ख़ाली हैं। भारत में जहाँ आबादी दिन–दूनी रात–चौगुनी बढ़ रही हैं वहाँ भी यदि ख़ाली ज़मीनों का प्रयोग कर खेती शुरू कर दी जाये तो रसायनों की भरपाई कर पाना कठिन कार्य होगा। अक्सर ही हम यूरिया संकट की ख़बरें पढ़ते हैं। कहाँ से आयेगा इतना रसायन? प्रकृति और मनुष्य को जो नुक़सान हो रहा है सो तो है ही। रसायन–मुक्त का एक फ़ायदा यह भी है कि खाद–दवाइयों की निर्भरता लोकल उपलब्धता पर टिक सकती है। किसान ख़ुद बनायें और प्रयोग करें। इम्पोर्ट–एक्सपोर्ट की वजह से ट्रांसपोर्ट का प्रदूषण भी बच सकता है।

वर्तमान में जैविक खेती प्रचलन में है। जैविक खेती, कृषि क्षेत्र में एक नया बूम है। पर हरित क्रान्ति की तरह यह बूम भी एक बार फिर बड़े किसानों या वाणिज्यिक खेती करने वाले व्यापारियों के क़ब्ज़े में ज़्यादा दिखता है। ग्रामीण इलाक़ों के छोटे किसानों की हालत कुछ वैसी है कि जब बम्बई में नया फ़ैशन आता है तो वही ग्रामीण इलाक़ों में कुछ समय बाद पहुँचता है। हरित क्रान्ति के बाद से रेंगते हुए रासायनिक खेती ने पारम्परिक, पशु आधारित खेती को पटखनी देकर अपनी पैठ अब ग्रामीण इलाक़ों के छोटे किसानों के बीच भी बना ली है। इसे ख़त्म करने में ख़ासी मेहनत करनी पड़ेगी। ग्रामीण इलाक़ों में रहने वाले ये छोटे–छोटे किसान असल में कृषि क्षेत्र में हज़ारों वर्षों से चली आ रही सभ्यता के रखवाले थे। जिनमें एक पीढ़ी से दूसरी पीढ़ी के सहारे पारम्परिक ज्ञान आगे बढ़ता रहा। आज प्रकृति के साथ–साथ इन किसानों को भी बचाने की ज़रूरत है।

हरित क्रान्ति की आलोचना करने वाले कृषि विशेषज्ञों का मानना है कि प्राकृतिक खेती की ओर वापसी एवं छोटे किसानों की देख–रेख ही, प्रकृति पर्यावरण एवं मनुष्य को स्वास्थ्य व दीर्घायु दे सकती है।

भारत में भी ऑर्गेनिक फार्मिंग का चलन बढ़ा है। 2018 में सिक्किम एक पूर्ण ऑर्गेनिक यानी जैविक खेती आधारित राज्य घोषित हो चुका है।

सिक्किम के अलावा भी देश के कई राज्यों जैसे राजस्थान, उत्तर प्रदेश, केरल आदि में जैविक खेती की ओर किसानों का रुझान बढ़ा है। पर यहाँ इस बारे में चर्चा ज़रूरी है कि क्या यह जैविक खेती पूर्णतः सफल हो पा रही है? यदि नहीं तो इसके मुख्य कारण क्या हैं? सिक्किम को ही देखें तो वहाँ की जैविक खेती से जुड़ी कई ख़बरों और वहाँ रह रहे कुछ निकट जनों से चर्चा करने के बाद कुछ बातें सामने आयीं।

2003 में सिक्किम के मुख्यमन्त्री पवन कुमार चामलिंग ने रसायनों के कुप्रभावों से चिन्तित होकर जैविक खेती के लिए एक मुहिम चलाने की शुरुआत की। किसानों की इस ओर जागरूकता बढ़ायी एवं उन्हें धीरे–धीरे रसायनों का प्रयोग कम और फिर बन्द करने के लिए कहा गया। किसानों के लिए यह स्वीकारना इतना आसान नहीं था क्योंकि वे समझ रहे थे कि शुरुआत में बिना रसायनों के प्रोडक्शन घट जायेगा। यानी मुनाफ़ा भी घट जायेगा। फिर भी धीरे–धीरे जैविक खेती करने वाले किसानों की संख्या बढ़ती गयी। और अब यह प्रतिशत पूरे 100 के आँकड़े को छू चुका है। हालाँकि इसके पीछे सिक्किम सरकार का 2016 से लागू हुआ वह क़ानून भी है जिसके तहत रासायनिक कीटनाशकों का प्रयोग करने वालों को एक लाख रुपये का जुर्माना और एक माह की जेल भुगतनी पड़ेगी। यह ग़रीबी में आटा गीला वाली ही बात है। अतः किसानों ने रसायन–मुक्त होना चुना। आख़िर वे भी रसायनों के दुष्प्रभावों से चिन्तित हैं और चाहते हैं कि इनसे मुक्ति मिले। लेकिन, रसायनों के ख़िलाफ़ इस लड़ाई में उन्हें कुछ ख़मियाजे भी भुगतने पड़े।

सिक्किम के किसानों का कहना है कि वहाँ के लोकल लोग पहले जैसे ही फल–सब्ज़ियाँ चाहते हैं। रसायनों के प्रयोग से सुर्ख रंग लिए जिन फल–सब्ज़ियों की आदत उन्हें लग चुकी है उसके सामने जैविक खेती से प्राप्त हुए कम आकर्षित दिखने वाले, या फीके रंग वाले फल–सब्ज़ी उन्हें लुभाते नहीं, भले ही वे स्वास्थ्य के लिए ज़्यादा लाभकारी हों या गुणवत्ता में ज़्यादा बेहतर हों। लोकल्स की तरफ़ से मिल रही इस नज़रअन्दाज़ी का ख़मियाजा तो किसान को

ही भुगतना पड़ता है क्योंकि यदि बिक्री ही ठीक से नहीं होगी तो किसान का घर कैसे चलेगा?

प्रधान ने 2007 में जैविक खेती अपनायी थी। शुरुआती दौर में उनकी कई फ़सलें ख़राब हुईं। यहाँ तक कि 2016 में भी उन्हें पहले की तुलना में क़रीब लाख रुपये का नुक़सान हुआ। वजह कम प्रोडक्शन। लेकिन प्रधान मानते हैं कि इसमें भले ही शुरुआत में नुक़सान हो लम्बे समय के लिए यही सही है, टिकाऊ है, पर्यावरण और मनुष्य दोनों के लिए लाभकारी है। सरकार उन्हें इस बारे में जागरूक कर रही है और वे सरकार का साथ देना चाहते हैं।[1]

कृषि–वैज्ञानिक कहते हैं कि जैविक खेती की सफलता कई बातों पर आधारित होती है। मिट्‌टी की दशा और उस मिट्‌टी पर क्या उगाया जा रहा है इस पर भी निर्भर करता है कि फ़सल कैसी होगी। ब्रिटिश कोलम्बिया विश्वविद्यालय, कनाडा में वैश्विक खाद्य सुरक्षा और स्थिरता (ग्लोबल फूड सिक्योरिटी एंड सस्टेनेबिलिटी) के प्रोफ़ेसर नवीन रमनकुट्टी कहते हैं, "जब किसान रासायनिक से रसायन–मुक्त खेती की ओर बढ़ते हैं तो वे अपने खेतों को सभी तरह के कृत्रिम खाद–दवाइयाँ देना बन्द कर देते हैं, जबकि अब तक लगातार इन्हीं कृत्रिम खाद–दवाइयों के प्रयोग से मिट्‌टी की उपजाऊ क्षमता भी पहले जैसी नहीं बची रहती है। ऐसे में शुरुआती दौर में किसान को नुक़सान होता है। मिट्‌टी की पहले जैसी उपजाऊ क्षमता बनने में भी कुछ समय लगता है। बदलाव की इस प्रक्रिया के समय यह बहुत ज़रूरी है कि सरकार किसानों की हरसम्भव और ज़रूरी सहायता करे।"[2]

यह सच में बहुत ज़रूरी है कि सरकार किसानों को सिर्फ़ जागरूक नहीं बल्कि उनकी हरसम्भव मदद के लिए हमेशा तत्पर रहे ताकि किसानों का मनोबल न टूटे, वे आत्महत्या करने को मजबूर न हों और न ही खेती से विमुख हों।

---

1. Sikkim's organic revolution at risk as local consumers fail to buy into project, The Guardian, 31 Jan 2017

2. वही (1)

सिक्किम आर्गेनिक प्रोजेक्ट के पूरी तरह सफल न हो पाने के कुछ और भी कारण जानने में आये। किसानों को जो प्रशिक्षण दिया गया वह लूपहोल्स वाला था। उन्हें ठीक से और पूरी जानकारी नहीं दी गयी। उन्हें आने वाली समस्याओं से लड़ने के लिए संसाधन (जैविक खाद–दवाइयाँ–कीटनाशक) और जानकारी दोनों पूरी तरह नहीं मिल पाये। बीमारियाँ लगने पर सरकार की तरफ़ से भरपूर जैविक दवाइयाँ नहीं मिल पाईं। निजी स्तर पर जो दवाइयाँ बनाना सिखाया गया वह भी अधूरा ज्ञान साबित हुआ क्योंकि वे दवाइयाँ काम नहीं कर पा रही थीं। किसान यदि इन्हें बाज़ार से ख़रीदे तो सम्भवतः वे अधिक महँगे मिल रही थी। कुछ किसानों की शिकायत है कि उनकी फ़सल का उत्पादन तीन गुना तक कम हो गया। फ़सल में बीमारी इतनी लग जाती है कि बहुत कम उत्पादन होता है। जैविक कीटनाशकों की अनुपलब्धता के अलावा इसकी वजह यह भी हो सकती है कि इतने वर्षों से घटती जा रही उपजाऊ क्षमता जो सिर्फ़ रसायनों पर टिकी थी, उसके बन्द करते ही गिर गयी क्योंकि मिट्टी कमज़ोर हो गयी। इसके अलावा किसानों को उत्पादित फ़सल के लिए अच्छा बाज़ार नहीं मिला। कुछेक फ़सलों पर ज़्यादा ध्यान दिया गया यह सोचकर कि उन्हें सिक्किम ऑर्गेनिक ब्रांड टैग के साथ बाहर बेचने पर ज़्यादा कमाई की जा सकती है। जबकि लोकल बाज़ार में उन्हें उतनी अच्छी क़ीमत नहीं मिली।[3]

साथ ही सिक्किम अभी भी फूड शॉर्टेज वाला राज्य है। अधिकांश खाद्य पदार्थ वहाँ, अन्तरराजीय टैक्स देकर बंगाल से आते हैं। जोकि रसायन युक्त ही हैं। इसके अलावा बिचौलियों को कोई फ़र्क नहीं पड़ता कि आप जैविक उगा रहे हैं या रासायनिक। वे किसानों को उतना ही दाम देंगे जितना रासायनिक वाले को दे रहे हैं। क्योंकि किसी प्रकार के रसायन का इस्तेमाल नहीं किया जा रहा है इसलिए फ़सल को लम्बे समय तक स्टोर नहीं किया जा सकता। माल ख़राब होने के डर से भी बिचौलिये कम क़ीमत पर ख़रीदते हैं। अन्य राज्यों से भी

---

3. Sikkim is 100% organic! Take a second look, Down To Earth, 19 April 2017

खाद्यान के आने पर रोक नहीं है। अतः ख़रीददारों को जहाँ से सस्ते दामों में मिलता है वे वही से ख़रीदते हैं। बजाय इसकी परवाह किये कि क्या जैविक है क्या नहीं। जबकि किसान क्योंकि नुक़सान में खेती कर रहा है अतः वह अधिक क़ीमत पर बेचकर नुक़सान की भरपाई करना चाहता है। तो मुख्यतः मार्केटिंग का ठीक–ठाक तरीक़ा नहीं है जिससे किसानों को जैविक उत्पादकों के लिए पूरा लाभ मिल सके।

लोकल और अन्तरराष्ट्रीय स्तर पर सप्लाई–चैन पर ध्यान देकर किसानों को हो रहे नुक़सान को कुछ कम किया जा सकता है। हालाँकि विफलता नापने वालों ने प्रति एकड़ प्रोडक्शन को पैमाना बनाया, न कि प्रति एकड़ ख़र्च को। यदि प्रोडक्शन कम हुआ है तो रसायनों के प्रयोग न करने से ख़र्चा भी कम हुआ होगा। सिर्फ़ एक तथ्य के आधार पर सफलता या विफलता को नहीं मापना चाहिए। किसान का फ़ायदा और खेत से मिलने वाली उपज को अलग–अलग रखकर देखने से ज़्यादा बड़ी तस्वीर देखने मिल सकती है। उदाहरण के लिए, यदि किसान रासायनिक में दस हज़ार ख़र्च करके एक लाख कमा रहा है और जैविक में एक हज़ार ख़र्च करके पचास हज़ार कमा रहा है तो फौरी तौर पर वह नुक़सान में दिखेगा लेकिन यदि लागत–मूल्य देखा जाये तो वह पूरी तरह नुक़सान में नहीं है।

विफलताओं में इसे भी ध्यान में रखना होगा कि फ़सल को बीमारी लगने पर रासायनिक दवाइयों की तरह किसी एक निश्चित जैविक दवाई को डालकर सब फौरन ठीक नहीं किया जा सकता। जैसे एलोपैथी में आप सरदर्द की एक टेबलेट खायें और चुटकियों में दर्द मिटायें। इसके विपरीत जैविक खेती आयुर्वेदिक इलाज की तरह है जिसमें पहले बीमारी का मर्ज़ पकड़ना होता है फिर उपलब्ध संसाधनों से उसका इलाज करना होता है। यह भी ध्यान रखना होता है कि ज़मीन कब और कैसे तैयार की जाये, फ़सल कब कौन–सी लगायी जाये, किसके साथ कौन–सी फ़सल ज़्यादा बेहतर होगी, पौधों के बीच की दूरी आदि कई बातों पर एक फ़सल की सफलता और प्रोडक्शन निर्भर होता है। जिसके लिए किसानों को सही तकनीकी ज्ञान की बेहद ज़रूरत है। जो शायद उन्हें नहीं मिल सका।

उपभोक्ता एकता एवं ट्रस्ट सोसाइटी द्वारा 2015 में किये गये एक अध्ययन के अनुसार, राजस्थान में लगभग 98 प्रतिशत किसान पारम्परिक रासायनिक खेती के पारिस्थितिक ख़तरों से अवगत हैं, लेकिन उत्पादन में गिरावट और बाज़ार में जैविक आदानों की अनुपलब्धता के डर से वे जैविक खेती की ओर प्रोत्साहित नहीं हो पाते।[4]

प्रमाणीकरण भी एक बड़ी ख़र्चीली भूमिका जैविक खेती में अदा कर रही है। मज़े की बात है न, कि जो रसायन मिलाकर बेच रहे हैं उन्हें अपने प्रोडक्ट्स पर यह लिखने की आवश्यकता नहीं होती कि हमने रसायन मिलाये हैं। इसके उलट जो रसायनों का प्रयोग नहीं कर रहा, शुद्ध खेती कर रहा है वह ऑर्गेनिक का ठप्पा लगाकर बेचे। भारत में कई छोटे किसान ऐसे होंगे जो शायद रसायनों का प्रयोग नहीं करते हों लेकिन उन्हें ऑर्गेनिक की गिनती में सिर्फ़ इसलिए शामिल नहीं किया जाता क्योंकि वे इसका पंजीकरण नहीं करा पाये। इस पंजीकरण की एक खर्चीली प्रक्रिया है।

सिक्किम ऑर्गेनिक मिशन ने 2010 से 2016 के बीच तक़रीबन 77 करोड़ रुपये ख़र्च किये जिसमें से 60 करोड़ रुपये सिर्फ़ पंजीकरण की प्रक्रिया में ख़र्च हुए। पूरे मिशन के कुल ख़र्च का 78 प्रतिशत सिर्फ़ पंजीकरण में ख़र्च हो गया।[5]

इसकी जगह यदि ट्रेनिंग, जैविक खाद–कीटनाशकों आदि पर ख़र्च किया होता तो शायद यह मिशन ज़्यादा सफल होता। किसानों को कम नुक़सान होता। इस बोझिल–सी, समय और धन खपाने वाली प्रक्रिया का सरलीकरण अधिक किसानों को इससे जोड़ सकता है।

फ़रवरी 2018 में प्रकाशित ऑर्गेनिक एग्रीकल्चर रिपोर्ट 2018 के अनुसार, भारत में दुनिया में सबसे अधिक जैविक उत्पादक हैं। 835,000 प्रमाणित जैविक उत्पादकों के साथ, यह दुनिया के कुल जैविक उत्पादकों (2.7 मिलियन) में 30 प्रतिशत से अधिक का घर है।

4. The world of organic agriculture 2018, FiBL
5. Sikkim is 100% organic! Take a second look, Down To Earth, 19 April 2017

युगांडा (210,352) और मेक्सिको (210,000) दूसरे और तीसरे सबसे बड़े जैविक उत्पादक हैं। हालाँकि, जब प्रमाणित जैविक खेती के तहत क्षेत्र की बात आती है, तो भारत कुल क्षेत्रफल (57.8 मिलियन हेक्टेयर) का केवल 2.59 प्रतिशत (1.5 मिलियन हेक्टेयर) का ही हिसाब दे पाता है। क्योंकि ये ज़्यादातर सीमान्त किसान हैं।[6] या ऐसे किसान जो पंजीकरण/प्रमाणीकरण की प्रक्रिया से अवगत ही नहीं हैं या इसे कठिन और फ़िज़ूल ख़र्च समझते हैं। वे किसान जो संसाधनों के अभाव में या परम्परागत तरीक़े से बिना किसी निवेश या कम निवेश वाली खेती कर रहे हैं वे प्रमाणीकरण आदि में सम्मिलित होने में तभी रुचि लेंगे जब उन्हें यह प्रक्रिया बिना किसी लागत या कम ख़र्च पर उपलब्ध होगी। वे किसान जो रसायनों के दुष्प्रभावों से सचेत होकर जैविक खेती की ओर बढ़े या जिन्होंने जैविक खेती का व्यावसायिक लाभ समझा उन्होंने ही सबसे ज़्यादा पंजीकरण/प्रमाणीकरण में रुचि रखी। इससे एक निष्कर्ष यह भी निकलकर आता है कि भारत में बिना किसी निवेश/कम निवेश वाले परम्परागत खेती वाले किसान यानी छोटे किसानों की संख्या बहुत अधिक है। वे भारतीय कृषि का एक बड़ा हिस्सा हैं। जो वर्तमान में सबसे ज़्यादा खेती से विमुख हो रहे हैं और जिन्हें बचाने की बहुत आवश्यकता है। जिसका एकमात्र तरीक़ा जैविक खेती की ओर जागरूकता और सही ज्ञान उन तक पहुँचाना है।

जैविक खेती का अर्थ सिर्फ़ एक झटके में रसायन बन्द कर देना नहीं है। बल्कि इसके साथ कई अन्य पहलू जुड़े हुए हैं। इस ओर किसानों की मानसिकता बदलने की, बदलाव की वजह से होने वाले नुक़सान के लिए उन्हें मानसिक रूप से तैयार करने की ज़रूरत है। ज़मीन तैयार करना, मिट्टी को मज़बूत बनाना, जैविक उत्पादकों की आवश्यकता को पर्यावरण से जोड़ना। माइक्रो–क्लाइमेट को पुनर्जीवित करना जैविक खेती में सबसे बड़ी चुनौती होती है। असल में तो बिना खाद के ही खेती का सही तरीक़ा है लेकिन उसके लिए आपकी मिट्टी

6. The world of organic agriculture 2018, FiBL

उतनी उपजाऊ होनी चाहिए। और मिट्टी को उपजाऊ बनाने के लिए जैविक संसाधनों की आवश्यकता पड़ेगी। जिसकी कम क़ीमत पर उपलब्धता और ज्ञान के लिए सरकार को ठोस क़दम उठाने चाहिए। किसान जो एक लम्बे समय (शायद अपनी पैदाइश) से ही रसायनों के साथ की जा रही खेती देखते आ रहे हैं वे इसे एक झटके में बदलने से डरते हैं। नुक़सान का डर अलग। ऐसे में किसान बड़ा रिस्क नहीं लेना चाहते। बेहतर होगा कि सभी किसानों को एक साथ बदलने की जगह एक या दो स्थानीय किसानों को प्रायोगिक रूप से बदला जाये। डेमो के रूप में। अन्य किसान जब सकारात्मक बदलाव देखेंगे तो स्वयं प्रोत्साहित होंगे। जैविक खेती की विफलताओं पर तो विस्तार से चर्चा हो गयी, अब यह समझना भी ज़रूरी है कि जैविक खेती है क्या? कैसे की जाती है? सही तरीक़े क्या हैं? सही प्रक्रिया क्या है? जिससे किसानों का अवगत होना ज़रूरी है।

कुछ वर्ष पूर्व उत्तर प्रदेश के एक ऐसे किसान परिवार से मिलने का मौका मिला जो 1965 से खेती से जुड़ा है। और जिसका मानना है कि भारत में होने वाले किसान आन्दोलनों को एक सही दिशा की ज़रूरत है। हमारी वैदिक वाटिका से ऑनलाइन माध्यम से जुड़े थे भानुप्रताप जी के पुत्र। वे अपने पिता को उनकी खुशियाँ यानी कि खेती वापस लौटाना चाहते थे। साथ ही यह भी चाहते थे कि अब जो खेती हो वह जैविक हो। रसायन–मुक्त हो। इसलिए उन्होंने अपने पिता, माता एवं बहन को कुछ दिन वैदिक वाटिका में भेजकर यहाँ की रसायन–मुक्त खेती की कार्यप्रणाली समझने का मन बनाया।

लखनऊ के एक गाँव माधवपुर के रहने वाले भानुप्रताप जी, अपनी पत्नी एवं पुत्री समेत, वर्ष 2016 में हमारे यहाँ पधारे। भानुप्रताप जी का परिवार 1965 से खेती से जुड़ा है। उन्होंने अपने अब तक के अनुभव साझा किये। वे कहते हैं :

"उत्तर प्रदेश देश का सर्वाधिक आबादी वाला प्रदेश है। इतने बड़े प्रदेश में किसानों की संख्या भी बहुत ज़्यादा है। अब हर तरफ़ से जैविक खेती का नाम सुन रहे हैं। कहते हैं कि हमारे उत्तर प्रदेश में

भी जैविक खेती का क्षेत्र बढ़ रहा है। परन्तु यह कहना ग़लत नहीं होगा कि अभी यह दायरा बड़े किसानों तक सिमटा है। छोटे किसान यदि जुड़ भी रहे हैं तो पूरी तरह सन्तुष्ट नहीं है। जो हैं वे पंजीकृत नहीं हैं। छोटा किसान आज भी जानकारी के अभाव में है। वह आज भी यूरिया आदि रासायनिक खाद–दवाइयों के भरोसे ही खेती कर रहा है। वह अनजान है इस बात से कि ये रसायन उसके खेत की मिट्टी को कितना नुक़सान पहुँचा रहे हैं। या वे जानते हुए भी मजबूर हैं। बहुत कोशिशों के बाद भी जब मुनाफ़ा नहीं मिलता तो किसान खेती छोड़ देता है। जैसे किसी समय मैंने छोड़ी थी।

मेरा परिवार पिछले साठ सालों से खेती से जुड़ा है। पहले यही पारिवारिक व्यवसाय था। तब मैं छोटा था। मैं तब छठी कक्षा में पढ़ता था जब बड़े भाई और पिताजी का खेती में हाथ बँटाना शुरू किया। उस समय मैं छोटे–छोटे काम ही करता था जैसे बुआई के समय पशुओं को चारा डालना, दूध दुहना आदि। तब हमारा लकड़ी का व्यवसाय था। मैंने अपनी पढ़ाई पूरी की। बीए किया। 1981 में शॉर्टहैण्ड भी सीखी। मिस्त्री का काम किया। चाय की दुकान लगायी और सप्लायर का काम भी किया। खेती में न मिल पाने वाले मुनाफ़े और फिर बँटवारे में हमारी 33 एकड़ की ज़मीन धीरे–धीरे पूरी बिक गयी। फिर जीवन की जद्दोजहद में ऐसे उलझे कि खेती से जो दूरी बनी वह बढ़ती ही गयी। मैं तो ऑटोइलेक्ट्रिक मैकेनिक और सप्लायर ही बन पाया लेकिन बेटा मेरा पढ़–लिखकर बहुत क़ाबिल बन गया। वह मेरा खेतों से प्रेम जानता है इसलिए अब पैसा जुड़ते ही वह चाहता है कि हम फिर से खेती शुरू करें। अभी हमारे पास अच्छी उपजाऊ ज़मीन आयी है। हम चाहते हैं कि उस पर रसायन–मुक्त खेती करें। सिंचाई के लिए साथ ही नहर भी है।

हम जैसे छोटे किसानों की समस्या है सही जानकारी का अभाव। जानकारी के अभाव में किसान ढंग से खेती नहीं कर पाता। इसके अलावा खेतों में खटते आदमी को आज लोअर क्लास वर्कर माना जाता है। बड़े–बड़े वातानुकूलित कमरों में बैठकर काम करने वाले को ऊँची नज़र से देखा जाता है। यह भी एक कारण है कि किसानों की भावी

पीढ़ी खुद को किसान कहलवाने से बचना चाहती है। छोटे किसानों के पास संसाधन भी कम होते हैं। उसे अपने खेतों में पूरा समय देना होता है। अतः वह घूम–घूमकर, बाहर जा–जाकर जानकारी इकट्ठा नहीं कर सकता और सरकारी आदमियों द्वारा जो जानकारी पहुँचती है। वह बस बला टालने जैसा काम होता है। इन सभी कारणों से किसानों की खेती में अरुचि बढ़ती है। नतीजा और आँकड़े हमारे सामने हैं।

हमारे यहाँ उत्तर प्रदेश में किसानों का बड़ा हिस्सा यूरिया, पोटाश, जिंक फास्फोरस, एवं कीटनाशकों का इस्तेमाल करके खेती कर रहा है। उन्हें जो कह दिया जाता है वे वही कर लेते हैं। शिक्षा के अभाव में वे सही आकलन ही नहीं कर पाते कि उनके लिए क्या कितना नुक़सानदायी है। यदि जानकारी और सही ज्ञान किसानों तक पहुँच तो सम्भव है उन्हें खेती से विमुख होने से रोका जा सके।"

भानुप्रताप जी अपने व्यवसाय के अलावा एक एनजीओ से जुड़े हैं। जहाँ वे मुफ़्त में बच्चों को पढ़ाते हैं। इनकी अर्धांगिनी इनके जीवन व विचारों में पूर्णरूप से सहयोगी हैं। चाहती हैं कि पति के साथ खेती की ओर फिर से लौटें। अपने अनुभव बताते हुए वे कहती हैं–

"मेरे पिता एक किसान थे। मैंने ख़ुद तो कभी खेती नहीं की लेकिन क़रीब से सब अनुभव किया है। मायके में पैतृक व्यवसाय अभी भी खेती ही है। एक किसान में सौहार्द होता है। सहजता बहुत ज़्यादा होती है। आज से बीस साल पहले के किसान धैर्यवान होते थे। परिवार को एकजुट रखकर जीवन जीने की क्षमता रखते थे। एक–दूसरे के सुख–दुःख में साथ देते थे। किसानी में जितनी शान्ति और सन्तुष्टि है उतनी अन्य किसी में नहीं।

किसान की बेटी होने की वजह से खेतों से लगाव था। मायके से ससुराल आयी तो यहाँ भी खेत थे, लेकिन कम मुनाफ़े के चलते ज़मीनें बिक गयीं। कारण था जानकारी का अभाव और सही ढंग से खेती न करना।

मैंने देखा कि मेरे चाचा का बेटा बाहर से जानकारी लाता है इसलिए उसकी खेती अच्छी होती है। लेकिन मेरे भाई के पास जानकारी का अभाव है। सरकारी ट्रेनिंग मिलती है लेकिन वह शायद

काफ़ी नहीं है। भाई ज़्यादा दिन घर के बाहर रहेगा तो बाक़ी कामों में बहुत दिक्क़त हो जायेगी। ऐसी ही समस्या अधिकांश परिवारों के साथ आती है।

मुझे उम्मीद है कि सरकार छोटे किसानों के प्रति अपना नज़रिया बदल किसी बड़े बदलाव की कोशिश करेगी। मैं अब अपने पति के साथ रसायन–मुक्त खेती करना चाहती हूँ।"

मैं पिछले चार वर्षों में ऐसे कई किसानों से मिली जो जानकारी के अभाव में अपनी बची–खुची खेती से भी विमुख होते जा रहे हैं। उनसे बात करने से पता चलता है वे सुधार चाहते हैं लेकिन उन तक ये जानकारियाँ पहुँचाये कौन? सिर्फ़ सरकार, ट्रेनिंग कैम्प या बड़ी कंपनियों की बाट जोहते रहेंगे तो शायद बहुत देर हो जाये। आप हम जैसे लोगों को भी इस जानकारी को अपने सामान्य ज्ञान का ज़रूरी हिस्सा बनाना होगा। इन किसानों के साथ हाथ मिलाना होगा। छोटे–छोटे स्तर पर खुद को किसान बनाना होगा।

अब यह सवाल कि आप ऐसा क्यों करेंगे? इसका एक बहुत सरल सा उत्तर है, ताकि भविष्य में आप अपने बच्चों, नाती–पोतों के लिए खाद्यान्न के नाम पर सिर्फ़ पेस्टिसाइड और केमिकल मिक्स्ड फ़ूड ना छोड़ जायें। ताकि उन्हें शुद्ध हवा के लिए ऑक्सीजन चेम्बर्स न बनवाने पड़ें और ताकि उन्हें शुद्ध जल के लिए तरसते हुए न जीना पड़े।

लगातार हो रहा नुक़सान हमें सफलता के दूसरे रास्ते खोजने के लिए प्रेरित करता है। वर्तमान में जैविक खेती का बढ़ता प्रचलन इसी का नतीजा प्रतीत होता है। रसायनों के प्रयोग ने जब हानि पहुँचाना शुरू की, पर्यावरण की हा़नि, जन की हानि और किसानों को भी नुक़सान तब लोग जागे और उन्होंने जैविक खेती की ओर देखना शुरू किया। भारत में यह फिर भी देरी से आयी या यूँ कहूँ कि देरी से वापस आयी क्योंकि भारत में पहले रसायन–मुक्त खेती ही होती थी। विश्व आज जिस जैविक खेती की बात करता है वह भारत की ही देन है। भारत और चीन सबसे पुराने ऐसे साम्राज्य रहे हैं जहाँ खेती का इतिहास लगभग 4000 वर्ष पुराना है। इतने वर्षों तक रसायन–मुक्त

खेती ही इनका आधार रहा जो यहाँ के किसानों को पालता–पोसता रहा।[7] 1996 में डॉ. वाय. एल. नेने ने यूके के बोल्डियन पुस्तकालय (ऑक्सफोर्ड) से वृक्षायुर्वेद की पाण्डुलिपि प्राप्त की। मूल रूप से प्राचीन देवनागरी में लिखी गयी इस पाण्डुलिपि का अब अंग्रेज़ी अनुवाद भी उपलब्ध है जिसे डॉ. नलिनी साधले ने किया है। इसमें श्लोकों द्वारा 170 पौधों की प्रजातियों, उनकी विशेषता, उन्हें तैयार एवं पोषित करने की विधि, बीज को तैयार एवं पोषित करने की विधि, मिट्टी को पोषित करने की विधि, भूमिगत जल, पौधों की बीमारियाँ एवं उनके इलाज, सिंचाई, बागवानी आदि के बारे में दिया गया है।

सुरपाल द्वारा इसका सम्पादन दसवीं–ग्यारहवीं सदी में निर्धारित किया गया है। हालाँकि सुरपाल के बारे में बहुत ज़्यादा जानकारी उपलब्ध नहीं है। वृक्षायुर्वेद की प्राचीनता को लेकर एक और बात सामने आती है– "शहिलोत्र कोई निराला ही व्यक्ति रहा होगा जिसने 400 ई.पू. वृक्षायुर्वेद जैसी किताब लिख दी जो पौधों और उनकी विशेषताओं, सुरक्षा एवं संरक्षण पर आधारित है।"[8]

हालाँकि इस बात को लेकर कुछ मतभेद हो सकते हैं क्योंकि रामचन्द्रन के इस शोध पत्र के अलावा मैंने जहाँ कहीं भी वृक्षायुर्वेद का वर्णन पढ़ा वहाँ इस ग्रन्थ के साथ सुरपाल का ही नाम पाया न कि शालिहोत्र का। शालिहोत्र को बल्कि अश्व चिकित्सा पर लिखे गये पहले ग्रन्थ के लेखक के रूप में जाना जाता है। वे एक महर्षि थे जिन्होंने हज़ारों वर्ष पूर्व इस दिशा में कार्य किये।

आगे जैविक खेती के बारे में लिखते हुए मैं वृक्षायुर्वेद में दिये गये आवश्यक श्लोकों का उल्लेख भी करूँगी। फिलहाल यहाँ इसका उल्लेख सिर्फ़ यह समझने के लिए ज़रूरी था कि भारत प्राकृतिक एवं जैविक खेती का जनक रहा है और यहाँ के किसान इसी के आधार पर सदियों तक फलते–फूलते रहे हैं।

---

7. जैविक खेती (धारणा एवं परिदृश्य), राष्ट्रीय जैविक खेती परियोजना
8. Vrikshayurveda (Arboreal medicine in ancient india), C.K. Ramachandran, 15 july 1984

रसायनों का प्रयोग बहुत नया है जो भारत में अभी अपने सौ वर्ष भी पूरे नहीं कर पाया है और इसके कुप्रभाव हमारे सामने मुँह बाये खड़े हैं। जब तथाकथित वैज्ञानिक परिवर्तन आये तो रसायन आये और उनके प्रयोग भी। वर्तमान में प्रचलित जैविक खेती असल में कई तरह की रसायन–मुक्त पद्धतियों का एक संक्षिप्त रूप है। वैदिक वाटिका में हम जिस पद्धति से खेती करते हैं या किसानों को जिसके प्रति जागरूक करने का कार्य कर रहे हैं उसे जैविक खेती की जगह रसायन–मुक्त खेती कहना ज़्यादा पसन्द करेंगे। इसका कारण है कि प्राकृतिक खेती की ओर वापसी में आपको सिर्फ़ रसायनों का प्रयोग बन्द करके जैविक खाद या दवाइयों का इस्तेमाल ही शुरू नहीं करना है बल्कि कई अन्य कार्य भी करने होंगे जो मृदा, जल एवं वायु को उनके पूर्ववत स्वस्थ रूप वापस दिला सकें। हालाँकि अब पूरी तरह प्राकृतिक खेती की ओर लौटना बेहद कठिन है क्योंकि वह जंगल पद्धति पर आधारित होती है। फिर भी कृषि के बेहतर भविष्य के लिए हम उसके जितने निकट पहुँच पायें उतना अच्छा। हमें यह समझना होगा कि कृषि मात्र एक व्यवसाय नहीं वरन प्रकृति का हिस्सा है। उसे जीवित मानते हुए, उसमें प्राण मानते हुए उसकी प्रक्रिया एवं फलने–फूलने को उसी रूप में समझना होगा जिस रूप में हम मनुष्य अपने शरीर को समझते हैं।

जैदिक खेती को कृषि की वर्तमान रासायनिक पद्धति की तुलना में सरल, टिकाऊ विकल्प माना जा रहा है। उसके कुछ ठोस कारण हैं।

आज रसायनों के प्रयोग से जो खेती हो रही है, वह काफ़ी हद तक 'क्रूड आयल (कच्चा तेल)/पेट्रोलियम' आधारित है। यूरिया, खाद, कीटनाशक, हायब्रिड बीज बाहर से आते हैं, किसान उन्हें अपने स्थान पर नहीं बना सकता। ट्रैक्टर चलाने के लिए तेल की ज़रूरत है। जलस्तर घट रहा है, सिंचाई आदि के साधन चलाने के लिए तेल चाहिए। इसके ठीक उलट, प्राकृतिक खेती में बीज देसी/स्थानीय होंगे। इनकी उपलब्धता परिवहन पर आधारित नहीं होगी। इसके साथ ही ये क्षेत्रीय जलवायु, जीव–जन्तु, सूक्ष्मजीवों,

कीटों के अनुकूल पनपे हुए होते हैं। कुछ ही किलोमीटर में बीज की स्थानीय प्रजाति बदल जाती है। क्योंकि जलवायु आदि भी बदल जाते हैं। पौधों की क्षेत्रीय प्रजातियाँ वहाँ के अनुकूल होती हैं जबकि हायब्रिड को उन जगहों के अनुकूल बनाने के लिए दवाओं की आवश्यकता होती है।

देसी बीज में खाद भी हायब्रिड की तुलना में कम लगेगा क्योंकि वे स्थानीय जलवायु एवं मिट्टी के अनुकूल हैं, अतः उसमें से भी वे अपने लिए आवश्यक पोषक तत्त्व ले लेते हैं। हाँ वर्तमान में जहाँ रसायनों के प्रयोग से मिट्टी अस्वस्थ हो चुकी है अतः खाद अधिक लग सकता है लेकिन जैसे–जैसे मिट्टी अपनी पुरानी क्षमताओं को प्राप्त करेगी खाद की आवश्यकता घट जायेगी। स्थानीय होने की वजह से उनमें कीट आदि का प्रकोप भी हायब्रिड की तुलना में कम होगा। इसे ऐसे मान लीजिए कि विदेश से आये एक व्यक्ति का पेट सामान्य जल से ख़राब हो जाता है, उसे सिर्फ़ मिनरल वाटर ही उपयुक्त लगता है जबकि स्थानीय लोग उस जगह उपलब्ध जल को वर्षों तक पीते हुए भी बीमार नहीं होते, क्योंकि उनकी पाचन शक्ति उस जल के अनुरूप ढल चुकी होती है।

एक पुरानी कहावत है, यदि आप किसी नये स्थान पर जाते हैं और यदि आपको वहाँ की स्थानीय बीमारी लगती है तो उस बीमारी का देसी इलाज उस स्थान के कुछ ही किलोमीटर में उपलब्ध होता है। उस क्षेत्र में उस बीमारी से बचाने वाली जड़ी–बूटी, पौधे, पत्ते आदि उपलब्ध होंगे। यही बात जैविक खेती पर भी लागू होती है। स्थानीय बीज से तैयार हुई फ़सल को किसी बीमारी से बचाने के लिए इलाज भी वहीं उपलब्ध होता है। जैसे हमारे क्षेत्र में कीटनाशक बनाने के लिए नीलगिरी, रतनजोत, सेंध्वायर, तम्बाकू, नीम आदि का प्रयोग कर सकते हैं। इन सबके प्रयोग से ख़र्च तो घटेगा ही, साथ ही छिड़काव के समय यदि ये साँस द्वारा किसान के शरीर में भी चले जायें तो इनके दुष्प्रभाव नहीं। मिट्टी, जलवायु और इस फ़सल को खाने वाले मनुष्य भी स्वस्थ रहेंगे। किसी रासायनिक दुष्प्रभाव के शिकार नहीं बनेंगे।

अब यदि कीटों के मामले में विशेषज्ञों की मानें, तो ऐसा देखा गया है कि जिस वर्ष टिड्डे बढ़ते हैं उस वर्ष मकड़े भी बढ़ जाते हैं। मकड़े टिड्डों को खाते हैं। यह एक प्राकृतिक सन्तुलन है फ़सल को कीटों से बचाने के लिए। फ़सलों में रसायनों के छिड़काव से यह सन्तुलन बिगड़ चुका है। जशपुर का उदाहरण दूँ तो अब यहाँ मच्छरों का प्रकोप बढ़ गया है। उसका कारण माना जा रहा है यहाँ ड्रैगनफ्लाई बहुत कम हो गये है। ड्रैगनफ्लाई एक दिन में सौ से डेढ़–सौ मच्छर खा लेते हैं। लेकिन अब ये घटते जा रहे हैं। ड्रैगनफ्लाई के रहने के लिए प्राकृतिक परिवेश कम हो गया है। घास नहीं दिखती। खेतों की जगह अब इमारतों ने ले ली हैं। खेतों में रसायन इतने डल जाते हैं कि ये मर जाते हैं। जीवों के लिए यदि उनके अनुकूल परिवेश नहीं मिलेगा, या वे असुरक्षित रहेंगे तो वे पनपेंगे कहाँ और कैसे?

अब यहाँ यह सवाल मन में आता है कि देसी/जैविक कीटनाशक से ये कीड़े क्या नहीं मरेंगे? या ये कैसे बचेंगे? उदाहरण के लिए यदि बेकिंग सोडा को कीटनाशक के रूप में डालते हैं, तो वह फल या सब्ज़ी में जाकर चिपकेगा। कीड़ा जब उस फल/सब्ज़ी को खायेगा तो बेकिंग सोडा उसके पेट में जाने से उसका पेट फट जायेगा। फल/सब्ज़ी वे ही कीट खाते हैं जो शाकाहारी होते हैं। ऐसे में अन्य जीवों को कोई नुक़सान नहीं होता।

लेकिन यदि रासायनिक कीटनाशक डालते हैं तो उससे आसपास के परिवेश के सभी जीव मरते हैं। वह सिर्फ़ फ़सल को खाने वाले कीटों को नहीं बल्कि मकड़ी, मधुमक्खी, ड्रैगनफ्लाई, आदि सभी को ख़त्म करते हैं।

जैविक का एक और फ़ायदा यह है कि मिट्टी अधिक स्वस्थ रहने से पौधा मज़बूत तैयार होता है। मरी हुई मिट्टी जो रेत या पत्थर के टुकड़ों के समान है, में स्वस्थ पौधे नहीं पनप सकते। मिट्टी यदि स्वस्थ है तो ऊपर से भारी मात्रा में खाद डालने की आवश्यकता नहीं होती। पानी की भी बहुत अधिक ज़रूरत नहीं होती है क्योंकि पौधा मिट्टी, वातावरण की नमी और भूजल जोकि जीवित मिट्टी में बहुत अलग प्रक्रिया में काम करते हैं, से अपनी ज़रूरतों की पूर्ति कर लेता है।

जबकि रासायनिक में ऊपर से अधिक जल देने की आवश्यकता होती है। शोध कहता है रासायनिक कीटनाशकों एवं भारी मशीनों की वजह से मिट्टी की प्राकृतिक संरचना को नुक़सान पहुँचता है। उसमें पाये जाने वाले बैक्टीरिया और फंगस ख़त्म होने लगते हैं, जो पौधों को स्वस्थ रखने का काम करते हैं। खेती में जब रसायनों का प्रयोग शुरू हुआ तब इनके दूरगामी प्रभावों को देखने की जगह सिर्फ़ क्षणिक लाभ पर ध्यान दिया गया। जो था बढ़ती हुई जनसंख्या के लिए तेज़ी से ज़्यादा अनाज प्राप्त करना। लेकिन दशकों तक किये गये इन रसायनों के प्रयोग ने मिट्टी से उसके प्राकृतिक पोषक तत्त्व छीन लिए। एक और भ्रम यह है कि कीटनाशकों के प्रयोग से बीमारियाँ दूर होती हैं। असल में कीटनाशक सिर्फ़ बीमारियों के लक्षणों को दबा देते है। यह बिलकुल वैसा ही है जैसे एलोपैथिक दवा मनुष्य के शरीर से बीमारी को जड़ से ख़त्म करने की जगह उसके लक्षणों को दबा देती है, वहीं आयुर्वेद उसे जड़ से ख़त्म करता है। खेती में भी ऐसा ही पाया गया। जिन पौधों में सिंथेटिक खाद डलेगी वे बीमार होंगे ही, फिर उन्हें बीमारी से बचाने के लिए सिंथेटिक दवाइयाँ डालनी होंगी। और नतीजा क्या है इसकी इस किताब में पहले कई बार चर्चा हो चुकी है। अब इस पर चर्चा ज़रूरी है कि इनके बिना पौधे को स्वस्थ कैसे रखा जाये?

फर्टिलाइजर के प्रयोग एवं भारी मशीनों (जैसे ट्रैक्टर, रोटोवेटर आदि) से की जा रही गहरी जुताई से मिट्टी में भीतर एक ठोस परत बनती जाती है। असल में वह मिट्टी को दो भागों में बाँट देती है। एक वह जो हमें जुताई के बाद ऊपर से दिख रही है और दूसरी वह जो उस परत के नीचे है जिसमें पुरानी जड़ें और जीवाश्म आदि जैविक तत्त्व मौजूद हैं। अब किसानों को यह सीख दी जाती है कि वे बीज को गहरा रोपें ताकि वे गहराई में मौजूद जैविक तत्त्वों को प्राप्त कर पायें लेकिन भीतर बन चुकी वह कठोर परत पौधे की जड़ों को गहराई में दबे जैविक तत्त्वों तक पहुँचने नहीं देती। एक तो इसमें किसानों की दुगनी मेहनत और समय लगता, दूसरा वह ठोस परत पौधों की जड़ों को दूसरी तरफ़ नहीं पहुँचने देती।

इसी के स्थान पर यदि सर्फेस कल्टीवेशन (सतह पर हल्के साधनों से की जाने वाली जुताई) की जाये तो इस समस्या का हल हो सकता है। मिट्टी में पुरानी दबी जड़ें जब बैक्टीरिया/फंगस द्वारा सड़ा दी जाती हैं तो इसके दो फ़ायदे होते हैं। एक तो वहाँ कार्बन/ह्यूमस आदि जैविक तत्त्व उपस्थित होने के साथ–साथ बैक्टीरिया और फंगस की संख्या में वृद्धि होती है। दूसरा नये पौधों की जड़ों को तेज़ी से गहराई में जाने के लिए पहले से बना एक रास्ता मिल जाता है जो पौधों को मज़बूत बनाता है।

ट्रैक्टर के प्रयोग से एक नुक़सान यह भी है कि मिट्टी की सघनता बढ़ने से नीचे का पानी ऊपर या ऊपर का पानी नीचे नहीं जा पाता। जल किसी समतल तालाब की तरह खेत में फैलता है या बह जाता है। भूमि से पौधों को केवल वही जल मिल पाता है जो भूमि की ऊपरी सतह में है। घनत्व बढ़ने से पौधों की जड़ें भी बहुत गहराई तक नहीं पहुँच पातीं कि वे स्वतः ही पौधे के लिए गहराई में जाकर जल ढोने का काम कर सकें।

आजकल गहरी जुताई भी होने लगी है। इसका नुक़सान यह है कि मिट्टी में गहरी दबी पुरानी जड़ें उखड़कर बाहर फिंक जाती हैं। उसके बाद रोटोवेटर चलता है जो मिट्टी को पूरा धूल–धूल कर देता है, जबकि मिट्टी में गहरी दबी ये पुरानी जड़ें नालियों की तरह काम करती हैं। एक तरह से पौधों के लिए सुरंग बन जाती हैं। जिनके सहारे नये पौधों की जड़ें गहराई से भी जल की प्राप्ति कर सकती हैं। ऐसे में पौधों की जड़ें तो मज़बूत होती ही हैं उनकी जल–पूर्ती भी होती रहती है। आप ऊपर से फल–फूल रहे मक्का को देखकर अन्दाज़ा नहीं लगा सकते लेकिन हो सकता है वह पन्द्रह फीट नीचे से पानी पी रहा हो। गर्मियों में जंगल में छोटे पौधे बिना पानी के भी नहीं मरते हैं। जबकि खेतों में आप कुछ भी लगा दो वह दो दिन में ही पानी न मिलने से मरने लगेगा। ऐसे में यह भी समझना ज़रूरी है कि जैविक तत्त्वों एवं मिट्टी की संरचना को नष्ट करने से बचाना भी जैविक खेती का एक हिस्सा है। सही तरीक़े से तैयार की गयी ज़मीन में भूमिगत जल भी इस्तेमाल हो सकता है।

अब यदि खाद, दवाई एवं तेल का ख़र्च कम हो जायेगा, पानी आसानी से मिलेगा, मिट्टी स्वस्थ रहेगी तो जैविक खेती रसायन की तुलना में सफलता के निकट स्वतः ही पहुँच जायेगी। जैविक खेती एवं रासायनिक खेती की तुलना करें तो रासायनिक में समय के साथ नुक़सान बढ़ता है और पर्यावरण, जलवायु, मिट्टी सबकी क्षमता ख़त्म होती जाती है, जबकि जैविक में यह निरन्तर बढ़ती है।

जैविक खेती को मूल रूप से चार भागों में बाँटा जा सकता है। जैसे मिट्टी, बीज/पौधा (पौधे को मज़बूत कैसे बनाना है, उससे अच्छी पैदावार कैसे लेनी है), कीटों पर नियन्त्रण एवं जलवायु। जिस पर वर्तमान स्थितियों को देखते हुए कह सकते हैं इस पर हमारा नियन्त्रण नहीं। लेकिन इसके अलावा अन्य के लिए स्वस्थता का सिद्धान्त अपनाकर हम कृषि, मनुष्य, पौधे, जीव–जन्तु एवं जलवायु सभी को स्वस्थ रख सकते हैं जोकि जैविक खेती का एक मूलभूत सिद्धान्त भी है। यदि रासायनिक खेती में देखें तो यह चारों अलग–अलग होते हैं। लेकिन जैविक में देखें तो यह चारों जुड़े हुए हैं। एक–दूसरे पर निर्भर करते हैं।

यदि आपकी ज़मीन बहुत अच्छी है, उपजाऊ है तो कम उपज की सम्भावना नगण्य रहती है। वहीं यदि आपका पौधा कमज़ोर है तब भी अच्छा और अधिक मात्रा में फल आ जायेगा, जैविक खेती में यह सम्भव नहीं। इसमें यदि आपकी मिट्टी अच्छी होगी तो अंकुरण अच्छा होगा। पौधे का स्वास्थ्य भी मिट्टी पर निर्भर करता है। स्वस्थ मिट्टी में स्वस्थ और मज़बूत पौधा तैयार होता है। पौधा स्वस्थ और मज़बूत होगा तो उसे बीमारियाँ कम लगेंगी। कीट होंगे, लेकिन बीमारियाँ कम होंगी जिसे कीटों द्वारा फैलाया गया साइड–इफ़ेक्ट भी कह सकते हैं, यह जलवायु, बीज की प्रजाति आदि पर भी निर्भर करती हैं। फिर भी यदि आपकी मिट्टी स्वस्थ है, ज़मीन स्वस्थ है तो एक मज़बूत पौधा तैयार होकर अच्छी पैदावार दे सकता है।

वर्तमान में जहाँ भी हम देखते हैं कि जैविक खेती अपनाने के बाद भी अच्छी पैदावार नहीं मिल रही या किसान नुक़सान में हैं,

उसका सबसे बड़ा कारण यही लगता है कि किसान मिट्टी की उपजाऊ क्षमता बढ़ाने की जगह सिर्फ़ जैविक खाद या जैविक कीटनाशक तक ही सीमित रहता है। जबकि जैविक खेती द्वारा अच्छी पैदावार के लिए यह बेहद ज़रूरी है कि पहले ज़मीन को उसके लिए अच्छे से तैयार किया जाये।

ज़मीन तैयार करने की प्रक्रिया में सबसे अहम भूमिका निभाते हैं जैविक तत्त्व, जिन्हें कार्बन तत्त्व भी कह सकते हैं। आज रसायनों की अधिकता ने ज़मीन से केंचुए, सूक्ष्म जीवों के अलावा कार्बन तत्त्व लगभग ख़त्म कर दिये। पौधों को जो भी दिया जाता है वह ऊपरी रूप से। यदि केंचुए और सूक्ष्म जीव ऊपर से मिट्टी में डाल भी दिये जायें तब भी वे तभी रह पायेंगे जब उन्हें भोजन मिलेगा। वे मिट्टी तो खा नहीं सकते। केंचुए सड़ी हुई चीज़ खायेंगे, वे सड़ती हुयें चीज़ नहीं खायेंगे। अब सड़ाने का काम करेंगे सूक्ष्म जीव लेकिन वे सड़ायेंगे क्या? प्रकृति द्वारा यह सन्तुलन बना रहता है। यदि ज़मीन में पुरानी जड़ें या किसी फ़सल के अवशेष छोड़ दियें जायें तो उसे सबसे पहले वे सूक्ष्म जीव खायेंगे जो इसे सड़ाते हैं। फिर जब यह सड़ जायेगा तो वे सूक्ष्म जीव या कीड़े खायेंगे जो सड़ी हुयें चीज़ खाते हैं। उसके बाद बचेगा ह्यूमस जिसमें माइक्रोऑर्गेनिज़्म और दूसरे ज़रूरी सूक्ष्म जीव काम करते हैं। जो खेती के लिए बहुउपयोगी होते हैं।

ऐसे में जैविक खेती की शुरुआत के लिए ही यह सबसे ज़रूरी हो जाता है कि मिट्टी में कुछ जैविक तत्त्व डाले जायें। यदि आप गमले में भी कुछ लगा रहे हैं तो उसमें भी जैविक तत्त्व डाले जाने चाहिए। जैविक तत्त्व के दो सबसे सस्ते उपाय होते हैं, एक तो हरा खाद, दूसरा कम्पोस्ट (मानव मल, पशु मल जैसे गोबर आदि)।

पहले जब पशु आधारित खेती होती थी तब खेतों में गोबर खाद डालने के लिए आसानी से उपलब्ध हो जाती थी। अब पशुपालन कम हो गया। इसलिए बड़े खेतों में डालने के लिए गोबर खाद आसानी से उपलब्ध नहीं हो पाती। यदि गोबर उपलब्ध हो भी जाये तो लोगों को निजी स्तर पर ठीक से उसकी खाद बनानी नहीं आती। उसके पोषक तत्त्व ख़त्म हो जाते हैं। गोबर खाद में यह दिक्क़त भी आती है

कि यदि वह कम सड़ा हुआ है तो उसमें दीमक लग जाती है, अन्य कीड़े भी हो सकते हैं। पशु जो भी खाता है उसके बीज भी खाद के साथ जाकर खरपतवार बन जाते हैं।

ऐसे में हरी खाद मिट्टी को कार्बन पोषित करने की आसान और कम समय में तैयार होने वाली प्रक्रिया है। जैविक तत्त्व यानी कार्बन। खेतों में सीधे कार्बन तो डाला नहीं जा सकता अतः मिट्टी को ऐसे तत्त्व दिये जाते हैं जिससे उसमें स्वतः ही कार्बन बन सके। हम सभी ने स्कूल में कार्बन बनने की प्रक्रिया को विज्ञान में पढ़ा है। सदियों पहले जो भूमि के भीतर पेड़–पौधे, जीव–जन्तु दब गये उनके शरीर सड़–गलकर कार्बन में परिवर्तित हो गये। वही कार्बन आज हमारे सामने पेट्रोलियम, कोयला, हीरा आदि के रूप में उपलब्ध है। कुछ हद तक वही प्रक्रिया हमें खेतों में भी अपनानी होती है। जिससे ह्यूमस बन सके जो मिट्टी के भीतर कार्बन का रूप है, एवं मिट्टी को ज़िन्दा रखने में मुख्य भूमिका निभाता है। ह्यूमस को बढ़ाने का काम करता है हरा खाद।

हरी खाद तैयार होती है किसी भी ऐसी फ़सल से जो बीस से पैंतालीस दिन के भीतर तैयार हो जाती हो, उदाहरण के लिए, दलहन (चना, सनयी, ढेंचा आदि)। हरी खाद के रूप में दलहन इसलिए प्रयोग किया जाता है क्योंकि दलहन की जड़ों में नाइट्रोजन–फिक्सिट बैक्टीरिया होते हैं। इसके दो फ़ायदे होते हैं, एक तो जब बैक्टीरिया नाइट्रोजन फ़िक्स करेगा तो नाइट्रोजन भी खेत में आयेगा, दूसरा जब वह सड़ेगा तो कार्बन बनेगा। ऐसी फ़सल को फूल आने से पहले ही, जब फ़सल की जड़ें कोमल रहें उसकी जुताई कर देने से वह मिट्टी में मिल जायेगी। और सड़कर कार्बन बनने की प्रक्रिया शुरू हो जायेगी। हरी खाद खरपतवार नियन्त्रण में भी सहायक होती है। इसलिए हरा खाद बड़ी ज़मीनों में जैविक तत्त्व बढ़ाने के लिए सबसे सस्ता और सरल उपाय है।

जब मिट्टी में जैविक तत्त्व बढ़ जायेंगे, वे चाहे हरी खाद से बढ़ें, केंचुआ खाद, गोबर खाद से या किसी अन्य जैविक पद्धति से, तो मिट्टी को ह्यूमस मिलेगा और वह पोषित होगी। कार्बन एवं ह्यूमस

पोषित ज़मीन रहेगी तो वह भुरभुरी बनी रहेगी। पौधों की जड़ें अच्छे से फैल सकेंगी, गहराई में जा सकेंगी। जड़ें जन्तुओं की तरह सूँघकर या अपने सेंस का प्रयोग कर मिट्‌टी में अपने लिए उपलब्ध भोजन तक पहुँच जाती हैं। वैज्ञानिकों ने शोध में पाया कि दो पौधों की जड़ें एक–दूसरे से प्रतियोगिता भी करती हैं और एक–दूसरे से आवश्यक भोजन का आदान–प्रदान भी।

मान लीजिए एक खेत में आम का पेड़ लगा है। और वहाँ फ़सल लगी है मक्का की, तो हो सकता है आम की गहरी फैली जड़ें मक्के की जड़ों से मिलकर आपस में भोजन या ज़रूरी तत्त्वों का आदान प्रदान कर रही हों। आज रासायनिक एवं ट्रैक्टर जोत वाली खेती में यह नहीं हो पाता। जड़ें आपस में जुड़ नहीं पातीं, फैल नहीं पातीं अतः उनकी स्वनिर्भरता बहुत अधिक बढ़ जाती है।

प्राकृतिक रूप से पनपने वाले पौधे मिट्‌टी के भीतर कितनी गहराई से ख़ुद को बाँधे रखते हैं यह जानकार हमें आश्चर्य ही होगा। अल्फा–अल्फा घास, जिसे चारे के रूप में इस्तेमाल किया जाता है, उसकी जड़ें चालीस फीट नीचे तक भी जाती हैं। उसकी जड़ों को इतना ताक़तवर माना जाता है कि वे कॉन्क्रीट को ड्रिल करके भी आगे बढ़ सकती हैं। इसके अतिरिक्त 'रे' नाम के एक पौधे के 13 लाख रूट–लेट होते हैं, इन रूट–लेट की कुल लम्बाई 380 मील होती है। इसके अलावा इनमें 14 अरब रूट–हेयर होते हैं, जिनकी कुल लम्बाई 6600 मील होती है, जो एक ध्रुव से दूसरे ध्रुव तक जाने के लिए पर्याप्त है। जड़ों में सबसे आगे ड्रिल मशीन के जैसे एक बीट होता है, वह ख़ुदाई करता जाता है, पत्थर, कंकड़ आदि के पार जाने में जब वह घिस जाता है तो पौधा उसको तुरन्त रिपेयर करता है और वह फिर से ख़ुदाई और पोषक तत्त्वों को खोजने के काम में लग जाता है। जैसे ही उसे कोई पोषक तत्त्व मिल जाता है, जड़ के आगे वाला हिस्सा मर जाता है एवं उसकी जगह एक ऐसा हिस्सा पनप जाता है जो उस पोषक तत्त्व को इकट्‌ठा कर ऊपर पौधे के पास पहुँचाता है। यह हर रूट–एंड के साथ होता है। सामान्य व्यक्ति इसे इसलिए नहीं देख पाता क्योंकि वह लगातार, एकटक,

घण्टे–दिन–हफ्ते लगाकर पेड़–पौधों की इन गतिविधियों पर ध्यान नहीं देता। वह तो सिर्फ़ देखता है आज बीज बोया था, हफ़्ते–भर बाद अंकुर फूट आयेगा फिर पौधा बनेगा और फिर पेड़। जड़ों का अध्ययन थोड़ा कठिन कार्य है, कभी किसी लता का अध्ययन करें तो पायेंगे कि तक़रीबन 67 मिनिट में वह अपना घूमने का एक चक्र पूरा करते हुए आगे बढ़ती है। यदि उसे ऊपर की ओर कोई रस्सी आदि बँधी नहीं मिलती है तो वह अपने चारों–ओर घूमकर अपने लिए सहारा ढूँढ़ती है और उसे जो सहारा मिलता है उसी से लिपट जाती है, ऐसा करने में वह सिर्फ़ बीस सेकेंड लगाती है। फिर एक घण्टे के अन्दर वह इतना अच्छे से उस सहारे को जकड़ लेती है कि यदि उसे छुड़ाने की कोशिश की जाये तो अधिकांश बार वह टूट ही जाती है।[9]

पौधों की जड़ें यदि अच्छे से फैली रहेंगी तो पौधों का सिग्नलिंग सिस्टम ठीक से काम करेगा। यह थोड़ा आश्चर्यचकित करता है कि क्या पौधे भी सिग्नल देते हैं? बिलकुल देते हैं। पौधों पर जब कोई कीट हमला करता है तो वे एक हार्मोन छोड़ते हैं। हमें लगता है कि वह उस पौधे की सुगन्ध है असल में वे सिग्नल दे रहे होते हैं उन कीटों को जो पौधों पर हमला करने वाले कीटों को खा सकते हैं। जड़ों के जुड़े होने से यदि एक पौधे पर हमला होता है तो सारे पौधे सिग्नल देने में जुट जाते हैं। वे न सिर्फ़ सिग्नल देते हैं बल्कि ऑटो–इम्यून सिस्टम से वे ख़ुद को उस हमले के लिए तैयार भी करना शुरू कर देते हैं। सम्भवतः वे ऐसा, ज़्यादा पोषक तत्त्व संगृहित करके एवं ख़ुद को मज़बूत बनाकर करते हैं।

जंगलों में आज भी यह देखा जा सकता है। यदि किसी बीमारी या कीट का हमला होता है तो सभी पौधे एक साथ नष्ट नहीं होते। बल्कि एक पौधे पर हमला होने के बाद जब तक बीमारी बीसवें पौधे तक पहुँचेगी तब तक पौधों की सिग्नलिंग से चेतकर या तो उस कीट के दुश्मन कीट वहाँ आ चुके होंगे या फिर पौधे ख़ुद को मज़बूत कर चुके होंगे। यह वैसा ही है जैसे पहले गाँव में डाकू आते थे

9. The Secret Life of Plants, Peter Tompkins & Christopher Bird

और एक व्यक्ति चिल्लाता भागता था– डाकू–आया, डाकू आया। तो या तो पुलिस आ जाती थी या लोग ख़ुद को सुरक्षित करने के लिए घर बन्द कर लिया करते थे। वर्तमान में रसायनों के प्रयोग एवं वर्तमान जुताई पद्धतियों से पौधों में इस प्रक्रिया की भी क्षति होती है और वे आसानी से हमले का शिकार बन जाते हैं।

यह भी समझना ज़रूरी है कि पौधे स्वतन्त्र रूप से नहीं बढ़ते। उनकी बढ़ने में मदद करते हैं मिट्टी में पाये जाने वाले बैक्टीरिया और फंगस। ये बैक्टीरिया और फंगस आपसी लेन–देन का एक पारस्परिक–निर्भरता का रिश्ता बनाते हैं। इन्हें पौधों की जड़ों से अपना भोजन मिलता है जिसके बदले में वे पौधों को पोषण एवं सुरक्षा देते हैं।

पौधों की जड़ें आत्मनिर्भर रहकर मिट्टी से केवल चार से सात प्रतिशत ही पोषण अवशोषित कर सकती हैं। पौधों की जड़ों में पोषण अवशोषित करने वाली जड़ें एक बाल से भी पतली होती हैं। स्वनिर्भरता यदि रहे तो वे एक से तीन हफ्तों से ज़्यादा जीवित नहीं रह पातीं। ऐसे में उन्हें मिट्टी में उपस्थित जीवाणुओं/फंगस/कीटाणुओं से मिलकर लेन–देन की एक व्यवस्था बनानी पड़ती है ताकि वे अपना अस्तित्व लम्बे समय तक बचा सकें। यदि उन्हें मिट्टी में अपने सहभागी तत्त्व नहीं मिलेंगे तो वे मर जायेंगी या बीमार हो जायेंगी जिसके लिए उन्हें ऊपरी उपचार की ज़रूरत होगी।

मिट्टी से उसके मिनरल्स को खोदकर अलग करना सम्भव नहीं, लेकिन इस मुश्किल काम को आसान बनाते हैं बैक्टीरिया। ये कई सारे मिनरल्स को मिट्टी से निकाल पौधों को देते हैं, ख़ासकर फॉस्फेट को पौधों तक पहुँचाने का काम करते हैं जो पौधों के लिए बहुत अहम होता है। ये बैक्टीरिया ढेर सारे ज़रूरी काम करते हैं जो पौधों के पालन–पोषण और उसे स्वस्थ रखने के लिए ज़रूरी हैं। इनमें से एक है पेड़ों के चारों ओर सुरक्षा कवच बनाना। यह काम राइजोबैक्टीरिया करता है। यदि कोई बीमारी या नुक़सान पहुँचाने वाले बैक्टीरिया पौधों की जड़ों में हमला करने की कोशिश करते हैं तो राइजोबैक्टीरिया उनसे लड़ते हैं। इसमें उनका निजी स्वार्थ है। पौधों से उन्हें अपना भोजन मिलता है जिसके बदले में वे उन्हें सुरक्षित रखते हैं।

मिट्टी में कई सारे मिनरल्स जड़ों की पहुँच से दूर होते हैं। खनिज तत्त्व, लवण, सूक्ष्म पोषक तत्त्व आदि सभी जड़ों की पहुँच से दूर होते हैं। ऐसे में जड़ें बैक्टीरिया पर निर्भर रहती हैं कि बैक्टीरिया इन तत्त्वों को जड़ों तक पहुँचा देंगे। राइजोबैक्टीरिया जैसे बैक्टीरिया भी जड़ों के आसपास ही रहते हैं। वे स्वयं चलकर या एक स्थान से दूसरे स्थान तक जाकर जड़ों के लिए पोषक तत्त्व लाने का काम नहीं कर सकते। इसमें उनकी मदद करते हैं फंगस जैसे माइक्रोराइज़ा। माइक्रोराइज़ा सबसे महत्त्वपूर्ण एवं सामान्य खेती में सबसे ज़्यादा काम आने वाला फंगस है। यह जड़ें की पहुँच को बहुत अधिक बढ़ा देता है। जड़ ख़ुद नहीं पहुँचती हैं लेकिन माइक्रोराइज़ा अपना जाल बिछाता है और हर जगह से मिनरल्स खोजकर जड़ों को देता है।

माइक्रोराइज़ा कोई नया फंगस नहीं जिसे जैविक खेती के बढ़ते चलन के दौरान खोजा गया हो। यह मिट्टी में सदियों से काम करता रहा है लेकिन आज इसकी महत्ता समझ में आ रही है क्योंकि सिंथेटिक फर्टिलाइजर से यह ख़त्म हो रहा है। तीन माइक्रोन के आकार का छोटा–सा फंगस इन रसायनों का प्रकोप कितना सह सकता है?

खेती में यदि आप एक–दो फीट मिट्टी अच्छे से तैयार कर लेते हैं तो वह सिर्फ़ उतनी ही गहराई से पोषक तत्त्व नहीं देती बल्कि उसके नीचे गहराई में बिछे इन बैक्टीरिया और फंगस के बिछे जाल से पोषक तत्त्वों को इकट्ठा कर पौधों तक पहुँचाती है। ये बैक्टीरिया एवं फंगस स्वस्थ मिट्टी की संरचना का अभिन्न हिस्सा हैं जिनके बिना मिट्टी, मरी हुई मिट्टी के समान है। मिट्टी के भीतर पौधे की जड़ों का, बैक्टीरिया का, फंगस का अपना एक इंटरनेट सिस्टम होता है। जो सिग्नल देने एवं पोषक तत्त्वों का आदान–प्रदान करने का काम करता है। माइक्रोराइज़ा का जाल यदि मिट्टी के भीतर किसी जंगल तक फैला हुआ है तो यह सम्भव है कि किसी खेत में लगा पौधा पूरे जंगल से अपना पोषण ले रहा हो। पौधों की जड़ों को किसी जानवर के रूप में देखें और यह समझें कि मिट्टी के भीतर अपना भोजन या पोषण सूँघ–सूँघकर वे उसी दिशा में आगे बढ़ती हैं। यदि उन्हें अपनी रेंज में कुछ नहीं दिखेगा तो वे आगे नहीं बढ़ेंगी

या कमज़ोर होने लगेंगी। अतः एक पौधे का स्वस्थ रहना तभी सम्भव है जब खेत की मिट्टी जैविक तत्त्वों से पोषित हो, न कि रसायनों के प्रयोग से मरी हुई।

किसी भी प्रकार की रसायन–मुक्त खेती मिट्टी में माइक्रोराइज़ा साहचर्य के बिना नहीं हो सकती। माइक्रोराइज़ा का जाल एक चम्मच मिट्टी में एक किलोमीटर लम्बा हो सकता है। वह हर मिट्टी के हर कण के बीच अपना जाल फैलाता है ताकि सूक्ष्म से सूक्ष्म स्थान पर भी यदि वाष्प (जल), ह्यूमस या कार्बन, मिनरल्स जैसे तत्त्व उपस्थित हों तो उन्हें पौधों तक पहुँचा सके। ये अपनी सहायता से पौधों की जड़ों की अवशोषण क्षमता को सात गुना तक बढ़ा देते हैं। माइक्रोराइजा से खरपतवार की समस्या भी दूर हो जाती है क्योंकि खरपतवार की जड़ें और पौधों की जड़ों में प्रतिस्पर्धा होती है। ऐसे में पौधों के पास माइक्रोराइज़ा अधिक होने से वे जीत जाते हैं और खरपतवार को पानी, पोषक तत्त्व न मिलने से वह नष्ट होने लगती है।

रासायनिक खेती में क्या होता है कि सब कुछ पौधे को दे दिया जाता है। उदाहरण के लिए, पहले के अखाड़े वाले पहलवान दूध–दही–घी–मक्खन खाकर शरीर बनाते थे, जबकि आजकल जिम जाने वाले लोग प्रोटीन से शरीर बनाते हैं। प्रोटीन यदि ज़्यादा शरीर में पहुँच गया और शारीरिक श्रम द्वारा ख़र्च नहीं हुआ तो वह किडनी–लीवर पर बुरा प्रभाव डालता है, वहीं यदि इसे लेना बन्द कर दिया तो भी शरीर पर बुरा प्रभाव पड़ता है। यही खेती में होता है। खेती के लिए 17 सूक्ष्म पोषक तत्त्व ज़रूरी माने गये हैं। जिन्हें अलग–अलग सीधे ही पौधे को देने का काम रासायनिक खेती में किया जाता है। सल्फर की ज़रूरत है तो सीधे पौधे को सल्फर देना, आयरन की ज़रूरत है तो सीधे आयरन देना। जिंक की ज़रूरत में सीधे जिंक देना। एक तरह से पौधे की 'स्पून फीडिंग' होती है। जिसमें धीरे–धीरे वह स्वयं के लिए भोजन इकट्ठा करना भूल जाता है और दवाओं पर ही निर्भर रहने लगता है। साथ ही पौधे को कितनी आवश्यकता है, यह कयास लगाकर समझा जाता है या एक मात्रा तय कर दी जाती है कि इतना डालना है, जबकि हो सकता है किसी

पौधे को कम ज़रूरत हो किसी को अधिक। ऐसे में वे पौधे कमज़ोर होने लगते हैं या नष्ट होने लगते हैं।

असल में पौधे जड़ों द्वारा कुछ ही तत्त्व शोषित कर पाते हैं, जैसे नाइट्रोजन ले सकते हैं, लेकिन पोटाश नहीं ले सकते है। इसी तरह कई अन्य तत्त्व भी जड़ों से नहीं ले पाते हैं। ऐसे में पौधे माइक्रोराइजा/बैक्टीरिया/फंगस बढ़ाने के लिए स्वतः ही मेहनत करते हैं। जिससे उनके स्वस्थ रहने के लिए अन्य ज़रूरी तत्त्व भी उन्हें मिल पायें। जैसे पौधे को यदि शुगर की ज़रूरत है, जो स्टार्च से बनती है। स्टार्च के लिए सूर्य की रोशनी की आवश्यकता होती है। इसके इतर वे ज़रूरी तत्त्व जो बैक्टीरिया के पास हैं उनकी भरपाई वह बैक्टीरिया से करते हैं। लेकिन बैक्टीरिया पौधों को कुछ भी क्यों देंगे? क्योंकि पौधों से उन्हें भी अपने लिए भोजन मिलता है। यह एक तरह का आदान–प्रदान है जो पौधों और बैक्टीरिया के बीच में होता है। और इस प्रक्रिया में पौधे बिना रासायनिक दवाइयों के अपने लिए आवश्यक तत्त्वों की भरपाई करते हैं। इस प्रक्रिया में पौधे अपनी ज़रूरत के हिसाब से तत्त्वों का शोषण करते हैं। इसलिए भी पौधे स्वस्थ रहते हैं। वे अपनी मर्ज़ी से उतना ही खाते हैं जितनी उन्हें भूख है या जितनी उनके पेट में जगह।

आज माइक्रोराइज़ा/बैक्टीरिया का संकट दुनिया भर में फैला हुआ है क्योंकि वे ख़त्म होते जा रहे हैं। आज के समय में लीची का जब पेड़ लगाया जाता है तो ऐसा देखा गया है कि जब तक उसमें पुराने किसी फलित लीची पेड़ की जड़ों की मिट्टी लाकर न डाली जाये वह नया लीची का पौधा पनपेगा नहीं। इसका सबसे बड़ा कारण यही है कि उसे बिलकुल नयी ज़मीन में पनपने के लिए पौधे के अनुकूल माइक्रोराइज़ा/बैक्टीरिया ही नहीं मिल पाते। ऐसे में पुराने पेड़ की जड़ सें मिट्टी लाकर एक तरह से उसे भोजन पकाने के लिए बावर्ची बाहर से दिया जाता है जो उसके लिए भोजन तैयार करने का कार्य करता है। पुराने पेड़ की मिट्टी में माइक्रोराइज़ा/बैक्टीरिया उपस्थित होते हैं इसलिए उस मिट्टी को डालकर इन बैक्टीरिया के बढ़ने की प्रक्रिया आरम्भ की जाती है जो पौधे के पोषण के लिए सहायक होती है।

ये माइक्रोराइज़ा/बैक्टीरिया ह्यूमस से पनपते हैं। ह्यूमस और कार्बन होगा तभी केंचुए भी पनपेंगे। तो इस तरह यदि मिट्टी को स्वस्थ रखना है तो उसमें माइक्रोराइज़ा/बैक्टीरिया, ह्यूमस, कार्बन, केंचुए इन सभी का होना ज़रूरी है।

मिट्टी के बाद आते हैं बीजध्पौधे। यदि आपकी मिट्टी अच्छी है तो बीज से अच्छे अंकुरण के बाद अच्छे पौधे तैयार होंगे। इस प्रक्रिया में फ़सल चक्र का अपनाया जाना महत्त्वपूर्ण है। जिसका अर्थ है हमेशा एक ही फ़सल न लगाकर, अलग–अलग क़िस्म की फ़सलें लगाना। हम मनुष्य भी यदि सिर्फ़ एक ही प्रकार का भोजन हमेशा खायेंगे तो शरीर में अन्य पोषक तत्त्वों की कमी हो जायेगी। ऐसा ही कुछ हाल मिट्टी के साथ होता है। जिसमें एक ही प्रकार की फ़सल लगाने पर मिट्टी की उर्वरा शक्ति क्षीण होने के साथ–साथ फ़सल भी समय के साथ कमज़ोर होने लगती है।

फ़सल चक्र के भी कुछ नियम आदि जैविक खेती के लिए दिये जाते हैं। हालाँकि यदि किसान सफल रसायन–मुक्त खेती करना चाहते हैं तो उन्हें किसी किताब में दर्ज फ़सल चक्र को अपनाने की जगह अपनी जलवायु एवं क्षेत्र को ध्यान में रखते हुए स्वयं का फ़सल चक्र तैयार करना चाहिए। उदाहरण के लिए, जशपुर की मूल जनसंख्या चावल खाती है। ऐसे में यदि किसान कथित/लिखित फ़सल चक्र को अपनाते हुए धान के बाद गेहूँ लगा देते हैं या चना/मक्का लगा देते हैं तो फिर उसकी बिक्री, मण्डी आदि की समस्या आयेगी। जबकि वहीं अगर वे लोग आलू लगाते हैं, या कुछ अन्य सब्ज़ियाँ या दालें लगाते हैं तो वह उनके स्वयं के उपभोग के लिए एवं लोकल मण्डियों में बिकने के लिए भी उपयुक्त रहेंगी। पुराने समय में जशपुर में स्वतः ही फ़सल चक्र चलता था। किसानों को जिसकी आवश्यकता होती थी वे वही लगाते थे क्योंकि आवागमन के साधन न होने से बाहर से खाद्य सामग्री नहीं आ पाती थी। अतः वे वही लगाते थे जो लोकल बाज़ार में बिक सके या जिसका सेवन उन्हें ख़ुद करना हो।

फ़सल चक्र का अर्थ मूल रूप से एक के बाद दूसरी प्रजाति की फ़सल लगाना है जो मिट्टी से अलग–अलग पोषक तत्त्वों का

लेन–देन कर उसे जीवित और कार्यकुशल बनाये रखे। फ़सल चक्र कीट नियन्त्रण में भी सहयोगी होता है। कीटों की भी लाइफ़–साइकिल होती है। ऐसे में यदि किसी कीट ने इस बार फ़सल पर हमला किया। भोजन पाया, प्रजनन किया, अण्डे दिये जो वहीं मिट्टी या जलवायु में मिल गये। अब उन्हें एक निश्चित काल के बाद फिर से वही फ़सल मिलती है तो उसे खाने के लिए उनकी एक नयी पीढ़ी पहले से तैयार हो चुकी होती है। वहीं अगर फ़सल चक्र से फ़सल बदल गयी तो वे कीट जो किसी अन्य फ़सल को ही खाते थे इस नयी फ़सल में पनप नहीं पायेंगे। नयी फ़सल के लिए जब जैविक खाद आदि डाले जायेंगे तो वे उस फ़सल के लिए उपयोगी होंगे और कीट नियन्त्रण करेंगे। ये जैविक खाद किसी अन्य रूप में उस वातावरण में उपस्थित अन्य जन्तुओं को जो फ़सल को नुक़सान नहीं पहुँचाते, नुक़सान नहीं पहुँचायेंगे।

यहाँ इस बात का उल्लेख ज़रूरी है कि रासायनिक एवं जैविक कीटनाशकों के कार्य करने का तरीक़ा लगभग एक ही है। वे उन कीटों को ख़त्म करते हैं जो फ़सल को नुक़सान पहुँचा रहे हैं। लेकिन इनमें सबसे बड़ा अन्तर यह है कि जहाँ जैविक 'सिर्फ़' उन कीटों के लिए नुक़सानदायक है वहीं रासायनिक, 'मनुष्य, उपस्थित अन्य जीव–जन्तु, मिट्टी, जलवायु, पशु' सभी के लिए उतना ही घातक है जितना फ़सल को हानि पहुँचाने वाले कीट के लिए।

इस प्रकार जैविक खेती मिट्टी, बीज/पौधे, कीट नियन्त्रण एवं कुछ हद तक जलवायु इन सभी का एक साथ सन्तुलन बनाते हुए स्वस्थ रखने का कार्य करती है। जैविक खेती का एक मूल सिद्धान्त यह है कि इसमें फ़सल से फल/या मूल उत्पाद के अलावा और कुछ भी नहीं लिया जाता। सब कुछ मिट्टी में ही मिट्टी के पनपने के लिए छोड़ दिया जाता है। धान का पुआल भी काटकर खेत में फैला दिया जाता है। जो सड़कर ह्यूमस बनाने का काम करता है। पौधों के तने एवं जड़ें भी छोड़ दिये जाते हैं जो सड़कर ह्यूमस बनाने का काम करती हैं। जबकि आज खेतों में फ़सल के अवशेषों को या तो जला दिया जाता है या जुताई द्वारा बाहर फेंक दिया जाता है।

ये पौधे जिन्होंने मिट्टी से पोषक तत्त्व लिए उन्हें या तो उखाड़कर बाहर कर दिया या जला दिया। जैसे आपने किसी कुँए से पानी निकाला और बाहर फेंक दिया। पर यह कुआँ कब तक चलेगा? कभी–न–कभी तो ख़ाली होगा। वही हाल आज हो रहा है। मिट्टी में कार्बन और जैविक तत्त्वों की लगभग समाप्त हो चुकी मात्रा ने फ़सल, जलवायु एवं मनुष्य को कितना नुक़सान पहुँचाया है यह अब तक कई बार इस किताब में उल्लखित हो चुका है।

जैविक खेती तभी सफल हो सकती है जब मिट्टी/जलवायु को एक जीवित प्राणी मानकर काम किया जाये। ऐसा मान लेने से हम उसका ध्यान उतना ही सचेत होकर रखेंगे जितना स्वयं के शरीर का रखते हैं।

प्राकृतिक खेती, जो मेहनत और प्रकृति दोनों बचाती है

कहते हैं कि इन्सान जब मौत के सबसे क़रीब पहुँचता है तब उसे आध्यात्मिक ज्ञान होने लगता है। उसके जीवन में जितने उलझे पहलू हैं उनके हल उसे दिखने लगते हैं। उसे उन सवालों के जवाब भी मिल जाते हैं जिन्हें वो अरसे से ढूँढ़ रहा होता है।

शायद ऐसा ही कुछ हुआ होगा 'मासानोबू फुकुओका' के साथ जब वे 1937 में चौबीस साल की छोटी–सी उम्र में निमोनिया की चपेट से अस्पताल में भर्ती हुए। इस इलाज के दौरान उन्होंने पाया कि वे अध्यात्म के सफ़र से होकर वापस लौटे हैं। ऐसा सफ़र जिसने दुनिया को देखने का उनका नज़रिया बदल दिया। इसके बाद मासानोबू ने रिसर्च साइंटिस्ट के पद से इस्तीफ़ा दे दिया और अपने गाँव वापस आ गये। जहाँ उनके पास पैतृक ज़मीनें थीं।

यहाँ से शुरू हुआ उनका प्राकृतिक खेती की दिशा में एक नया सफ़र। देखा जाये तो प्राकृतिक खेती कोई नयी खोज नहीं है। यह 'प्राकृतिक' शब्द ही इसे इतिहास से जोड़ता है। लेकिन मासानोबू ने उसे उस समय में फिर से दुनिया के सामने सफलतम रूप में खड़ा किया जब इसकी सबसे ज़्यादा ज़रूरत थी। अतः उन्हें प्राकृतिक या 'Do-Nothing Farming', ऐसी खेती जिसमें कोई मेहनत न लगती हो, का जनक भी माना जाता है। उन्होंने इस विषय पर, अपने अनुभवों एवं प्रयोगों के आधार पर कुछ किताबें भी लिखी हैं। प्रकृति, खेती एवं खेती के नियमों को समझने के लिए यह अच्छा

होगा कि खेती के बारे में धारणाएँ बनाने से पहले हम उनकी इन किताबों से होकर गुज़रें।

मासानोबू ने इस खेती में सर्वोत्तम कृषि प्रणाली, जिसे प्रकृति द्वारा स्वचालित भी कहा जा सकता है, को अपनाया। उन्होंने प्राकृतिक नियमों का पालन किया। धरती पर उपज पैदा की और उस उपज से 'सिर्फ़ फल/फूल/अनाज' ही अपने उपयोग के लिए तोड़े। बाक़ी सब धरती को ही वापस सौंप दिया।

उनके खेती के तरीक़े यदि हम खेती से अनजान लोग देखें तो एकबारगी आश्चर्य करेंगे कि यह कैसे सम्भव है? यदि सम्भव है भी तो यह कितना टिकाऊ है। पर, मासानोबू ने इसे सम्भव कर दिखाया। साथ ही उन्होंने यह भी कहा कि प्राकृतिक खेती ही ऐसा तरीक़ा है जिसमें कम–से–कम श्रम में भी अच्छी उपज प्राप्त की जा सकती है। वे न ही तो मिट्‌टी की जुताई करते हैं न ही उसमें बीज को गाढ़ते हैं। अब सवाल उठेगा कि यदि बीज बोयेंगे ही नहीं तो उगेगा कैसे? यहाँ खेत की जुताई आदि करने के बाद बीज बोने और प्राकृतिक तरीक़े से बीज को मिट्‌टी तक पहुँचाने के अन्तर को समझना होगा।

चिड़िया अमरूद खाती है, जंगल में जाकर बीट कर देती है और उस बीट में उपस्थित अमरूद के बीज से जंगल में अमरूद का पेड़ उग आता है। क्या कोई उस बीज को बोने गया? या उसके लिए जुताई करने गया? या उसमें पानी, खाद, दवाई आदि डालने गया? नहीं फिर भी वह पेड़ मज़बूत बनता है और फल भी देता है। प्रकृति के इसी सिद्धान्त को आधार बनाकर मासानोबू ने अपना काम शुरू किया।

मासानोबू ने बताया कि प्राकृतिक खेती से 130 पाउंड चावल प्रति मेन डे लेबर (मेन डे अर्थात् एक दिहाड़ी) उगता है। जिसे कैलोरी में बदलें तो होता है दो लाख किलो कैलोरी (यहाँ कैलोरी ऊर्जा की माप है)। अर्थात् किसी बाहरी तत्त्व का इस्तेमाल किये बिना प्राकृतिक खेती एक मेन डे लेबर से दो लाख किलो कैलोरी उत्पादित करती है। यह उत्पादन मनुष्य के एक दिन की ज़रूरत का सौ गुना है। प्राकृतिक खेती करने में मनुष्य द्वारा 2000 किलो

ऊर्जा की खपत होती है।[1] यह माप प्राकृतिक भोजन–प्रणाली के तरीक़ों पर आधारित है। आप यदि इसे अपने मॉडर्न डाइट चार्ट से मिलायें तो सम्भवतः यह मेल न खा पाये।

प्राकृतिक खेती की तुलना में मनुष्य द्वारा की गयी यही खपत दस गुना होकर बीस हज़ार किलो ऊर्जा प्रति मेन डे ख़र्च होती है यदि मनुष्य घोड़े या बैल के साथ पारम्परिक तरीक़ों से खेती करता है। यही खपत फिर दोगुना हो जाती है यदि मनुष्य छोटी मशीनों (हस्तचालित मशीनें, स्प्रेयर आदि) के साथ खेती करता है। यह खपत फिर दोगुना हो जाती है जब खेती में ट्रैक्टर आदि भारी मशीनों का इस्तेमाल किया जाता है।[2]

खेती के सम्बन्ध में जब भी सफल खेती की बात होती है उसे मुनाफ़े से जाँचा जाता है। जिसे रुपये से मापते हैं। यानी एक फ़सल को लगाने से लेकर उसे काटकर बेचने जाते तक में कुल ख़र्च कितना हुआ और उसे बेचने के बाद कुल कितना प्राप्त हुआ उससे मुनाफ़ा मापा जाता है। लेकिन जब हम प्रकृति से जोड़कर ख़र्च और लागत को मापते हैं तो माप की इकाई ऊर्जा होती है। यानी किसी फ़सल को उगाने में कितनी ऊर्जा की खपत हुई और उस फ़सल से हमें जो भी फल प्राप्त हुआ वह कितनी ऊर्जा दे सकता है। ऊर्जा मापने की यह इकाई कैलोरी है जैसे भारत में क़ीमत मापने की इकाई रुपया है। प्राकृतिक खेती विशेषज्ञ इसे ऐसे देखते हैं कि एक कैलोरी लगाकर सौ केलोरी प्राप्त हो रही है या पचास कैलोरी लगाकर सौ। इसी से खेती की सफलता मापी जाती है।

मासानोबू ने इसी बात को परिप्रेक्ष्य में रखकर अपने प्रयोग सामने रखे कि वह खेती ज़्यादा बेहतर है जो कम ऊर्जा लगाकर, ज़्यादा दे रही है या वह जो अधिक लगाकर भी उतना ही दे रही है। उन्होंने अपने प्रयोगों में दो हज़ार किलो कैलोरी ख़र्च कर दो लाख किलो कैलोरी उगा कर दिखायी।

---

1. The Natural Way of Farming, Masanobu Fukuoka
2. वही (1)

यह दिखाता है कि प्रकृति से बेहतर कुछ नहीं। मनुष्य ने क्या किया पहले प्रकृति का सन्तुलन बिगाड़ा, पारिस्थितिकी तन्त्र को बिगाड़ा, मिट्टी को ख़राब किया, ज़मीन को नुक़सान पहुँचाया और अब उसकी भरपाई करने के लिए रसायन बनाये। ये मनुष्य की फ़ितरत है कि पहले हम सब बर्बाद करते हैं फिर उसे ठीक करने के बहाने ढूँढ़ते हैं। कीटनाशकों, अलग से बनाकर गोबर खाद आदि का प्रयोग किये बिना की गयी खेती द्वारा बेहतर नतीजे हासिल करने वाले मासानोबू जैव–विविधता में विश्वास रखते हैं। वे पशुओं और खेती के बीच क्या सम्बन्ध है, जीवाणुओं, सूक्ष्म जीवों आदि की क्या भूमिका है, समय, मौसम एवं वातावरण के अनुसार किस प्रकार खेती की जाती है यह उनकी प्राकृतिक खेती के मुख्य बिन्दु रहे। उन्होंने कहा कि प्राकृतिक खेती एक ऐसी पद्धति है जिसमें मनुष्य की ऊर्जा न के बराबर ख़र्च होती है। वह उन्हीं मुख्य कामों के लिए ख़र्च होती है जो मनुष्य के सम्पर्क के बिना हो ही नहीं सकते मसलन, यदि खेत में धान उगाना है तो सिर्फ़ उसके बीज छींटने में ही मेहनत लगेगी। इसके बाद कुछ नहीं। मासानोबू अपने खेतों में धान की पुवाल को काटकर वहीं बिछा देते हैं। एक फ़सल के कटने से पहले उसी खेत में दूसरी फ़सल के बीजों के सीड–बॉल बनाकर डाल देते हैं। कभी–कभार यदि पौरा आदि को सड़ाना होता है तो उनके पास जो बकरियाँ, मुर्गियाँ आदि हैं उनकी लीद को छिड़क देते हैं।[3]

1985 में मासानोबू ने यह बात कही थी कि उन्होंने अपने खेतों में पिछले तीस सालों में जुताई, गुड़ाई, निराई कुछ नहीं की है। न ही उन्होंने कभी अपने खेतों में रासायनिक खाद डाली है, न ही कभी ख़ुद खाद बनायी है, जैसे गोबर खाद या कम्पोस्ट आदि। न ही कीटनाशक डाले हैं। वे खेती करने के अपने इस तरीक़े को 'Do Nothing Farming' कहते हैं। इसी पद्धति से वे लगभग 1300 पाउंड (लगभग 2300 किलो) विंटर ग्रेन एवं 1300 पाउंड चावल एक चौथाई

---

3. वही (1)

एकड़ में प्रतिवर्ष उगाते हैं। उनका ध्येय हालाँकि एक चौथाई एकड़ में इससे डेढ़ गुना उगाने का है। उन्होंने कहा कि इस तरह से खेती करना सबसे आसान तरीक़ा है।[4]

उन्होंने यह कैसे किया? यह इसलिए समझ लेना भी ज़रूरी है कि वर्तमान में कई सारी कृषि पद्धतियाँ प्रचलित हो रही हैं। पर असल में सभी का अन्तिम ध्येय यही होता है कि वे प्रकृति की ओर वापस लौटें। हालाँकि यह आज के हालातों में पूरी तरह सम्भव नहीं है, न ही मासानोबू के इन तरीक़ों को आज के खेतों में पूरी तरह लागू किया जा सकता है लेकिन रसायनों का प्रयोग कम और फिर बन्द कर, जैविक तत्त्वों की बढ़त पर ध्यान देकर, इस पद्धति की ओर एक सकारात्मक क़दम बढ़ाया जा सकता है।

मासानोबू अपने खेतों में खरपतवार कम करने के लिए सहफ़सल लगाते हैं, जिसे ग्रीन–मल्चिंग कहते हैं। ज़मीन का आच्छादन। इसमें वे क्लोवर[5] के बीज एवं विंटर ग्रेन के बीज को धान की कटाई होने से पहले ही खेत में छिड़क देते हैं। जब धान की कटाई होती है तब तक विंटर ग्रेन में अंकुरण होना शुरू हो चुका होता है। धान की कटाई के बाद, चावल निकलने के बाद जो भूसा बचता है उसे वह उसी खेत में फैला देते हैं। यदि उनके पास उस समय बकरी की लीद आदि कुछ होता है तो वह भूसे की परत के ऊपर ही उसे छिड़क देते हैं। बकरी की लीद में नाइट्रोजन होता है जो भूसे को सड़ाने में मदद करता है। जिससे प्राकृतिक खाद मिट्टी के लिए उपलब्ध हो जाती है। इसके बाद वे अगले वर्ष के लिए धान के सीड–बॉल्स बना लेते हैं जिन्हें वे सर्दियों में ही, विंटर ग्रेन के आधा तैयार होते ही खेत में छिड़क देते हैं। इसके बाद उन्हें अब विंटर ग्रेन के पूरे पककर तैयार होने तक कोई काम नहीं करना है। वे आराम से अपनी ऊर्जा को खेती से इतर अन्य कार्यों में ख़र्च कर सकते हैं।[6]

4. वही (1)
5. एक तरह की घास होती है जो खेती के लिए फ़ायदेमन्द होती है। साथ ही खाद आदि बनाने में भी काम आती है।
6. वही (1)

यहाँ ध्यान देने वाली बात यह है कि तीस सालों से जिस खेत से फ़सल के फल के अलावा कोई अन्य भाग बाहर नहीं निकाला गया, उसे मिट्टी को ही वापस सौंप दिया जाता रहा उस मिट्टी की गुणवत्ता कितनी अधिक हो चुकी होगी। उस मिट्टी में कितने अधिक जीवाश्म, कार्बन, नाइट्रोजन, फॉस्फेट, ह्यूमस, माइक्रोराइज़ा जैसे खेती के लिए बेहद आवश्यक जैविक तत्त्व उपलब्ध होंगे। साथ ही भूजल का स्तर भी कितना अच्छा होगा। यही उनकी इस खेती का मुख्य उद्देश्य है। मिट्टी को उसके असल रूप में रखना।

अब जब वे मई में विंटर ग्रेन को काटते हैं तो पाते हैं कि क्लोवर बहुत अच्छे से फैल चुका है एवं सीड–बॉल्स के क्ले से थोड़ी–थोड़ी धान की जड़ें फूटने लगी हैं। कोई भी बीज अपने समय के अनुसार, तय मौसम में ही पनपता है। मासानोबू भले ही धान के बीजों को सर्दियों में छिड़क देते थे लेकिन वे उगते थे गर्मियों में जब उनका समय होता है। इस दौरान वे मिट्टी के साहचर्य से अपने लिए ज़रूरी पोषक तत्त्व लेते रहते थे। यह वैसा ही है जैसे जीव–जन्तुओं में प्रजनन के लिए अलग–अलग मौसम निहित होते हैं एवं वे उन्हीं मौसमों के अनुरूप ही अपने साथी के साथ सम्बन्ध बनाकर प्रजनन क्रिया में हिस्सा लेते हैं।

इसका उदाहरण हमारी वैदिक वाटिका में भी देख सकते हैं। प्रतिवर्ष हमारे खेतों में सब्ज़ियों के साथ बीच–बीच में सरसों के पौधे भी उग आते हैं जबकि उसे दोबारा कभी नहीं लगाया गया। ये सम्भवतः वे बीज होते हैं जो कहीं से आकर मिट्टी में दब जाते हैं या पहले किसी समय में छींटे गये होंगे। लेकिन ये बीज पौधे का रूप अपने तय मौसम यानी सर्दियों में ही लेते हैं। उनका एक चक्र है। प्रकृति में सारे काम एक नियत समय पर होते हैं।

मासानोबू भी इसी प्रकार अपने खेतों में सीड–बॉल्स छोड़ दिया करते और उनसे तय मौसम में तय समय पर बीज अंकुरित होकर पौधे बन जाते, फ़सल तैयार हो जाती। यही चक्र चलता। एक ऐसा चक्र जिसमें आप प्रकृति को भरपूर भोजन दे रहे हैं और वह आपसे कम–से–कम मेहनत कराकर भरपूर फल दे रही है। ये सीड बॉल

चिड़िया की बीट की तरह काम करते हैं। जो बीज को भीतर रहते हुए भी उसे न्यूट्रीशन, भोजन सब देते हैं और समय आने पर उनकी अंकुरण में मदद करते हैं।

विंटर ग्रेन को काटने के बाद मासानोबू उसके भूसे को भी खेत में ही फैला देते हैं। फिर चार–पाँच दिन के लिए खेत में पानी भर देते हैं। इससे क्लोवर सड़ने लगता है जो हरी खाद का काम करता है और मिट्टी में दबे–दबे ठोस हो गये सीड–बॉल्स थोड़े नरम पड़ जाते हैं जिससे अंकुरित हो रहे बीजों को अपनी जड़ें पसारने में सहायता मिलती है। उसके बाद ये खेत को असिंचित ही छोड़ देते हैं। वे सिर्फ़ दो–एक महीने में एक–दो बार पानी पटा देते हैं। इसके अलावा उनके लिए खेतों में तब तक कोई काम नहीं जब तक उन्हें धान के कटने से पहले विंटर ग्रेन के बीज नहीं छिड़कने हैं। और यही क्रम चलता रहता है। उन्हें फ़सलों में लगने वाले कीटों की चिन्ता नहीं रहती क्योंकि उनके खेतों में इन हमलावर कीटों के विपरीत फ़सलों के मित्र कीट भी उतनी ही अधिक संख्या में होते हैं जो हमलावर कीटों को खाकर फ़सल की रक्षा करते हैं।[7]

यहाँ ध्यान देने वाली बात यह है कि आज धान को बिना पानी के सम्भव नहीं माना जाता वहाँ मासानोबू अपने धान के खेत में सिंचाई तक नहीं करते थे। इसका कारण था कि धान की फ़सल की जल–पूर्ति मिट्टी और भूजल से ही हो जाती थी। हालाँकि आजकल धान की उगाई के लिए प्रचलित एस.आर.आई पद्धति में भी कम पानी में धान की खेती की जा सकती है।

धान के खेत में पानी भरने से ज़मीन को क्या नुक़सान होता है यह भी समझना होगा। पहले किसान धान के खेत में पानी भरता है। उसके बाद उसमें जुताई की जाती है। मतलब असल में तो मिट्टी में दलदल बन रहा है, लेकिन किसान को लगता है कि वह मिट्टी को पानी पिला रहा है। यह वैसा है जैसे क्ले को गीला करने से वह लेई जैसा हो जाता है और सूखने पर ठोस। मिट्टी भी पानी

7. वही (1)

भरे खेत में जुताई के बाद जब सूखती है तो ठोस हो जाती है। ऐसे में मिट्टी में जो सड़ने वाली चीज़ें हैं वे तेज़ी से सड़कर ख़त्म हो जायेंगी। न कि धीमे–धीमे सड़कर उपयोगी तत्त्व बनायेंगी। जैसे आप दही जमाने के लिए दूध में थोड़ा–सा जामन डालते हैं। वह धीमी गति से जीवाणुओं के साहचर्य से दही बनाता है। यदि आप बहुत सारा दही एक साथ डाल दें और उसे उबाल भी दें तो दूध से दही जमने की जगह वह फट जायेगा। इसके अलावा वे जीव–जन्तु जिन्हें ऑक्सीजन की ज़रूरत थी पानी जमा होने से वे तो मर ही जायेंगे। साथ ही छोटे–छोटे कीड़े होंगे वे भी मर जायेंगे। ऐसे ही धरती के साथ है। पहले उसमें पानी भरा फिर जुताई कर उसे उबाल दिया। मिट्टी ठोस होकर ख़राब होने लगती है। यह क्रिया खेत में एक बार हो चुकी है इसलिए अब प्रतिवर्ष भूमि को नरम बनाने के लिए किसान को जुताई ही एक रास्ता समझ आता है। पहले मिट्टी को ठोस करते हैं फिर उसे नरम बनाने के लिए हल का प्रयोग करते हैं। यानी हम ऐसी स्थिति पैदा करते हैं कि हमें 'हल चलाने' की ज़रूरत पड़े। पर असल में जुताई की आवश्यकता नहीं है।

धरती पर कोई भी ऐसा पौधा नहीं है जो इतना कमज़ोर हो कि उसे उगने के लिए जुताई की हुई ज़मीन की आवश्यकता पड़े। लेकिन ज़मीन का अर्थ स्वस्थ ज़मीन होना चाहिए, मरी हुई ज़मीन नहीं। धरती ने केंचुए, छोटे कीट, सूक्ष्म जीव आदि कई ऐसी संरचनाएँ बनायी हुई हैं जिनका काम ही भोजन की तलाश में जुताई करना है। वे मिट्टी में रहते हैं और निरन्तर इसी काम में लगे रहते हैं। हल, ट्रैक्टर आदि से तो फिर भी एक–दो फीट की जुताई हो सकती है जबकि केंचुए और अन्य छोटे कीट, जीव आदि सात से आठ मीटर तक की जुताई कर सकते हैं। यह फ़र्क़ समझ रहे हैं? हम असल में प्रकृति के विपरीत जाकर ऐसी स्थिति पैदा करते हैं कि हमें मशीनों की ज़रूरत पड़े। उदाहरण के लिए आप किसी खदान से कोयला निकालने जाते हैं। आप बहुत मेहनत से खोदकर एक रास्ता बनाते हैं और कुछ बोरे कोयला निकालते हैं। अब इसके बाद आप जेसीबी चलवाकर पूरी ज़मीन को एक–सा करा देते हैं, यह वैसा ही हो गया जैसे खेत में

जुताई होती है। इसके बाद जब अगली बार आप कोयला लेने जायेंगे तो आपको उस रास्ते तक पहुँचने के लिए फिर से पूरी मेहनत करनी होगी तब कहीं जाकर आप आगे बढ़ पायेंगे। यही होता है खेतों में। पुरानी जड़ों को हटाने से नयी जड़ों के लिए मिट्टी में कोई लैंडमार्क नहीं बचता जिसका इस्तेमाल करते हुए वे जड़ें आसानी से गहराई में उतर सकें, बल्कि उन्हें ठोस हो चुकी ज़मीन में अपने लिए नये रास्ते बनाने होते हैं जिसमें बहुत ऊर्जा ख़र्च होती है।

हम कहते हैं कि किसान अनाज उगा रहे हैं लेकिन असल में मनुष्य यह नहीं कर सकता। कुछ नहीं से कुछ उगाने की क्षमता केवल प्रकृति के पास ही है। किसान उसमें सिर्फ़ प्रकृति की सहायता कर सकता है। हाँ यदि आपका 'द मार्शियन' फ़िल्म की तरह मंगल गृह पर फँसकर अपने ही मल का प्रयोग कर आलू उगाने का प्लान है तो अलग बात है, ऐसे में आप कह पायेंगे आपने प्रकृति का इस्तेमाल किये बिना अपने लिए भोजन उगाया, लेकिन मूल रूप में तब भी वह एक प्राकृतिक प्रक्रिया होगी।

प्राकृतिक या पारम्परिक खेती से वर्तमान (मशीनों वाली) खेती की तुलना करते हुए यह बात कही जाती है कि मशीनों से होने वाली खेती को ज़्यादा समय और क़ीमत के मामले में ज़्यादा सफल मानते हैं। मानते हैं कि उसमें समय और मेहनत कम लगती है। यहाँ यह सवाल उठता है कि ये मशीनें क्या ऊर्जा के बिना चलती हैं? वे जिस तेल से चल रही हैं वह भी प्रकृति द्वारा प्रदत्त ऊर्जा का ही एक रूप है जो कभी–न–कभी तो ख़त्म होना ही है। साथ ही यदि छोटे जोत वाले किसान को ट्रैक्टर से जुताई करने के लिए उसका तीन घण्टे का भाड़ा नौ सौ रुपये (क़ीमत उदाहरणस्वरूप) भरना पड़ता है तो वे नौ सौ रुपये कमाने के लिए उसे तीन दिन दिहाड़ी करनी होगी। यदि वह क़िस्मत वाला रहा और उसे तीन सौ रुपये प्रति दिहाड़ी मिल गये अन्यथा तीन से ज़्यादा दिन भी करनी पड़ सकती है। ऐसे में उसका तीन दिन का समय ख़र्च हो गया। वहीं यदि वह हल जोतकर खेती करता है तो एक तो वह मिट्टी को ट्रैक्टर की तरह भीतर से कठोर नहीं करता, दूसरा बैलों से खेत के लिए गोबर खाद भी मिलती है,

तीसरा इसमें ट्रैक्टर की तुलना में भले जुताई में तीन घंटों की जगह एक पूरा दिन लग जाये लेकिन तब भी किसान ने अपने नौ सौ रुपये और दो दिन बचा लिए हैं जो ट्रैक्टर से होने वाली जुताई में लगे थे। इस पूरी प्रक्रिया को समझेंगे तो असल में समय और पैसे की बचत हल से जुताई में हुई। गुणवत्ता और उत्पादन के मामले में भी वर्तमान खेती (रसायनों वाली) को अधिक उचित बताया जाता है, जबकि यदि सही ढंग से प्रकृति के साथ उसके स्वास्थ का ध्यान रखते हुए खेती की जाये तो प्राकृतिक खेती में ज़्यादा उत्पादन होता है।

यह सोचते हुए मुझे जशपुर से कुनकुरी के बीच पैंतालीस किलोमीटर के रास्ते में लगे वे आम के पेड़ दिखने लगते हैं जिन्हें न तो कोई खाद देता है न दवाई फिर भी आम के मौसम में उनमें इतने आम होते हैं कि सड़क के दोनों किनारे आम की सड़क बन जाती है। क्या ऐसा किसी हायब्रिड, रसायनों से पोषित पेड़ से सम्भव है?

केमिकल फर्टिलाइजर वहीं ज़्यादा काम करते हैं जहाँ की मिट्‌टी मरी हुई होती है। कीटनाशक भी उन्हीं पौधों को बचाने का काम करते हैं जो स्वस्थ नहीं हैं। स्वस्थ पौधों में कीटनाशकों का कोई काम नहीं होता। भारी मशीनें केवल बड़े–बड़े व्यावसायिक खेतों में फ़ायदा दिखा सकती हैं छोटी जोत के खेतों में उनका कोई लाभ नहीं है बल्कि नुक़सान ही है। ऐसे में मासानोबू ने प्राकृतिक खेती को ही एकमात्र उपाय बताया है जो किसानों और पर्यावरण दोनों के हित में है। इसे वे आध्यात्मिक खेती भी कहते हैं। जिसमें सभी को उनके हाल पर छोड़ दिया जाता है फिर भी अच्छे परिणाम प्राप्त होते हैं। और कुछ न करते हुए भी शरीर को चलाने लायक भोजन प्रकृति से प्राप्त हो जाता है।

मासानोबू ने प्राकृतिक खेती के जिस रूप को अपनाया सम्भवतः वैसा ही कुछ हज़ार साल पहले वृक्षों पर ग्रन्थ लिखने वाले सुरपाल ने अपनाया होगा। वृक्षायुर्वेद के बारे में जानकारी इकट्‌ठा करते हुए मुझे मालूम हुआ कि इस विषय पर कई ग्रन्थ लिखे गये। समयावधि शायद अलग–अलग रही हों। यह सभी जानकारी मुझे आसानी से एक पुस्तक

में उपलब्ध हुई। वृक्षायुर्वेद[8] नाम की यह पुस्तक अपने आप में किसी ग्रन्थ से कम नहीं जो वृक्षों एवं पौधों के जीवन से लेकर मरण तक उनके बारे में हरसम्भव ज्ञान को ख़ुद में समाहित किये दिखती है।

इन कृतियों में जो नाम सामने आये वे थे, विष्णुधर्मोत्तरपुराणोक्त वृक्षायुर्वेद, वराहमिहिर कृत बृहत्संहिता के वृक्षायुर्वेदाध्याय, शारंगधरपद्धति के वृक्षायुर्वेदाध्याय–उपवनविनोद, मत्स्य व अग्निपुरानोक्त वृक्षायुर्वेद, वृक्षारोपणविधि, चालुक्य भूलोकमल्ल सोमेश्वर कृत मान्सोल्लास वर्णित भूधर–क्रीड़ा विमर्श के नाम उजागर हुए। इनमें से अधिकांश की प्राचीन पांडुलिपियाँ उपलब्ध हैं और उनमें काम भी किया गया है।

यहाँ इस किताब में मैं जिस वृक्षायुर्वेद के श्लोकों को सन्दर्भ में रखकर प्राचीन खेती से उसका सम्बन्ध जोड़ने की कोशिश करूँगी वह सुरपाल द्वारा सम्पादित 'वृक्षायुर्वेद' है जिसे मुख्य माना जाता है। इन श्लोकों के अर्थ समझने के लिए मैंने जिस पुस्तक को आधार बनाया उसे आप सन्दर्भ में देख सकते हैं।

वैसे सिर्फ़ वृक्षायुर्वेद ही नहीं ऋग्वेद में भी कृषिनाशक जीवों का उल्लेख है एवं उनसे कृषि को सुरक्षित रखने के लिए कहा गया है। इसके अलावा अथर्ववेद में अतिवृष्टि, अनावृष्टि, सूर्यताप या हिमताप से नष्ट होती वनस्पति, आखू या चूहे से वनस्पति के नुक़सान आदि के बारे में कहा गया है। ऋग्वेद में वनस्पति के उपयोग के लिए जल के चार प्रकार कहे गये हैं। वृक्षों में जीवन शक्ति की अवधारणा भी इन पौराणिक ग्रन्थों में दी गयी है।

मुझे याद आता है कि बचपन में जब भी हम खेलते हुए किसी पौधे या पेड़ से पत्ती तोड़ लेते थे तो माँ डाँटती थीं। कहतीं थीं कि उन्हें चोट लग जाती है। यह उन्होंने धर्म से सीखा था। भारतीय धर्मग्रन्थों में वनस्पति को एक इन्द्रिय जीव माना गया है, जिसे अब विज्ञान भी शोधों द्वारा साबित कर रहा है। ये ऐसे जीव हैं जिनमें महसूस करने की क्षमता होती है। ये सजीव हैं, कुछ विलक्षण क्षमताओं के साथ।

---

8. वृक्षायुर्वेद, उपवन–दकार्गलविज्ञान–तरुरोपण व चिकित्सा विधि, डॉ श्रीकृष्ण 'जुगनू', चौखम्बा संस्कृत सीरीज़ ऑफ़िस, वाराणसी।

इसके अलावा अथर्ववेद में हायब्रिड तरीक़े से कलम तैयार करने की प्रक्रिया का उल्लेख भी मिलता है। इसमें कहा गया है कि आबयु नामक वृक्ष को संकर विधि से तैयार किया गया था। उसकी माता मदावती है और पिता विहल्ह वृक्ष है। यह नवीन वृक्ष इन दोनों के फल के आकार–प्रकार से पृथक फल देता था। इस वृक्ष का रस दोनों का मिश्रण और खाद्याखाद्य किन्तु उग्र व रोगनाशक शक्ति से सम्पन्न था। इस प्रकार पेड़ों पर कलम लगाकर अथवा संकर विधि से वृक्ष तैयार करने का प्रयोग ऋषियों ने बहुत पहले कर दिखाया था। इसी वेद में कहा गया कि पीपल का पेड़ लगाने से किसी स्थान से जल में फैलने वाले कृमि नष्ट हो जाते थे, इसी प्रकार गुग्गुलु, पीलू, नलदी या जटामाँसी, औक्षगन्धी व प्रमोदिनी से जल में उत्पन्न कृमि नष्ट हो जाते थे।

यह पढ़ते हुए मुझे याद आया कि मान्यताओं के अनुसार हमें सुनने मिलता है कि पीपल के पेड़ में भूत का वास होता है। सम्भवतः यह कहावत इसलिए बनायी गयी हो ताकि पीपल के पेड़ों को काटा न जाये, डर से ही सही। क्योंकि वे जितने पुराने होंगे उनकी जड़ें उतनी गहरी होंगी। और जैसा कि पाया गया था कि इन वृक्षों से जल में उत्पन्न कृमि नष्ट हो जाते थे। वैदिक काल से ही वृक्षों और कृषि सम्बन्धित ज्ञान हमारे धर्मग्रन्थों में देखा–पढ़ा जा सकता है। उनमें से कई बातें ऐसी भी हैं जिनके अब वैज्ञानिक आधार मिलते हैं।

मौर्यकाल में भी कृषि पर विशेष कार्य हुआ। ऐसा माना जाता है कि उस काल में कृषि निदेशक को कृषितन्त्र (कृषिविद्या), शुल्बशास्त्र (पैमाइश) के साथ ही वृक्षायुर्वेद में निपुण होना पड़ता था। ऋग्वेद में कृषि–विशेषज्ञ को 'क्षेत्रवित्' कहा गया है, और जिसे इस विद्या का ज्ञान नहीं है, उसे 'अक्षेत्रवित्' नाम दिया गया है। मौर्यकाल में ही मौसम के अनुरूप बोये जा सकने वाले पेड़–पौधों, शाक–धान्य आदि पर अनुसन्धान हुए और फ़सलों के वर्गीकरण भी हुए। पानी की फ़सलें, सर्दी, गर्मी की फ़सलें आदि का वर्णन भी मिलता है। इसी समय में खाद्यान्न की फ़सलों पर भी पर्याप्त विचार किया गया था। चाणक्य ने भी ज़मीन की प्रकृति के अनुसार पैदावार करने की सलाह दी है

जिसमें उन्होंने भूमि के कई वर्ग समझाये हैं। वृक्षों का भी उनकी प्रजाति के आधार पर वैज्ञानिक तरीक़े से विभाजन समझाया गया। मौर्य राजवंश के केन्द्रीय अन्न भण्डार में वर्षा नापने की व्यवस्था होती थी और राज्य की ओर से मौसम की पूर्व घोषणाएँ करने की परम्परा थी।

सुरपाल ने वृक्षायुर्वेद में भूमि के आधार पर वृक्षों का विभाजन किया। जैसे अनूप भूमि के योग्य वृक्ष होते हैं, पनस, लकुच, ताल, बाँस, जम्बीर, जामुन, तिलक, वट, कदम्ब, आम्र, खर्जूर, कदली, नारियल आदि। मिट्टी के वर्गों का वर्णन किया। यह उन्होंने दो तरह से किया, एक में रंग के आधार पर, जिसमें काली, पाण्डु, श्यामला, लोहित, श्वेत एवं पीली बताया, तथा दूसरे में स्वाद के आधार पर जिसमें मधुर, अम्लीय, लवणीय, तिक्त, कटु तथा कषाय बताया। पौधों के रोपण विधि की व्याख्या की जैसे कुकुभ, आद्रा, रसोना, आलुकन्द आदि कन्द रोपित करने से पैदा होते हैं, जबकि इलायची, पद्म, उत्पल आदि को बीज के साथ–साथ कन्द से भी उगाया जा सकता है। आज हम जिस हरी खाद को बनाते हैं उसकी विधि भी वृक्षायुर्वेद में दी गयी है। इसी के साथ–साथ बीजों को बोने से पहले कैसे तैयार किया जाना चाहिए इसके बारे में भी विस्तार से दिया गया है। जैसे फल जब प्राकृतिक रूप से अपना समय पूरा करके पकने के बाद सूख जायें तब उनसे बीज निकालना चाहिए। इन पर दूध का छिड़काव कर पाँच दिन तक सूखने के लिए रख देना चाहिए (दूध का प्रयोग प्राकृतिक फफूँदनाशक के रूप में)। इसके बाद बीज को सरसों मिश्रित विडंग[9] की धूप देनी चाहिए। बीजोत्पत्ति के लिए चाहिए कि बीजों पर दूध के छींटे दें। फिर बृहती, तिल, भस्म और सरसों से लिप्त करें। बीज को गोबर, मिट्टी में मलें और फिर कुछ समय के लिए वसा की धूप दें। इसी प्रकार बीजों को अलग–अलग तरह से उपचारित कर उन्हें बोने के कई तरीक़ों का वर्णन इस ग्रन्थ में है।

बीज बोने के बाद उस पर तृण–घास को बिखेर देना चाहिए (मल्चिंग या आच्छादन)। फिर दूध युक्त पानी का छिड़काव करना चाहिए।

---

9. एक औषधीय पादप है। वानस्पतिक नाम Embelia ribes

जब वे अंकुरित होने को हों, तब पानी से सिंचाई आरम्भ करनी चाहिए। इस बीच घास की परत को हटाकर मिट्टी को सूखने देना चाहिए। वृक्षायुर्वेद में लिखे गये ये तरीक़े काफ़ी हद तक मासानोबू की प्राकृतिक खेती के तरीक़ों से मेल नहीं खाते? इसके साथ ही इस ग्रन्थ में लिखा है कि पौधारोपण तब सुन्दर दिखायी देगा जब ज़मीन समतल होगी और उस पर पहले तिल या काले उड़द की खेती की गयी होगी। इससे ज़मीन को उर्वरा बनाया जाता है। बीजों के बीच कितनी दूरी होनी चाहिए। गड्ढा करने के बाद उसमें किन–किन आवश्यक तत्त्वों को डालना चाहिए, जैसे गोबर खाद, राख, अस्थि आदि। इसके अलावा बीज यदि बड़ा है तो उसे एक–एक बोना चाहिए, यदि छोटे बीज हैं तो उनका छिड़काव करना चाहिए। कन्द को गड्ढों में ही उगाना चाहिए। और इन गड्ढों को कैसे तैयार किया जाना चाहिए इसे भी विधिवत समझाया गया है। हिन्दी मास (महीने) के आधार पर किस मास में कौन–सी फ़सल बोनी चाहिए। किन वृक्षों को किन प्राकृतिक तत्त्वों से पोषित किया जाये कि वे ज़्यादा अच्छे और बड़े फल दे सकें इस पर भी बहुत अच्छे से समझाया गया है। जैसे, यदि नारियल के पेड़ को क्षारीय जल, जौ के चूर्ण, तुष जल के साथ ही उड़द मिलाकर बराबर दिया जाये तो उन पर पानीदार कलशों के आकार वाले आश्चर्यकारी श्रीफल होने लग जाते हैं।

इस ग्रन्थ में खाद के तरीक़ों में कई जगह पशुओं के मांस का प्रयोग भी बताया है। सम्भवतः ऐसा इसलिए होगा कि उस काल में जब यह लिखा गया तब पशुओं की संख्या अधिक होती थी और वे आपस में शिकार करते थे जिससे जंगलों से पशु मांस आसानी से उपलब्ध हो जाता था। आज वह सम्भव नहीं लेकिन उसके स्थान पर अन्य प्राकृतिक तरीक़े भी उल्लखित हैं, जिसमें पशुओं को हानि पहुँचाये बिना ही जैविक खेती की जा सकती है।

फ़सल को कोहरे से बचाना, बीमारियों से बचाना, बीमारियों के रूप एवं वृक्षों में भी वात–पित्त–कफ़ से होने वाली बीमारियों का वर्णन यह दर्शाता है कि उस समय लिखे गये ये ग्रन्थ मनगढन्त नहीं अपितु पूरे शोध एवं प्रयोगों के बाद लिखे गये थे। इसे पढ़ते हुए मुझे सबसे

ज़्यादा आश्चर्य तब हुआ जब मैंने उन प्राकृतिक विधियों को देखा जिनके प्रयोग से किसी पौधे के फूलों का रंग एवं आकार भी बदला जा सकता है। उदाहरण के लिए, यदि कड़वे फल देने वाले वृक्ष की जड़ों को उघाड़कर मधुकपुष्प, यष्टि, अंगूर, मिश्री और जौ के मिश्रण का लेपकर मिट्टी भर दी जाये तो वे मीठे फल देने लगते हैं। इसी प्रकार यदि कद्दू, बैंगन और पटोल आदि के बीजों को मादा भालू की हड्डी के चूर्ण से पोषित किया जाये और उसी जल से सिंचित किया जाये तो वे बीज बीजरहित फल देने लगते हैं। इसी प्रकार उन वृक्षों के फल लोहित जैसे लाल होने लगते हैं जिनको पानी और जौ, किंशुक, मंजिष्ठा, हल्दी और तिल के कलक से आलेपित और सिंचित किया जाता है।

आज हम जिस बोनसाई के प्रति आकर्षित होते हैं उसे तैयार करने की विधि भी इस ग्रन्थ में दर्शायी गयी है। इसके अतिरिक्त भूमि को कैसे स्वस्थ रखा जा सकता है। जल को कैसे स्वच्छ रखा जा सकता है। भूमिगत जल की खोज में ख़ुदाई से पहले यह कैसे पता किया जाये कि जल कहाँ मिलेगा इस सबकी विधि इस ग्रन्थ में है। मैं सभी कुछ यहाँ नहीं लिख सकती। आप निजी दिलचस्पी के आधार पर एवं उपयोग के लिए इस किताब का प्रयोग कर सकते हैं। यह सारा ज्ञान सदियों से भारतीय सभ्यता और परम्परा का हिस्सा रहा है। लेकिन इसके बावजूद हमारे कृषि विद्यालयों या विश्वविद्यालयों में इसके बारे में बताया नहीं जाता है, इसे आधार बनाकर कोर्स तैयार नहीं होते। आज जो पढ़ाया जाता है वह मॉडर्न विज्ञान या पाश्चात्य कृषि वैज्ञानिकों के ज्ञान पर आधारित है।

यहाँ इन सभी बातों का उल्लेख करने का आशय बस इतना है कि भारतीय साम्राज्यिक परम्परा में कृषि एक अभिन्न अंग थी जहाँ प्राकृतिक तरीक़ों से खेती की जाती थी। हमारे पास हमारे अपने इतिहास में सफल खेती के कई तरीक़े, विधियाँ, पद्धतियाँ उल्लखित हैं लेकिन हमने उन्हें त्यागकर मॉडर्न खेती को अपनाने के कार्य किये। जिससे न सिर्फ़ प्रकृति का नुक़सान हुआ बल्कि मनुष्य का भी। किसानों का नुक़सान तो हम सभी के सामने है ही। यहाँ उद्देश्य अपनी परम्परा

या संस्कृति का महिमामण्डन करने का नहीं है बल्कि यह कहने का है कि प्राचीन मनुष्य प्रकृति प्रेमी था। और उसे पुनः प्रकृति प्रेमी ही बनना होगा यदि वह अपना भविष्य सुरक्षित चाहता है तो। यह ज़रूरी नहीं है कि किसान मासानोबू द्वारा बताई गयी या वृक्षायुर्वेद में उल्लखित सभी विधियों को यथावत अपने खेतों में प्रयोग करें। बेहतर यह रहेगा कि वे उन्हें आधार बनायें एवं समय–काल–जलवायु को ध्यान में रखते हुए अपनी भूमि की समझ रखते हुए उसे फलने वाले प्राकृतिक तरीक़ों का चयन करें।

यदि कोई किसान रसायन–मुक्त खेती या प्राकृतिक खेती चुन रहा है तो उसे कुछ आवश्यक विषयों का ज्ञान होना चाहिए। यह उसे रसायन–मुक्त 'सफल' खेती की ओर ले जायेगा। मैं यहाँ उन विषयों पर कुछ ज़रूरी बातें साझा कर रही हूँ। ये आधारभूत विषय हैं जिन्हें रसायन–मुक्त खेती से पहले जानना अत्यन्त आवश्यक है।

खाद : जैविक खेती में किसान का पहला उद्देश्य होना चाहिए कि उसे ज़मीन को ज़िन्दा करना है। उसे ज़मीन को इस लायक बनाना है कि वह स्वयं ही पौधों के लिए भरपूर पोषक तत्त्व उपलब्ध करा सके। किसान को कम–से–कम ऊपरी पोषक तत्त्व देना पड़े।

एक बात है कि आज किसान यह सोचता है कि जैविक खेती अपनाने में हम एक झटके में रासायनिक खाद–दवाई बन्द करके जैविक शुरू कर देते हैं और फ़सल पर कोई अन्तर नहीं पड़ेगा। पर वह यह नहीं सोचता कि वेंटिलेटर पर पड़े मरीज़ को यदि एक झटके में अंग्रेज़ी दवाई देना बन्द करके देसी दवाइयाँ दी जानी लगें तो क्या उसका शरीर साथ देगा? सालों से पौधों को रासायनिक खाद के साथ तैयार होने की आदत है। मिट्टी की क्षमता घट चुकी है। ऐसे में धीमे–धीमे रासायनिक खाद बन्द करके और जैविक खाद शुरू करके, मिट्टी को मज़बूत बनाने के कार्य करके ही किसान पहले जैसी भरपूर फ़सल ले सकते हैं। हाँ यदि किसान फ़सल के घटते उत्पादन के लिए तैयार है, या उसे स्वीकार है तो वह एक झटके में रासायनिक खेती बन्द कर जैविक के लिए मेहनत कर सकता है।

पर यह ध्यान रखना पड़ेगा कि उसे शुरू में जैविक तत्त्व बढ़ाने में मेहनत करनी पड़ेगी। सिर्फ़ जैविक खाद डालने से काम नहीं चलेगा।

खेत की मिट्टी में यदि बैक्टीरिया ही नहीं बचे तो एक दिन में जैविक खाद डालने से मिट्टी तुरन्त मज़बूत नहीं हो जायेगी। या बैक्टीरिया डालते हैं तो वे एक दिन में हवा से सम्पर्क करके मिट्टी को मज़बूत नहीं कर सकते।

खाद की बात हम पिछले अध्याय में भी अच्छे से कर चुके हैं। यहाँ बस इतना कि मिट्टी को खाद यानी खाना, यानी उसे कार्बन मिलना चाहिए। वह हरी खाद उगानी होगी। पौधों की जड़ों को नहीं उखाड़ना बल्कि कटिंग करके उन्हें खेत में ही जोतना। कुल मिलाकर प्राकृतिक खेती के चरण अपनाकर धीमे–धीमे मिट्टी को जीवित करना है। इसमें खाद के रूप में किसान तरल खाद, चाय खाद, गीली खाद, जीवामृत खाद, घन–जीवामृत खाद, बीज उपचार करने के लिए बीजमृत का प्रयोग कर सकते हैं। इस तरह की जैविक खाद के साथ शुरुआत करनी चाहिए। इनके नाम, बनाने की विधियाँ, या ख़रीदने के स्थान सभी की जानकारी आजकल इंटरनेट पर भरपूर मात्रा में उपलब्ध है। इनके प्रयोग भी अलग–अलग जगह के हिसाब से होते हैं। जहाँ बारिश ज़्यादा होती है वहाँ घन–जीवामृत से भी काम हो जायेगा। जहाँ बारिश कम होती है वहाँ तरल की ज़्यादा आवश्यकता हो सकती है। जहाँ पशु बहुत हैं वहाँ सिर्फ़ केंचुआ खाद ही बनाकर छिड़कने से काम हो जायेगा। जहाँ पशु नहीं हैं वहाँ एक–दो बार गीला खाद भी देना पड़ेगा या हरी खाद का ज़्यादा इस्तेमाल करना ठीक रहेगा। जहाँ दीमक ज़्यादा है वहाँ सूखी मल्चिंग का प्रयोग नहीं कर सकते, जीवित मल्चिंग का प्रयोग करना पड़ेगा।

यदि किसान जैविक खाद ख़ुद तैयार कर रहा है तो भी उसे कुछ विशेष बातों का ध्यान रखना होगा। जैसे खाद बनाने के लिए लोहे के बरतन का और खाद घुमाने के लिए लोहे की छड़ी का प्रयोग नहीं करना चाहिए। बहुत सारे बैक्टीरिया धातु से उल्टी प्रतिक्रिया भी दे सकते हैं। इसके अलावा लोहा जल्दी गरम, जल्दी ठण्डा हो जाता है, जंग लगा हो सकता है जिससे भी बैक्टीरिया को नुक़सान हो सकता है।

खाद में रहने वाले बैक्टीरिया मीठा खाते हैं। ऐसे में यदि आप शक्कर डालेंगे तो आजकल शक्कर में क्योंकि चमक के लिए केमिकल डाले जाते हैं, तो वह काम नहीं करेगा। शक्कर की जगह देसी गुड़ डालना चाहिए, काला गुड़ जो गाय को खिलाने के काम आता है या शराब बनाने के काम में जो गुड़ आता है। बैक्टीरिया बढ़ाने के लिए खाद में उन पदार्थों को डालना होगा जो सड़ते हैं, जैसे दाल, बेसन, दही, फल जैसे आम, कटहल, पपीता महुआ। खाद बनाते समय जब गौमूत्र डालें तो वह देसी गाय का हो तो ज़्यादा बेहतर है। देसी गाय भी ऐसी हो घास चरने मैदान में छोड़ी जाती हो। क्योंकि उसके गोबर में खाद के लिए तरह–तरह के पदार्थ मिलेंगे। अब खाद में डालने के लिए बैक्टीरिया कहाँ से लायें? तो बैक्टीरिया उन जगहों का अच्छा रहता है जहाँ आदमी का आना–जाना कम रहता हो। जैसे बाँस के झाड़ के नीचे पत्ते हमेशा ढँके रहते हैं। वहाँ बैक्टीरिया जीवित मिलेंगे। पुराने पीपल के पेड़ की जड़ों में बैक्टीरिया अच्छे मिल जाते हैं। यदि पीपल की जड़ों की मिट्टी जीवामृत में डालें तो बैक्टीरिया बहुत तेज़ी से बढ़ते हैं। और वह खाद यदि किसान अपने खेत में डालें तो सालभर में उन्हें अपने खेत की मिट्टी की महक बदलती दिखेगी। खाद में गोबर भी डालना चाहिए। धूप में नहीं रखना चाहिए क्योंकि वह जीवित होती है। धूप से बैक्टीरिया मर जायेंगे। एक और विशेष बात ध्यान में रखनी होती है कि जब भी खाद का घोल बनाते हैं तो उसे एक ही दिशा में घुमाना चाहिए। चाहे सीधा घुमाये या उल्टा। पर एक ही दिशा में हो ताकि उसमें भँवर बन सके जो हवा के साथ ऑक्सीजन को अपने भीतर खींचता है और बैक्टीरिया के लिए लाभकारी होता है।

दीमक की मिट्टी में बहुत ज़्यादा माइक्रो–न्यूट्रीएंट होते हैं। क्योंकि वे नीचे से मिट्टी को खोदकर पोषक तत्त्वों को निकालते हैं। पेड़ को खाते हैं तो पेड़ से भी कार्बन एवं अन्य पोषक तत्त्व निकालते हैं। अतः दीमक की मिट्टी को भी यदि तरल खाद में डाला जाये तो मिट्टी में माइक्रो–न्यूट्रीएंट की कमी भी पूरी होती है।

इस सभी के साथ किसान को यह भी ध्यान रखना होगा कि ज़मीन का कोई भी हिस्सा ख़ाली न हो। हर जगह ज़मीन के भीतर

स्वतः ही खाद बनने का काम हो रहा हो। कार्बन बनने का काम हो रहा हो। ज़मीन ख़ाली रहेगी तो उसका तापमान ऊपरी सतह पर ज़्यादा रहेगा और बैक्टीरिया ऊपर काम नहीं कर पाते अतः वह ढँकी हुई हो ताकि बैक्टीरिया उसमें जैविक तत्त्व उपजाने के लिए हमेशा कार्य करते रहें।

कुल मिलाकर किसान को अपनी ज़मीन, जलवायु, फ़सल सभी को ध्यान में रखते हुए अपने लिए जैविक खाद चुननी होगी। ऐसा नहीं होगा कि रासायनिक खाद की तरह यूरिया हर खेत में डालकर पैदावार बढ़ायी ली जा सकती है, जैविक खेती में हर खाद का चुनाव मिट्टी और जलवायु को ध्यान में रखकर किसान को अपनी समझ से करना होगा।

देशी कीटनाशक : पेड़–पौधों की अगर बात करें तो लगभग ऐसे सभी पेड़–पौधे कीटनाशक हैं जिसे गाय या बकरी नहीं खाती है। जिस भी पौधे से पानी की जगह दूध निकलता है वह कहीं–न–कहीं किसी–न–किसी रूप में कीटनाशक की तरह काम आ सकता है। जितने भी पौधों का औषधि के रूप में इस्तेमाल किया जाता है जैसे नीम, नीलगिरी, सेंधवायर आदि ये सभी कीटनाशक के रूप में काम आते हैं। कीटनाशक बनाने की भी बहुत सारी विधियाँ हैं। नीमास्त्र है, ब्रह्मास्त्र है, दसमूलास्त्र है। इन सभी की विधियाँ आसानी से इंटरनेट पर उपलब्ध हैं। ध्यान रखने वाली बातें यह हैं कि इन्हें भी ज़्यादा गरम स्थान पर नहीं रखना चाहिए। हाँ यदि अर्क निकालकर, या उबालकर बनाया जा रहा है तो गर्म करना ही पड़ेगा। जैसे नीम पत्ती उबालकर उस पानी को कीटनाशक बनाने में काम लिया जाता है। तम्बाकू है तो वह ज़्यादा ख़तरनाक कीटों के लिए काम आयेगा। नीम लगभग सभी रोगों या कीटों के लिए काम आ सकता है। दूध बहुत अच्छा फफूँदनाशक होता है। दही भी इसमें अच्छा है।

बीज : शोधों में यह देखा गया है कि यदि खेत अच्छे हैं, मिट्टी ज़िन्दा है, तो उन खेतों में देसी बीज से ज़्यादा अच्छी फ़सल होती है हायब्रिड की तुलना में। हायब्रिड को ज़्यादा केयर, उसी के हिसाब से खाद की ज़रूरत होती है। मौसम थोड़ा बहुत ही ऊपर–नीचे होता है

पौधा कमज़ोर पड़ जाता है। ज़्यादा तेज़ हवा चलेगी, ज़्यादा गर्मी होगी, ज़्यादा बारिश होगी, या ज़्यादा ठण्डा होगा तो हायब्रिड बीज का पौधा ख़राब होने लगता है। देसी बीज के साथ यह फ़ायदा है कि वह शरीर के लिए ख़ासकर उस क्षेत्र के लोगों के लिए जहाँ के वे बीज हैं, बहुत फ़ायदेमन्द होते हैं, जोकि हायब्रिड नहीं हो सकते हैं। हायब्रिड के बीज हर साल किसान को ख़रीदने पड़ते हैं, जबकि देसी बीज किसान ख़ुद तैयार कर सकता है।

सोचने वाली बात है कि किसान जो हायब्रिड बीज लगा रहे हैं, उससे जो फ़सल तैयार हुई उससे जो बीज मिले वे भी हायब्रिड बीज की श्रेणी में नहीं आते। उनकी इंजीनियरिंग ही ऐसी होती है। जिस बीज में ही वह गुण नहीं बचा कि वह पैदा होकर अपनी ही प्रजाति का बीज बन सके या अपनी ही प्रजाति का दोबारा एक नया पौधा तैयार कर सके उस बीज में वह शक्ति नहीं है, ऐसे में उसकी गुणवत्ता कैसी होगी? केमिकल एनालिसिस के ज़रिये यह सिद्ध कर सकते हैं कि किसी देसी या हायब्रिड दोनों बीजों के गुण एक जैसे हैं, क्योंकि विज्ञान हर चीज़ को तोड़कर देखता है न कि सम्पूर्ण रूप में। लेकिन जो बीज अपने लिए एक नया बीज न तैयार कर पाये क्या उसकी गुणवत्ता उस बीज के बराबर होगी जो सदियों तक एक के बाद एक नये बीज तैयार कर रहे हैं। यह समझने वाली बात है।

यह विषय एक बड़ी चर्चा माँगता है जिसे यहाँ लिखना सम्भव नहीं। अतः यहाँ संक्षिप्त में बस इतना ही कि देसी बीज न सिर्फ़ अच्छी फ़सल दे सकते हैं बल्कि स्वास्थ्य के लिए भी अधिक लाभकारी हैं।

खरपतवार नियन्त्रण : यदि रसायन–मुक्त खेती या प्राकृतिक खेती या जैविक खेती करते हैं तो खरपतवार की समस्या रासायनिक खेती की तुलना में कम आती है। इसके कुछ कारण हैं।

पहला कारण है, जैसे कीटों का एक चक्र होता है। जैसे बारिश के शुरुआती दिनों में कनखजूरे दिखते हैं, हल्की ठण्ड के साथ नमी वाला मौसम होता है तो घोंघा दिखता है, इसी तरह अन्य कीट भी सीज़न के हिसाब से पनपते हैं। इसी तरह घास का भी एक सीज़न होता है। एक चक्र होता है। हर सीज़न में अलग तरह

की घास उगती है। इसका अर्थ यह हुआ कि इनका जर्मिनेशन एक तय समय पर होता है। वे क्योंकि प्राकृतिक हैं, किसी के उगाने से नहीं बल्कि स्वतः ही उगती हैं और सदियों से उग रही हैं; कुछ विशेष प्रजातियों के अलावा। जैसे गाजर ख़ास, जिसे बाहर देश से हमारे देश में षड्यन्त्र के साथ लाया गया। इस घास के भयानक दुष्परिणाम होते हैं, इन्सान पर, जानवरों पर, फ़सल पर। उसका जब परागण होता है तो वह दूसरी फ़सल का परागण नहीं होने देता है, मिर्च, टमाटर और बैंगन के लिए अति नुक़सानदायी होता है। जहाँ फैलने लगता है वहाँ दूसरी घास के लिए ज़हर का काम करता है, उसके रहते कोई और घास नहीं उग सकती। ये अतिक्रमण करने वाली घास होती है।

किसी भी खरपतवार की जड़ें फ़सल के पौधों से ज़्यादा मज़बूत होती हैं। उनकी जड़ें भी राइज़ोबैक्टर के साथ सम्पर्क में रहकर अपने लिए खाना–पीना लेती हैं। जैसे हर सीज़न की अलग घास होती है वैसे ही हर फ़सल की भी अलग घास होती है। जैसे धान के साथ अलग तरह की घास उगती है, आलू के खेत में अलग घास होती है।

ऐसे में यदि किसान एक ही फ़सल हर साल लगा रहे हैं, मसलन हर साल मिर्च ही लगा रहे हैं तो मिर्च के साथ उगने वाली घास तो कभी ख़त्म हो ही नहीं पायेगी। उसे साथी पौधे एवं उस फ़सल के साथ किये जाने वाले कृषि कार्य (हर फ़सल में कृषि का तरीक़ा कुछ–न–कुछ अलग होता है) से भरपूर पोषण मिल रहा है। यहीं अगर किसान फ़सल चक्र अपनाता है और मिर्च के बाद पुनः मिर्च की जगह भिण्डी या कोई दूसरी फ़सल लगाता है तो जिस घास को मिर्च के साथ उगना पसन्द है क्या वह उग पायेगी? यही कारण है कि जैविक या प्राकृतिक पद्धति में जब किसान फ़सल चक्र अपनाते हैं तो एक ही प्रकार की खरपतवार का चक्र टूटता है। और किसी नयी घास को उगने में अधिक मेहनत और समय लगता है।

दूसरा कारण है, जैविक पद्धति में जब हरा खाद उगाया जाता है तो उसके कुछ ही समय के बाद जुताई कर दी जाती है। ऐसे में जो थोड़ी बहुत खरपतवार उगी होती वो भी जुताई में चली जाती है।

जुताई क्योंकि फूल आने के पहले ही की जाती है, ऐसे में खरपतवार की भी एक पीढ़ी, यानी एक बार का बीज जो बनता है वह बनने से पहले ही ख़त्म हो जाता है।

तीसरा कारण है, जैविक खेती में मल्चिंग (आच्छादन) की जाती है। जिसमें हमेशा ज़मीन को ढँककर रखा जाता है। इसमें भी दो तरीक़े होते हैं। एक मृत आच्छादन जिसमें कि पुआल या लकड़ी बुरादा, सूखी घास आदि से ज़मीन ढँकी जाती है। दूसरा तरीक़ा होता है जीवित मल्चिंग, यानी जब यह पता हो कि वहाँ घास उगती है तो उसकी जगह कोई ऐसी फ़सल लगा दी जाये जो उस घास के उगने से पहले ज़मीन को ढँक ले। ऐसे में घास को धूप पानी कम मिलेगा और वह पोषित नहीं हो पायेगी। नतीजतन वह कम होगी या मर जायेगी।

प्राकृतिक खेती में मिट्टी मज़बूत होती है, और जड़ अपने हिसाब से खाना लेती है। खाद भी उसमें बहुत ज़्यादा नहीं दी जाती, इसलिए खरपतवार को उतनी तेज़ी से बढ़ने का मौक़ा नहीं मिलता। जबकि रासायनिक खेती में खरपतवार बढ़ने का एक कारण यह भी होता है कि बीज लगाये, खाद बिना किसी नाप–तौल के जितनी मनचाही भर दी, अब खाद के रूप में वह खाना मिट्टी में पड़ा हुआ है। लेकिन फ़सल के पौधे की जड़ अभी इतनी मज़बूत नहीं हुई है कि वह मिट्टी से वह खाना ले सके। ऐसे में सालों से वहाँ पनप रही खरपतवार की मज़बूत जड़ें वह खाना लेती हैं और ख़ुद को फिर से पोषित करती हैं।

जैविक खेती करते समय यह ध्यान रखना चाहिए कि खरपतवार को भी खेत से बाहर न निकाला जाये, और न ही जलाया जाये। उसे खेत में जोत दिया जाये या फिर मल्चिंग के लिए इस्तेमाल किया जाये।

खेत में पेड़ों का होना ज़रूरी है : बात चाहे खाद की हो या मिट्टी को मज़बूत करने की। बड़े पेड़ों का खेती में बहुत योगदान है। बड़े पेड़ों की जड़ें गहराई में उतरती हैं। वे नीचे से मिनरल ऊपर लेकर आती हैं। बड़े पेड़ों की जड़ों में माइक्रोराइज़ा काम करते हैं जो खेत की मिट्टी के लिए लाभकारी हैं। पेड़ की पत्तियाँ सूखकर

नीचे गिरती हैं, फल गिरते हैं, ये मिट्टी में सड़कर कार्बन बनाने का काम करते हैं। यह रिसाइक्लिंग का प्रकृति का अपना एक तरीक़ा है।

खेतों में पेड़ रहने से भांति–भांति के जीव भी रहते हैं। पक्षी भी रहते हैं। मकड़ी, गिरगिट आदि भी रहते हैं। जो जैविक खेती में जैव–विविधता का एक प्रतिरूप हैं। बड़े पेड़ों के साथ खेत में नाइट्रोजन देने वाले छोटे पौधे भी लगाने चाहिए जैसे मुनगा आदि। एक एकड़ के खेत में छह–सात तरह की अलग–अलग प्रजाति के पेड़ लगाने चाहिए। यदि पेड़ खेत के बीच में लगे हैं तो उन्हें सात–आठ फीट से अधिक लम्बा नहीं होने देना चाहिए अन्यथा वे फ़सल की धूप को रोकते हैं। बीच के पेड़ों की छँटाई होती रहनी चाहिए और उससे निकलने वाली टहनियों और पत्तियों को खेत की ज़मीन ढँकने के काम में लेना चाहिए। पेड़ की छाँव जितने क्षेत्र में रहती है उतने हिस्से में ऐसी फ़सल लगानी चाहिए जो कम धूप में भी फलित होती हो।

पेड़ जैव–विविधता का हिस्सा हैं। वे मिट्टी के कटाव को भी रोकते हैं। पेड़ों की जड़ें खेत की मिट्टी को बारिश में बहने से रोकती हैं। पेड़ों पर रहने वाले पक्षी भी अच्छे कीटनियन्त्रक का काम करते हैं। हाँ लेकिन खेत में यदि रासायनिक कीटनाशक होंगे तो सम्भवतः पक्षी बीज खायेगे, क्योंकि उनकी चेतना शक्ति रासायनिक कीटों द्वारा खायी गयी दवाओं को खाने से उन्हें रोकती है। हालाँकि इसके बाद भी रासायनिक खाद के दुष्प्रभाव पक्षियों पर भी देखे गये हैं। खेतों में पेड़ अत्यन्त आवश्यक हैं एवं इनके अनेकों लाभ हैं।

इंटीग्रेटेड फार्मिंग (एकीकृत खेती) : पहले जो खेती होती थी वह इंटीग्रेटेड फार्मिंग का ही रूप थी। आज भी जब गाँव में जाते हैं तो किसान के पास या तो बकरी होती, या गाय या मुर्गी या मछली पालते हैं। अब क्योंकि मोनोक्रॉपिंग होती है, एक ही तरह की खेती होती है इसलिए खेतों की दशा ख़राब होने लगी है। एकीकृत खेती में सब कुछ आपस में जुड़ा होता है। किसान के पास अपना एक छोटा–सा पोखर होगा। जिसमें वह वर्षा जल का संग्रहण कर सकता है। इससे खेत की मिट्टी भी भीतर–ही–भीतर पानी की पूर्ति कर सकती है। ऐसे में सिंचाई कम करनी पड़ती है।

बारिश के बाद भी यदि किसान के पास पोखर है जिसमें वर्षा का जल इकट्ठा हुआ है तो उसी के सहारे वह ठण्ड की फ़सल ले सकता है। जो पशु (गाय, भैंस, बकरी, ऊँट आदि) पाले जायेंगे उन्हें भी पानी पीने के लिए सुविधा रहेगी। पशुओं के रहने से फ़सल के बाद निकला पुआल भी उनके खाने के काम आयेगा। पशु जो गोबर करेगा वह खेत में खाद के काम आयेगा। यदि मुर्गियाँ पाली हुई हैं तो उन्हें खेत में छोड़ने से वे बहुत सारे कीट खा लेती हैं जो फ़सल को नुक़सान पहुँचा सकते हैं। खरपतवार (घास) के बीज भी मुर्गियाँ खा लेती हैं। हालाँकि वे मित्र कीट भी खा सकती हैं लेकिन उससे फ़सल को कोई नुक़सान नहीं होता। खेत में घूमने से मुर्गी की बीट भी खेत में जाती है जो खाद का काम करती है, साथ ही कीड़े खाने के लिए मुर्गी ज़मीन को चोंच से खोदती भी हैं जिससे मिट्टी को समय–समय पर कोड़ने का काम हो जाता है। खरपतवार नियन्त्रण में बकरियों को खेतों में चराने की बात भी कही जाती है। एकीकृत का अर्थ है एक ऐसा जीवन चक्र जिसमें जीव–जन्तु, पशु, पेड़–पौधे, फ़सल सभी आपस में एक–दूसरे से जुड़े हैं। एक–दूसरे को फ़ायदा पहुँचा रहे हैं।

यह समझना ज़रूरी है कि पौधे सिर्फ़ चल–फिर नहीं सकते, इसके अतिरिक्त वे न सिर्फ़ अपने मित्र एवं शत्रु पहचानने की क्षमता रखते हैं, बल्कि उनकी संरचना भी उसी रूप से होती है कि वे अन्य जीव–जन्तुओं के साथ प्राकृतिक जीवन–चक्र का हिस्सा बन सकें। पौधों में न सिर्फ़ संवेदना होती है बल्कि उन्हें यह भी ज्ञात होता है कि कौन–सा जीव उन्हें नुक़सान पहुँचा सकता है कौन–सा नहीं। मसलन उन्हें पता होता है कि कौन–सी चींटी उनका रस चूस सकती है कौन–सी नहीं। ठीक वैसे ही जैसे हमें पता होता है कि सड़क पर चलने वाली गाय हमें नहीं खायेगी लेकिन शेर हमें खा सकता है। कई पौधे ऐसे होते हैं जो उन चींटियों को अपना रस देते हैं क्योंकि वे उन्हें दूसरे कीड़े–मकोड़ों से बचाती हैं। परस्पर निर्भरता का यह रिश्ता जीव–जन्तुओं एवं पेड़–पौधों के बीच भी होता है।

पौधों की सुन्दरता के बारे में भी विशेषज्ञों ने निराली बात कही है। पौधे की बनावट, किसी फूल की बनावट, ठीक उन्हीं कारणों के साथ होती है, जिनके कारण उस फूल या पौधे का परागण करने वाला जीव उसकी ओर आकर्षित हो सके। उदाहरण के लिए कोई फूल हमें जैसा दिख रहा है वैसा ही वह किसी पक्षी को नहीं दिखता। वह किसी चिड़िया को अलग दिखेगा, गाय को अलग, चमगादड़ को अलग। और उस फूल में वे कारण उपस्थित होंगे जो उसे परागण कराने वाले जीव को आकर्षित करने हेतु आवश्यक हैं। जो जीव उन पौधों को खाकर, उन फूलों को खाकर, या उसके फल को खाकर उसके बीजों को इधर–उधर फैला सकते हैं उन्हीं जीवों हेतु उस पौधे की बनावट होगी। वह अन्य जीवों को आकर्षित नहीं करेगा। साथ ही जिन पौधों का परागण हवा से या स्वतः गिरकर हो जाता है वे पौधे देखने में बदसूरत पाये जाते हैं, जैसे अकउआ।

कार्निवोरस पौधों की ऐसी पाँच–सौ प्रजातियाँ हैं जो माँस खाती हैं। वे कीड़े के माँस से लेकर गाय का माँस तक खाती हैं। एक ऐसा भी

फल होता है जो बहुत ऊँचाई पर लगता है और जब सूखता है तो एक बम की तरह फटता है, जिससे उसके बीज कई मीटर तक छिटकते हैं। वह उसका तरीक़ा है अपने बीजों को फैलाने का। उसकी बनावट ही ऐसी होती है।[10]

कुल मिलाकर समझने वाली बात बस इतनी है कि पेड़–पौधों को प्राकृतिक चक्र जिसमें जीव–जन्तु–मनुष्य सभी आते हैं, से अलग करके नहीं देखा जा सकता। खेती को भी सिर्फ़ उगाने–काटने–बेचने की एक प्रक्रिया नहीं समझा जा सकता। उसे पारस्परिक तन्त्र से जोड़कर देखना होगा। व्यवसाय की जगह एक जीवित तत्त्व समझना होगा, जो हमें भोजन और धन 'भी' देता है, यदि हम उसका ठीक से लालन–पालन करें तो। अन्यथा प्रकृति किस तरह विनाश की ओर बढ़ रही है, यह हमसे छुपा नहीं।

---

10. द सीक्रेट लाइफ़ ऑफ़ प्लांट्स, पीटर टॉम्पकिंस एंड क्रिस्टोफर बर्ड।

हल में जुता दूसरा कन्धा स्त्री का है

वो शनिवार का दिन था। दिन का दूसरा पहर शुरू हो चुका था। जशपुर से दस किलोमीटर इचकेला गाँव की तरफ़ हम बढ़े थे जहाँ दिलीप बाबू के खेत में आज रोपा शुरू होने वाला था। मुख्य सड़क से दिलीप बाबू के खेत तक पहुँचने के लिए हम कुछ दूसरे खेतों में से होकर गुज़रे। इनमें से कुछ में धान रोपाई हो चुकी थी। कुछ में हो रही थी और कुछ में होने वाली थी। आषाढ़ मास समाप्ति की ओर था, सावन समाप्त होते तक यहाँ के सभी खेतों में धान रोपाई हो चुकी होगी।

हम जब दिलीप बाबू के खेत में पहुँचे तो वहाँ रोपा लगना शुरू हो चुका था। दस–बारह औरतों का समूह दो गुटों में बँटा था। लेकिन रोपाई के दौरान गाये जाने वाले लोकगीत की आवाज़ के सुर उनके कण्ठ से एक ही साथ फूट रहे थे। लय से लय मिलाकर जैसे उनकी आवाज़ निकल रही थी वैसे ही उतने ही समानान्तर उन सभी के हाथ चल रहे थे। देखने से लगता था जैसे एक ही मशीन के कई हाथ हों। उनमें से किसी को भी पृथक कर पाना मुश्किल था।

कादो कर लटपट सुहेरा रे सुहेरा
कादो कर लटपट सुहेरा रे सुहेरा
सुहेरा चललें वृन्दावन
मारो रे सुहेरा बाबा के दुहाई रे,
पाँचों पंजरा भूइयें लोरल
कादो कर लटपट सुहेरा रे सुहेरा

मेरे कानों से होकर हुए भीतर उतरते इस गीत ने मुझसे कहा कि मैं भी उनके साथ खेत में उतर जाऊँ। वह कीचड़–कादो वाला

खेत था। आप उसे दलदल भी कह सकते हैं बस यह फ़र्क़ था कि इस दलदल में कोई डूबता नहीं। इन स्त्रियों के पैर कादो के भीतर थे और वे दोहरी होकर धान रोप रही थीं।

छत्तीसगढ़ के किसी भी इलाक़े से इस मौसम में गुज़रेंगे तो आपको खेतों में सजे स्त्रियों के समूह यह आभास देंगे कि यहाँ के खेतों में स्त्रियों का ही वर्चस्व है। यह बात कुछ हद तक सही है। खेतों में होने वाले काम स्त्री–पुरुष में बँटे हुए हैं। सबके अपने–अपने हिस्से के काम हैं। दिलीप बाबू से जब मैंने पूछा कि स्त्रियाँ ही रोपाई का काम क्यों करती हैं तो वे हँसने लगे। पैंतीस के आस–पास वाली उम्र के दिलीप बाबू कहते हैं–

"मैंने बचपन से यही देखा है। शायद मेरे पिता भी ऐसा ही देखते बड़े हुए होंगे। अब यह एक तरह से परम्परा–सी बन गयी है कि धान रोपा स्त्रियाँ करती हैं। हमने कभी इसके कारण खोजने की या इस प्रक्रिया में बदलाव लाने की कोशिश नहीं की। ऐसा शायद इसलिए होता चला आ रहा है क्योंकि सुबह आठ बजे से शाम छह बजे तक बिना थके दोहरे होकर (झुककर), उत्साह के साथ गीत गाते हुए रोपा लगाना शायद स्त्रियों के ही बस की बात है।"

ऐसा कहते हुए दिलीप बाबू फिर मुस्कुराते हैं। वे आगे कहते हैं, "एक कारण यह भी हो सकता है कि दिनभर किये गये इस काम के लिए एक स्त्री को सौ रुपये तक ही मिल पाते हैं। और वे इसमें सन्तुष्ट रहती हैं। जबकि एक पुरुष शाम को जब सिर्फ़ सौ रुपये के साथ घर लौटेगा तो यह उस पुरुष के साथ–साथ पूरे घर के लिए असन्तुष्टि की बात होती है। पुरुष यदि कहीं दिनभर की मंजूरी करे तो वह तीन सौ रुपये तक कमा लाता है। एक बात यह भी है कि स्त्रियाँ घर से दूर काम करने जाना कम ही पसन्द करती हैं। इसलिए गाँव के ही खेतों में रोपाई करना उनके लिए अच्छा विकल्प है।"

हालाँकि दिलीप बाबू के खेत में काम करने आयी कुछ स्त्रियाँ जंगल के दूसरी तरफ़ बसे सेंधवायर टोली नाम की बसती (गाँव) से भी आयी थीं। जिस खेत में रोपा हो रहा था उससे चार–पाँच खेत छोड़कर दिलीप बाबू का एक और छोटा–सा खेत था, जिसमें से

रोपा के लिए गाछी लाने का काम एक पुरुष मज़दूर कर रहा था। वह भी दूसरे गाँव सकरडेगा का था। उससे बात करने से पता चला कि उसके गाँव में रोपा मज़दूरी का भाव अलग है। यह हर गाँव का अलग होता है। गाँव वाले मिलकर तय करते हैं कि कितना देना है। पर महिलाओं के लिए यह सौ–सवा सौ से ज़्यादा नहीं है।

जब मैं खेत की मेंड़ पर बैठकर दिलीप बाबू से बात कर रही थी तब रोपा कर रही स्त्रियों में से दो बुज़ुर्ग स्त्रियाँ आयीं और उन्होंने हाथों में कादो लेकर दिलीप बाबू के पैरों पर लेप किया। घुटनों से लेकर नीचे तक। ऐसा करते हुए वे एक प्रार्थना गा रही थीं।

इसे वे 'बान–बाँधना' विधि कहते हैं। धान के जिस छोटे से पौधे को बीज से तैयार कर नये स्थान पर लगाया जाता है, उस पौधे को बान कहते हैं। जिस खेत में रोपाई चल रही होती है उसके मालिक के गोड़(पैर) पर मिट्टी लेपकर, गीत गाकर, फिर उसे खेत के ही पानी से धोकर विधि की जाती है। फिर वे लोग आपस में एक–दूसरे को हाथ जोड़कर प्रणाम करते हैं। यह उनकी रोपा प्रक्रिया का हिस्सा है। रोपा की शुरुआत खेत के एक कोने में सबसे पहले बैगा से बान रोपित कराकर की जाती है। गाँव से ही चुने गये तीन/पाँच/सात लोग पाँच गाछी की बान रोपकर यह विधि पूरी करते हैं। दिलीप बाबू ने कहा कि ऐसा वे अपने कुलदेवी–देवता, गाँव, जंगल और खेत के देवताओं को खुश रखने के लिए करते हैं।

रोपा कर रही स्त्रियों में बीस से पैंसठ वर्ष तक की स्त्रियाँ थीं। उनके बीच यह उम्र का फेर सिर्फ़ उनके चेहरे की झुर्रियों या सफ़ेद होते बालों से समझा जा सकता था, इसके अलावा फुर्ती, मेहनत, ऊर्जा और उत्साह के मामले में वे सभी हमउम्र थीं।

इन्हीं स्त्रियों में दिलीप बाबू की पैंसठ वर्षीय माँ भी थीं जिनसे बात करने पर स्त्रियों का पहलू भी पता चला। वे बताती हैं–

"हम औरतें सुबह सूरज उगने से पहले ही उठ जाती हैं। फिर रोज़ के काम, नहाना, पानी लाना, बुहारी, खाना–पकाना आदि निपटाती हैं। उसके बाद खुद खाना खाकर घर से निकल जाती हैं और आठ बजे तक खेत में रोपा करने पहुँच जाती हैं। बारह बजे तक रोपा

करती हैं, फिर दोपहर के भोजन के लिए घर जाती हैं। दो बजे तक वापस आकर शाम छह बज तक रोपा लगाती हैं।"

जब मैं खेत पहुँची थी तब तक वे महिलाएँ आधे एकड़ के आधे हिस्से में रोपा लगा चुकी थीं और बकाया काम भी बहुत फुर्ती से शाम होने से पहले ही निपटा देना चाहती थीं।

छत्तीसगढ़ में रोपा का यह काम मज़दूरी और ठेका दो तरह से होता है। सहायता के रूप में भी लोग आपसी रिश्तेदारों या गाँव वाले आपस में एक–दूसरे के खेत में रोपा का काम करते हैं। अधिकांश लोग मज़दूरी से ही काम देना पसन्द करते हैं क्योंकि उनका मानना है कि ठेका में काम अच्छे से नहीं होता। जल्दी से ज़्यादा काम निपटाने के चक्कर में गाछी की बर्बादी होती है। ठेका बहुत बड़े खेतों के लिए फिर भी ठीक है लेकिन छोटे खेतों में मज़दूरी से काम देना ही सही माना जाता है।

दिलीप बाबू की माँ से जब मैंने पूछा कि ये सभी महिलाएँ आपके यहाँ मज़दूरी पर काम कर रही हैं तो वे मुस्कुरा दीं। बोलीं–

"मज़दूरी तो बाद की चीज़ है। गाँव में ऐसे ही एक–दूसरे के खेत में जाकर रोपा लगाने की प्रथा–सी है। अपने गाँव के भाई–बन्धू की खेतों में मदद करना। आज मेरे खेतों में काम है तो वे यहाँ हैं, कल उनके खेतों में काम होगा तो मैं वहाँ जाऊँगी। मज़दूरी मिलना हम लोगों के लिए बोनस है। आज मैं किसी को दूँगी, कल उसके खेत में जाऊँगी तो वह मुझे देगा। मैं जितना माँगूँगी उतना मुझे देना होगा, सौ हो या हज़ार। जो मुख्य कमाई है वह आपसी प्रेम और एक–दूसरे के लिए खड़े रहने का भरोसा है।"

इन खेतों में स्त्री और पुरुषों के काम बँटे हुए हैं। जैसे खेत जोतना, गाछी एक स्थान से ढोकर रोपा लग रहे खेत में पहुँचाना, खाद छींटना आदि काम पुरुष करते हैं वहीं रोपा करने, घास निकालने, कटाई, तुड़ाई आदि का काम स्त्रियों के ज़िम्मे है।

दिलीप बाबू पिछले दो–तीन वर्षों से वैदिक वाटिका से जुड़े हैं और अब वे अपने खेत में रासायनिक खाद–दवाई नहीं डालते। सिर्फ़ जैविक खाद इस्तेमाल करते हैं। उन्होंने स्वयं भी कम्पोस्ट बेड लगाकर

केंचुआ खाद बनाना सीख लिया है। अपनी बात कहते हुए वे इस बात पर ज़ोर देते हैं कि, "दो वर्षों से जैविक खाद अपनाने और रासायनिक पूरी तरह छोड़ने से मुझे कोई नुक़सान नहीं हुआ। जैसा लोग कहते हैं कि शुरुआत में नुक़सान होता है। मेरे यहाँ पैदावार अच्छी हो रही है। कोई अन्तर नहीं है। फिर क्यों मैं महँगी रासायनिक खाद में पैसा बर्बाद करूँ और खेतों को भी नुक़सान पहुँचाऊँ।"

रोपा के बाद ये लोग शाम को जश्न मनाते हैं। नाच–गाना, खाना–पीना। यही छोटे–छोटे उत्सव गाँव वालों के सुख हैं।

जब मैं उनके साथ उस दलदली खेत में रोपा करने उतरी तो पानी से भरे उस खेत को देखकर यह सवाल मन में उपजा और मैं पूछ बैठी–"इन खेतों में साँप नहीं आते? आते हैं तो आपको डर नहीं लगता?" मेरा इतना पूछना था कि वे लोग ठठाकर मुझ पर हँस पड़ीं। बोलीं, "आते हैं, सरसराते दिखते हैं तो हम लोग हट जाते हैं, थोड़ा डर लगता है लेकिन हमें इस सबके बीच रहने की आदत है, वैसे भी पनिया साँप ज़हरीला नहीं होता।"

मैं रोपा लगा रही थी तो उनकी जड़ों में छोटे–छोटे केंचुए लिपटे थे। गाँव वाले इन केंचुओं को बान–जोंकटी कहते हैं। पहली बार जब मेरे हाथ में आया तो क्षणिक असहजता हुई लेकिन अपने साथ काम कर रही उन स्त्रियों को देख वह असहजता भी जाती रही। उस दिन मिट्टी में सने हाथ–पैर के साथ घर लौटना बेहद सुखद रहा। पर कई सारे सवाल भी साथ लेकर आयी।

वहाँ काम कर रही किसी भी स्त्री का खेत पर मालिकाना हक़ नहीं था। वे खेत उनके पति–पुत्र आदि के नाम पर थे। ये स्त्रियाँ जो खेतों में दिन–रात बराबरी से या शायद पुरुषों से कुछ अधिक ही मेहनत करती हैं उन्हें तो किसान का दर्जा भी प्राप्त नहीं। आपके ज़ेहन में किसान की क्या परिभाषा है? वह जो खेतों में हल जोतता है, जिसकी सम्पत्ति है या जो खेतों की देखभाल, प्रबन्धन आदि का काम करता है। इसमें महिलाओं का कोई नाम नहीं।

जबकि ऑक्सफैम इंडिया के अनुसार, खाद्य उत्पादन के लिए 60 से 80 प्रतिशत तथा डेरी उत्पादन के लिए लगभग 90 प्रतिशत

महिलाएँ ज़िम्मेदार हैं। कृषि जनगणना 2010–11 को आधार बनायें तो आँकड़े कहते हैं कि लगभग 118.7 मिलियन किसानों में से 30.3 प्रतिशत महिलाएँ थीं। कृषि–मज़दूरों में भी 144.3 मिलियन कृषि मज़दूरों में से 42.6 प्रतिशत महिलाएँ थीं। लेकिन इनका स्वामित्व देखा जाये तो वह कुल जोत की संख्या के आगे न के बराबर है। हालाँकि कृषि जनगणना 2015–16 की रिपोर्ट कहती है कि पिछले पाँच सालों में परिचालन सम्पत्ति पर महिलाओं का स्वामित्व बढ़ा है। 'एक प्रतिशत' ही सही लेकिन बढ़ा है। 2010–11 में जो 12.79 प्रतिशत था, 2015–16 में वह बढ़कर 13.87 प्रतिशत हो गया है। यानी कुल 146 मिलियन परिचालन सम्पत्ति में से महिलाओं का हिस्सा अब 20.25 मिलियन है।[1]

देखा जाये तो अभी आधा पा लेने के लिए बहुत दूरी तय करनी है। महिला किसानों की संख्या आँकड़ों से ज़्यादा उन खेतों में समय बिताने से पता चलती है जहाँ वे दिनभर मेहनत करती हैं। फिर भी जब जोत पर अधिकार की बात आती है तो खेत पुरुष के नाम ही लिखा जाता है। यह तो इस देश का रिवाज ही है कि, ज़मीन हो जायदाद या मकान पुरुषों के नाम ही होते हैं। शायद इसलिए कि उन्हें कमाने वाला और महिलाओं को घर चलाने वाला माना जाता है। महिलाएँ खेतों में क्या नहीं करतीं? वे बुवाई, रोपण, जल निकासी, सिंचाई, कटाई, घास हटाना, देखभाल, दवाई के छिड़काव आदि हर काम करती हैं। जहाँ ज़रूरत होती है वहाँ जुताई भी करती हैं। पशुपालन और डेरी सम्बन्धित कामों में वे सबसे आगे रहती हैं। फिर उन्हें किसान होने का दर्जा क्यों नहीं मिल पाता। वे गृहिणी ही रहती हैं, या सिर्फ़ सहायक। मुख्य किसान नहीं बन पातीं। जिन खेतों में वे मेहनत करती हैं उसके उत्पादन पर भी वे क़ानूनी रूप से अपना मालिकाना हक़ नहीं जता सकतीं। कृषि–श्रम में भी उन्हें पुरुषों से कम मज़दूरी मिलती है। जबकि वे घर–गृहस्थी के काम सँभालने के साथ यह काम करती हैं। यह कम पारिश्रमिक क्या उनके अधिकारों का हनन नहीं?

---

1. कृषि में महिलाओं की बढ़ती भागीदारी, दृष्टि द विज़न।

इसके कुछ कारण जो समझ आते हैं उनमें सबसे पहला तो हमारे समाज का पितृसत्तात्मक रवैया है। बेटी पहले पिता के खेतों में काम करती है फिर पति के। उसके अपने खेत कहाँ होते हैं वह नहीं जानती। दूसरा, बैंकों द्वारा ऋण आदि की व्यवस्था में भी ऋण उसे ही मिलता है जिसके नाम ज़मीन हो, यहाँ भी महिलाओं को खेती–किसानी के नाम से ऋण मिलने की कोई व्यवस्था नहीं है। इन नियमों में यदि कुछ बदलाव किये जायें मसलन बैंक से ऋण प्राप्त करने के लिए ज़मीन पति व पत्नी दोनों के नाम हो तो सम्भवतः महिलाओं को कुछ अधिकार प्राप्त हों। महिलाओं की संसाधनों तक पहुँच भी कम है। खेत में क्या लगाना है, कौन–सी दवा, कौन–सी खाद, कौन–सी फ़सल इन सभी का चुनाव भी पुरुष के हाथों में होता है। इसके अलावा फ़सल को कहाँ बेचना है, दाम आदि के निर्णय का अधिकार भी पुरुष का होता है।

जबकि, "शोध कहते हैं कि वे महिलाएँ जिनकी पहुँच सुरक्षित भूमि, औपचारिक ऋण और बाज़ार तक है वे फ़सल–सुधार, उत्पादकता में वृद्धि और घरेलू खाद्य सुरक्षा तथा पोषण में सुधार करने के लिए अधिक निवेश कर पाती हैं।"[2]

कृषि वैज्ञानिक डॉ. स्वामीनाथन कहते हैं कि, "विश्व में खेती का सूत्रपात और वैज्ञानिक विकास का प्रारम्भ महिलाओं ने किया।"

उनकी इस बात से मैं इसलिए भी इत्तेफ़ाक़ रखती हूँ कि क्योंकि वर्ष 2017 में जब इचकेला गाँव में सरकार के साथ मिलकर समर्थ ने जैविक खेती के लिए ट्रेनिंग सेंटर शुरू किया तो हमें उम्मीद थी कि उसमें पुरुष वर्ग अधिक होगा। क्योंकि वही है जो खेतों में खेती कैसे की जानी है इसका निर्णय लेता है। लेकिन हमें आश्चर्य तब हुआ जब ट्रेनिंग लेने आये कृषकों में 90 प्रतिशत महिलाएँ थीं। इनमें से अधिकांश महिलाएँ अपनी पीठ पर साल–दोसाला बच्चे को बाँधे दस–दस किलोमीटर पैदल चलकर ट्रेनिंग लेने आती थीं। आज उनमें से अधिकांश अपने खेतों में जैविक खेती कुछ हद तक अपना रही हैं। केंचुआ खाद, गोबर खाद आदि बना रही हैं। जैविक कीटनाशक

---

2. कृषि में महिलाओं की बढ़ती भागीदारी, दृष्टि द विज़न।

बना रही हैं। हमारे खेत में कार्यरत कृषि–श्रमिकों में सभी महिलाएँ हैं। उनमें से एक जो एक पढ़े–लिखे परिवार से भी हैं, मुझे वर्तमान में न सिर्फ़ कृषकों की बल्कि महिला सशक्तीकरण का एक बेहतरीन उदाहरण लगती हैं। मीना हमारे यहाँ पिछले कुछ वर्षों से कार्यरत हैं।

उनसे हुई बातचीत के कुछ अंश : "मेरा बचपन का समय बहुत अच्छा था। मेरे पिता एक टीचर थे। हम लोग सात भाई–बहन थे। हम सातों ही पढ़ाई कर रहे थे। पिताजी की तनख़्वाह कम थी। मम्मी घर में ही रहती थी और खेती–बाड़ी भी देखती थी। खेती–बाड़ी की वजह से ही हम लोग को सहयोग था, पढ़ने–लिखने, खाने–पीने में। कहीं जाते थे खाने के लिए तो घर से चावल लेकर जाते थे। पिताजी पैसा देते थे, पेन, काग़ज़, कलम, दवात के लिए। मायके में जो खेत हैं वो हम लोग को जीनेभर के लिए काफ़ी था। धीरे–धीरे पिताजी की भी तनख़्वा बढ़ गयी। धीरे–धीरे सब चल रहा था। मैं भी ग्यारहवीं पास कर ली थी। पिताजी ने पूछा कि, "कॉलेज पढ़ोगी", तो मैंने कहा कि "हाँ मेरी सहेलियाँ लोग पढ़ रही हैं मैं भी पढ़ना चाहती हूँ।" पिताजी ने दाख़िला लेने के लिए बोल दिया। जशपुर के ही कॉलेज में मैंने दाख़िला ले लिया। पर पहली ही साल में एक विषय में मैं फ़ेल हो गयी। तब तक बड़े भैया की नौकरी लग गयी थी। वो बोले मेरे साथ चलो वहीं प्राइवेट दिलाऊँगा, भाभी भी नौकरी कर रही थी। तब मैं भैया के साथ रीवा चली गयी। फिर मेरी बड़ी बहन के लिए रिश्ता आया था लेकिन उन लोगों ने मुझे पसन्द कर लिया। मेरे पति तब रन्नौद (मध्य प्रदेश, ज़िला शिवपुरी) में नौकरी कर रहे थे। दो साल वहाँ नौकरी किये। जिस साल शादी हुआ उसी साल मेरा रोज़गार कार्यलय से काम के लिए बुलावा आया। मैंने पंजीयन कराया हुआ था। दो जगह से नौकरी का बुलावा था। लेकिन न मायके वालों ने जाने दिया न ससुराल वालों ने। कामकाजी औरत बनने का सपना वहीं ख़त्म हो गया। फिर बच्चे आ गये। पति ने कहा हताश मत हो मैं जो कमा रहा हूँ उसी से हम चला लेंगे। आजकल उनकी पोस्टिंग लोदाम में है। बहुत ज़्यादा तो नहीं कमाते लेकिन बच्चों को पढ़ाने–लिखाने जितना हो जाता है। हम लोगों ने कहीं से कोई ऋण या उधारी नहीं लिया हुआ है।"

आप खेतों में मज़दूरी क्यों करती हैं? पूछने पर मीना कहती हैं, "मेरे बच्चे यहाँ पढ़ रहे थे। पति की पोस्टिंग छोटी जगह होती थी इसलिए बच्चों को पढ़ाने के लिए उन्होंने मुझे यहाँ भेज दिया। वो बीच–बीच में आते रहते थे। बच्चे बारहवीं करके बाहर पढ़ने गये। भिलाई और बिलासपुर में बच्चे पढ़ने चले गये। पैसा पुर नहीं रहा था। उच्च शिक्षा के लिए हमें पैसों की ज़रूरत लगने लगी। इसलिए मैंने कमाने के बारे में सोचा। फिर जशपुर में हमने क्वार्टर लिया है तो उसके किराये के लिए ही मैं कुछ कर लेती हूँ। खाने के लिए तो पति के पास से हो जाता है। अब बच्चों के लिए साल–साल भर में पिचहत्तर हज़ार, अस्सी हज़ार फ़ीस ले रहे हैं पढ़ने का तो एक जन की कमाई से नहीं हो सकता था। खेतों में काम करना इसलिए चुना क्योंकि मायके और ससुराल दोनों जगह मैंने खेतीबाड़ी की हुई थी। मुझे आइडिया था इस काम को करने का। थोड़ा बहुत ज्ञान भी था। रुचि भी थी। अब मेरा कहीं दूसरी नौकरी करने का उमर तो बीत गया ऐसे में मुझे खेतों में काम करना ही सबसे अच्छा विकल्प लगा। ससुराल वाले खेतों में पति काम करते हैं। वो अपनी नौकरी भी करते हैं और खेतों में काम भी करते हैं। खेतों में धान लगता है और साथ में एक छोटी–सी बाड़ी है उसमें अपने खाने के लिए हम साग–भाजी सब लगाते हैं।"

आपके बच्चे क्या पढ़ रहे हैं? पूछने पर मीना बताती हैं, "एक बेटे ने कॉमर्स विषय लिया था, उसका एम.कॉम हो चुका है अब वो किसी प्रतियोगी परिक्षा की तैयारी कर रहा है। उससे छोटे वाले ने गणित लिया था और कम्पटीशन में निकाल लिया था। भिलाई से इंजीनियरिंग पास करके अब वो एम.टेक के लिए गेट की तैयारी कर रहा है।"

आपके बच्चों की खेती में रुचि नहीं है? वे इतना अच्छा पढ़–लिख रहे हैं तो आपने उनसे एग्रीकल्चर पढ़ने को नहीं कहा?, पूछने पर मीना कहती हैं, "उन्होंने जो विषय चुने अपनी रुचि से चुने। हमने कुछ भी थोपा नहीं। खेती तो वे कर सकते हैं। उन्होंने बचपन से घर में होते हुए देखा है लेकिन पढ़ने के लिए उनकी रुचि कुछ अलग थी। वो कहते हैं कि पापा रिटायर हो जायेंगे तो फिर खेत हम लोग

देख लेंगे लेकिन मुख्य आमदनी के लिए वो लोग सरकारी नौकरी ही देख रहे हैं। हमारे घर में मेरे पति और उनके तीन भाई सभी सरकारी नौकरी कर रहे हैं इसलिए बच्चे भी वही करना चाहते हैं।"

मीना अपने खेतों में जैविक खेती के कुछ आधारभूत नियम अपनाती हैं। खेतों में फ़सल के अवशेष को निकालने की जगह उसी में जोत देने से बनने वाले जैविक तत्त्वों के प्रति वे जागरूक हैं। वे बताती हैं, "धान कटने के बाद हम लोग बचे हुए ठूँठ और जड़ों को उसी में जोत देते हैं। फिर वह सूख जाता है बारिश के बाद जब उसमें फ़सल लगाओ तो बहुत अच्छी पैदावार होती है। हम लोग बैल या भैंस का जोता हुआ ज़्यादा अच्छा मानते हैं, एक तो उसमें ढेला ज़्यादा नहीं निकलता, दूसरा मिट्टी दबकर कठोर नहीं बनती। मेरे यहाँ सत्तर एकड़ खेती है। अच्छी खेती हो जाती है। मेरे दादा ससुर को बहुत अच्छा किसान माना जाता था। उन्होंने खेती–किसानी से ही अपने बच्चों को पढ़ा–लिखा कर क़ाबिल बना दिया। नौकरी में लग गये। हमारे लिए सरकार ने इतनी रियायतें दी हुई हैं कि आदमी सोचता है पढ़–लिखकर नौकरी ही कर लेते हैं। खेतों में काम करने से थोड़ा आसानी रहेगी, रुतबा भी मिलेगा। इसलिए आजकल के बच्चे लोग खेती–किसानी के बारे में नहीं सोचते हैं। वो सरकारी नौकरी ही करना चाहते हैं। मैं भी खेतों में मज़दूरी इसलिए कर रही हूँ क्योंकि मुझे बच्चों की पढ़ाई के लिए पैसे की कमी नहीं होने देना है। जब वो नौकरी से लग जायेंगे तो मैं कमाना छोड़ दूँगी, फिर उनकी ब्याह–शादी की चिन्ता करूँगी।"

मीना से बात करने के बाद महिला सशक्तीकरण की एक नयी परिभाषा मुझे समझ आयी। यह ज़रूरी नहीं है कि हम किसी बड़े से दफ़्तर में एसी और टेबल–कुर्सी के साथ ही नौकरी करें। हमें अपनी क्षमता और ज्ञान का सही इस्तेमाल करना आना चाहिए। मीना से मैं हर दिन यही सीखती हूँ। मीना अपने बच्चों और परिवार के लिए वह काम कर रही हैं जो उन्हें सबसे बेहतर आता है। और जिसमें उनकी रुचि भी है। वे न सिर्फ़ आत्मनिर्भर हैं बल्कि सम्मान के साथ पैसा कमा रही हैं। उन्हें किसी दूसरे व्यक्ति के खेत में मज़दूरी करने में

कोई शर्म नहीं। बल्कि उन्हें ख़ुशी मिलती है कि वे अपने अनुभव और ज्ञान का इस्तेमाल करके घर की ज़रूरतों के लिए दो पैसे कमा पाने में सक्षम हैं। साथ ही वे यहाँ जैविक खेती के गुर भी सीख रही हैं जिसे वे अपने आसपास के किसान भाई / बहनों से साझा करती हैं, अपने निजी खेतों में उनके प्रयोग करती हैं। मीना का रहन–सहन बहुत ही सादा लेकिन सभ्य है। उन्होंने यह सिखाया कि कोई भी काम, काम ही होता है उसे मज़दूरी कहकर, या छोटा–बड़ा कहकर उसका तिरस्कार नहीं करना चाहिए।

2011 की एक रिपोर्ट देखें तो यह बात जानने में आयी थी कि हिमाचल क्षेत्र में प्रति हेक्टेयर प्रतिवर्ष एक पुरुष औसतन 1211 घण्टे और एक महिला औसतन 3485 घंटे कार्य करती है।[3] विशेषज्ञ मानते हैं कि यदि महिलाओं को कृषि सम्बन्धित तकनीकी ज्ञान, वैज्ञानिक ज्ञान, बाज़ार की समझ और समान अधिकार दिये जायें तो कृषि में मुनाफ़े को काफ़ी हद तक बढ़ाया जा सकता है। उनकी उपयोगिता को सही दिशा और दशा दोनों की आवश्यकता है।

हमें शामली जैसी महिलाओं की भी ज़रूरत है जो अपने अधिकारों के लिए बोलना और उन्हें लेना भी जानती हों। अगस्त 2017 की तारीख़ 29–30 देशभर की महिला किसानों के लिए एक ज़रूरी दिन था। राष्ट्रीय महिला आयोग और यूएन वीमेन ने महिला अधिकार मंच के साथ मिलकर महिला किसानों की समस्याओं को सरकार तक पहुँचाने के लिए कई राज्य और केन्द्र स्तरीय कृषि अधिकारियों को बुलाया था। इस सभा में केन्द्रीय कृषि मन्त्री जी भी महिलाओं से उनकी समस्याएँ सुनने के लिए आमन्त्रित थे। कॉन्स्टीट्यूशन क्लब दिल्ली, महिला किसानों से खचाखच भरा था। उन्हीं में से एक महिला किसान की बुलन्द आवाज़ और अपने अधिकारों की लड़ाई की कहानी मंच से गूँज रही थी। यह महिला किसान थी मध्य प्रदेश के आदिवासी बहुल इलाक़े मण्डला की शामली। शामली ने विवाह

3. कृषि उत्पादन बढ़ाने के लिए महिलाओं की सहभागिता ज़रूरी, प्रेस रिलीज़, डॉ. जगदीप सक्सेना, पत्र सूचना कार्यालय, भारत सरकार।

के बाद अपने पिता से अपने हिस्से की ज़मीन खेती के लिए माँगी। भारतीय समाज में जहाँ बेटियों को सिर्फ़ दहेज दिया जाता है, दहेज के बाद उन्हें मायके के ज़मीन–जायदाद में हिस्सेदारी नहीं दी जाती। वहीं शामली को यह हक़ पाने के लिए जद्दोजहद तो करनी पड़ी लेकिन वे जीत गयीं। शामली कहती हैं, "मैं बचपन से खेती करते हुए बड़ी हुई हूँ। मैं एक किसान हूँ। लेकिन अपनी इच्छा से अपने हिसाब से खेती करने का हक़ मुझे तभी मिल सकता था जब मेरे पास अपनी ज़मीन हो, जिसका मेरे पास मालिकाना हक़ हो। मुझे अपने दो भाइयों के सामने खेती हेतु ज़मीन पाने के लिए पिता को समझाने में मुश्किलें तो आयीं लेकिन मैं कामयाब हुई। मैंने अपने अधिकारों का इस्तेमाल किया और अब मैं अपनी ज़मीन पर अपने हिसाब से खेती कर रही हूँ।"[4]

नेशनल सैम्पल सर्वे ऑफ़िस के आँकड़ों के मुताबिक़ देश के 23 राज्यों में कृषि, वानिकी और मछली पालन में कुल श्रम शक्ति का पचास फ़ीसदी भाग महिलाओं का है। भा.कृ.अनु.प. के डीआरडब्ल्यूए की ओर से नौ राज्यों में किये गये एक शोध से पता चला है कि प्रमुख फ़सलों के उत्पादन में महिलाओं की 75 फ़ीसदी भागीदारी, बागवानी में 79 फ़ीसदी और कटाई के बाद के कार्यों में 51 फ़ीसदी महिलाओं की हिस्सेदारी होती है।[5]

दिलीप बाबू ने जब कहा कि महिलाओं को दिनभर की मंजूरी सौ रुपये भी मिल जाये तो वे सन्तुष्ट रहती हैं। जबकि पुरुषों के साथ ऐसा नहीं है। यह भी कृषि में महिलाओं के योगदान को उचित स्थान न मिल पाने का एक कारण है। वे मेहनत उतनी ही करती हैं या शायद उससे ज़्यादा भी लेकिन उन्हें मेहनताना बराबर नहीं मिलता, क्योंकि शायद महिलाओं को पुरुषों के बराबर मंजूरी देने का प्रावधान नहीं है। या उन्हें उस लायक नहीं समझा जाता। या हमारे देश में मेहनत को ताक़त से तौला जाता है।

---

4. जब खेती का ज़्यादातर काम महिलाएँ करती हैं तो किसान का मतलब सिर्फ़ पुरुष क्यों?, प्रदीपिका सारस्वत, सत्याग्रह डॉट कॉम।

5. वही (3)

पिछले कुछ वर्षों में महिलाओं पर कृषि का भार बढ़ा है, क्योंकि पुरुष खुद बाहर निकलकर ज़्यादा पैसा कमाने के बारे में सोचता है। आजकल हर चीज़ पैसे से ख़रीदी जाती है ऐसे में पैसे की क़ीमत तो समझनी होगी। पर इस सब में महिलाओं की संख्या भी कृषि श्रमिकों के रूप में बढ़ी है न कि कृषकों (इनमें भी अधिकतर महिला किसानों के पास ज़मीन के मालिकाना हक़ नहीं हैं) के रूप में। भारत की पिछली दो जनगण ना को आधार बनायें तो 2001 में खेती से जुड़ी कुल महिलाओं का 54.2 प्रतिशत हिस्सा कृषि श्रमिक थीं, जबकि बाक़ी 45.8 फ़ीसदी महिलाएँ कृषक के तौर पर इससे जुड़ी थीं। वहीं 2011 की जनगणना में कृषकों की संख्या घटी है। इसमें महिला कृषि श्रमिकों का आँकड़ा तो बढ़कर 63.1 फ़ीसदी हो गया और कृषकों का आँकड़ा घटकर 36.9 फीसदी रह गया।[6]

हालाँकि 2015–16 के आँकड़ों में हमने देखा कि महिलाओं के नाम जोत के मालिकाना हक़ का मामला कुल प्रतिशत में 1 प्रतिशत से बढ़ा है। पर यह अब भी बहुत छोटा है। ऐसे में हम उम्मीद ही कर सकते हैं कि वे महिलाएँ जो अपने आप को खेतों में ख़र्च कर रही हैं। बराबरी से मेहनत कर रही हैं। कुछ नया करने या सीखने के प्रति जागरूक हैं, लालायित हैं। उन्हें यदि पुरुष किसान के बराबर खड़ा

---

6. वही (3)

किया जाये, न सिर्फ़ मालिकाना हक़ के मामले में बल्कि किसान की छवि को भी हल जोतते एक पुरुष से हटाकर एक संयुक्त छवि के रूप में देखा जाये तो कृषि क्षेत्र में भी उज्जवल भविष्य और बेहतर सम्भावनाओं को प्राप्त किया जा सकेगा।

जैविक खेती के प्रति महिलाओं में विशेष उत्साह देखने मिल रहा है। वैदिक वाटिका के तहत समर्थ ने अब तक जितने भी गाँव में ट्रेनिंग कार्यक्रम चलाया उसमें महिलाओं ने न सिर्फ़ बढ़–चढ़कर हिस्सा लिया बल्कि उस सीख को अपने खेतों में लागू करना भी शुरू किया। ये सारी बातें, उपरोक्त सभी आँकड़े, यही कहते हैं कि कृषि की सम्पूर्ण उन्नति के लिए महिलाओं द्वारा दिये जा रहे योगदान को एक आवश्यक पहचान और उनकी महत्ता को समझे जाने की आवश्यकता है।

सिक्के का दूसरा पहलू

मैं एक किसान हूँ और ख़ाली समय में टैक्सी भी चलाता हूँ। मेरे पास किसान क्रेडिट कार्ड था। मैंने हमेशा मेरा क़र्ज़ा समय पर चुकाया है। लेकिन इस बार कांग्रेस सरकार की रैली में क़र्ज़माफ़ी के वादे किये गये। उसके बाद से सभी ने क़र्ज़ चुकाना बन्द कर दिया तो मैंने भी मेरा दो लाख का क़र्ज़ा नहीं चुकाया। मैंने कुछ लोगों से पूछा भी। कुछ ने चुकाया भी था। लेकिन उन्हें जब मालूम चला कि जिसका पूरा बचा है उसी को माफ़ी मिलेगी तो उन्होंने जमा किया हुआ भी निकाल लिया। हालाँकि मेरे मामले में, हमेशा की तरह मैं कुछ और मेहनत करके उसे चुका सकता था। अब मैं बस कांग्रेस की सरकार और क़र्ज़माफ़ी दोनों का इन्तज़ार कर रहा हूँ, क्योंकि जब सबका माफ़ हो ही रहा है तो मेरा भी हो जायेगा, उसमें ग़लत भी क्या है?

2018 दिसम्बर में मैं एक पारिवारिक आयोजन में सम्मिलित होने अपने गृहनगर से ग्वालियर जा रही थी। हमने एक किराये की गाड़ी ली। जिसके ड्राइवर से बातों के दौरान जब किसान और क़र्ज़माफ़ी की बातें हुईं तो उन्होंने इस तरह अपना मन बताया कि वे क्या हैं और अब क्या सोच रहे हैं। ग़ौरतलब है कि किसान क्रेडिट कार्ड स्कीम के तहत तीन लाख रुपये तक के लोन पर सात प्रतिशत ब्याज लगता है जिसमें से किसान को सिर्फ़ चार प्रतिशत चुकाना पड़ता है, बकाया तीन प्रतिशत राज्य सरकार देती है, और दो प्रतिशत केन्द्र सरकार। अब यदि किसान समय पर लोन नहीं चुकाता है तो उसे ब्याज पर स्कीम का फ़ायदा नहीं मिलता जबकि यदि वह समय पर लोन चुका देता है तो वह दूसरे दिन ही फिर से तीन लाख रुपये

का लोन ले सकता है। इस लेन–देन में भी लोन देने वाले और लोन लेने वाले दोनों की तरफ़ अलग–अलग स्तर की धाँधली की ख़बरें सामने आती रहती हैं।

किसानों द्वारा हो रहे क़र्ज़माफ़ी के आन्दोलन और दूसरी तरफ़ अपनी यात्रा के दौरन मिले उस किसान भाई की बातें सुनने के बाद मैंने यह उचित समझा कि इन घटनाओं की दूसरी परत टटोली जाये। आख़िर दोषी कौन है? इसके लिए मैं ग्रामीण बैंक में कार्य करने वाले अधिकारियों से मिली। वे अधिकारी जिन्होंने अपने जीवन के पैंतीस वर्ष किसानों के बीच रहकर भारत के छोटे–छोटे गाँवों में बिताये हैं। उन्हें लोन बाँटें हैं, और रिकवरी के दौरान लोन की वसूली कार्यक्रम का हिस्सा भी रहे हैं। उन्होंने किसानों की स्थिति, बैंक, क़र्ज़ और सरकार के इस सिस्टम को क़रीब से देखा है। अतः उनसे इस पहलू पर एक चर्चा करना उचित समझा। इसी क्रम में जिन अधिकारियों से मिली उनमें से अधिकांश ने कहा कि–***"किसानों की नीयत अब लोन चुकाने की नहीं रही, वे जान गये हैं कि वे आन्दोलन करेंगे और क़र्ज़ माफ़ हो जायेगा। यह कुछ–कुछ वैसा ही हो गया है जैसे छोटा बच्चा ज़िद में अपनी बातें मनवाना सीख लेता है। पर वे यह नहीं समझ पाते कि क़र्ज़माफ़ी उनकी समस्याओं का हल नहीं है।"***

इन विचारों को विस्तार से समझने के लिए मैं अपने पिता के साथ कार्य कर चुके एक अधिकारी से मिली। वे ग्रामीण बैंक में तैंतीस वर्ष की सेवा दे चुकने के बाद रिटायर हो चुके हैं। उन्होंने कई छोटे–छोटे गाँवों में किसानों के साथ मिलकर उनके लिए कार्य किये। वर्तमान में भी वे किसानों के लिए अपने स्तर पर कार्य करते रहते हैं। साथ ही अपने 'टेरेस–गार्डन' में लगे पाँच सौ से अधिक फूल के पौधों के लिए ख़ुद ही केंचुआ खाद बनाते हैं। अपने कार्यकाल में वे बतौर फ़ील्ड–ऑफ़िसर भी कार्य चुके हैं एवं सीनियर–मोस्ट पद से रिटायर हुए हैं।

(नीचे लिखी गयी बातें उनसे हुई चर्चा पर आधारित हैं, जिसमें लिखते समय प्रवाह बनाये रखने के लिए भाषायी स्तर पर लेखक ने अपने अनुसार लिखा है)

वे बताते हैं,

"आज से तीस साल पहले जब हम गाँव में जाते थे, सच पूछा जाये तो हमारी संस्कृति और संस्कार हमने उसी गाँव से पाये। उन किसानों के बीच रहकर। रिकवरी (लोन–वसूली) के लिए जब हम गाँव में जाते थे तो हमें कई बार सख़्ती भी बरतनी पड़ती थी। एक बार तो ऐसा हुआ कि जब हम रिकवरी पर गये तो एक घर में बहुत सख़्ती करनी पड़ी। उस किसान को हमने बैठा लिया था कि अब पैसा नहीं भरेगा तो तुझे बन्द करवायेंगे। तब उस किसान की माता जी ने हमें अपने जोड़े हुए पाँच–हज़ार रुपये दिये। उस गाँव से रिकवरी का पूरा काम निपटाकर शाम को जब हम वापस लौट रहे थे तो उस गाँव से लगी हुई नदी चढ़ गयी। आवागमन के रास्ते बन्द हो गये जो खेतों से होकर भी गुज़रते थे। हम उस रात के लिए उस गाँव में फँस गये थे। हमारे अलावा वहाँ क़रीब सत्तर–अस्सी सवारियों को लिए एक बस भी फँस गयी थी। तब वही परिवार हमारे काम आया जिससे हमने सख़्ती की थी। उन लोगों ने सारे गाँव वालों को इकट्ठा किया। गाँव की महिलाओं ने हम सभी फँसे हुए लोगों के लिए खाना बनाया। गाँव वालों ने हमें सोने के लिए जगह दी। अगली सुबह चाय पिलायी। तब तक नदी उतर चुकी थी। रास्ते भर मेरे दिमाग में यही घूमता रहा कि कभी ऐसी स्थिति यदि हमारे सामने आ जाये तो हम शहरी लोग शायद इनसे पानी की भी न पूछें।

तब से इस वर्ग के प्रति बहुत सहानुभूति रही है। यह वर्ग बहुत ईमानदार था, लेकिन कुछ लालची सामाजिक–राजनीतिक तत्त्वों ने बहुत ही बेरहमी से इस वर्ग का इतना शोषण किया, कि आज इन्हें बेईमान होना पड़ा। आज तक यह वर्ग जो अनुशासित, धार्मिक प्रवृत्ति का एवं समाज की सेवा करने वाला माना जाता था, वही वर्ग आज उखड़ पड़ा है। आज इस वर्ग की स्थिति देखकर दुःख होता है। विद्रोह की स्थिति आ गयी है, और इसके ज़िम्मेदार बड़े लोग, औद्योगिक समूह, नेता–जन हैं जो इनको लालच देते हैं, टुकड़े दिखाते हैं लेकिन लाभ नहीं पहुँचाते, खुद खा जाते हैं। इन्हीं सब कारणों से अब यह किसान वर्ग उखड़ने लगा है। विद्रोही बनता जा रहा है।

देखा जाये तो एक बैंकर के रूप में मैं आज यह बात कह रहा हूँ कि इस वर्ग के लिए सही मायनों में आज तक न किसी ने दिशा दी, न उनकी मदद की सिर्फ़ इस वर्ग का शोषण ही किया। मई–जून में जब हम रिकवरी के लिए जाते थे तो देख के बड़ी ख़ुशी होती थी कि कितनी अच्छी फ़सल हुई है। इतना प्याज हुआ है। औरतें वहाँ छँटनी करती हुई दिख जाती थीं, ख़राब को अलग, छोटी अलग। यह सब देखकर अच्छा लगता था। उन्हें मेहनत करते, उनकी जीवटता देखकर। लेकिन यह ख़ुशी तब तक ही रह पाती थी जब तक उनसे बातचीत नहीं होती थी। जब उनसे बात करके हम पूछते कि क्या भाव बिक रही है फ़सल तो वे रुआँसे हो जाते। कहते, "साहब जितना लगाया था उतना ही मिल जाये तो बड़ी बात है।" हाल यह रहता है कि ये किसान ऑटो में रखकर कॉलोनियों में प्याज बेचते फिरते हैं। इन लोगों से बेहद सस्ते दामों में ख़रीद लिया जाता है। जब यही प्याज इस वर्ग के हाथों से पूरा बिक जाता है, उसके महीने–दो महीने बाद यही प्याज आपको साठ–सत्तर रुपये में मिलेगा। यही शोषण है। इसमें ग़लती सिर्फ़ सरकार की नहीं सामान्य इन्सान की भी है जो अपने भोजन के लिए जिस किसान पर आश्रित है वह उसकी किसी भी समस्या को सुलझाने के लिए निजी स्तर पर कोई मेहनत नहीं करना चाहता।

बात सिर्फ़ प्याज की नहीं, आप कोई भी फ़सल उठा लो, चाहे सोयाबीन हो, टमाटर हो, या कोई भी। जब किसान उसे बेचने आता है तो उसे उसकी आधी या उससे भी कम क़ीमत मिलती है। फिर बेचकर जब उसके पास से सब ख़त्म हो जाता है, और यह माल बड़े लोगों के पास पहुँच जाता है तब यही बाज़ार में दुगने–तिगुने दाम में मिलता है। इसमें वह पूरी व्यवस्था ज़िम्मेदार है जिसने यह सब सालों से चला रखा है। अब चाहे इसके लिए आप बिचौलियों को दोष दो, चाहे उद्योगपतियों को या चाहे सरकार को, या चाहे सामान्य जन को भी सभी कहीं–न–कहीं इसका हिस्सा हैं। यह इतनी गन्दी और इतनी सड़ी–गली व्यवस्था है कि कई बार कोफ़्त होने लगती है।

लोग कहते हैं किसान बेईमान हैं। हम बैंक वाले भी अक्सर यही कहते हैं। गाँव–गाँव रिकवरी के लिए जाते हैं, देखते हैं किसान पैसा नहीं चुका रहा, क़र्ज़ा है लेकिन वह कह देता है कि पैसा नहीं चुकायेगा। अब मानसिकता बहुत तेज़ी से बदल रही है। ऐसे किसान भी होते हैं जो चुका सकते हैं फिर भी नहीं चुकाते। वे कहते हैं, "साहब देश में इतने बड़े–बड़े करोड़ों के लोन लेकर लोग भाग जाते हैं उनका कोई कुछ नहीं बिगाड़ता, हमारे दो–चार लाख तो माफ़ हो ही सकते हैं। जब सारी दुनिया खा रही है तो हम क्यों नहीं खायें?" हमने ही इस पूरे वर्ग को विद्रोही और बेईमान बनने पर मजबूर किया है। यह सारा दोष व्यवस्था का है। हमारे देश में कोई भी ऐसा व्यक्ति बता दीजिए जिसने इस समस्या की जड़ों में उतरकर इसे समझा हो, और दीमक की तरफ़ फैलती समस्याओं के हल खोजे हों।

एक बार की घटना है, बहुत हाई–लेवल की रिजर्व बैंक ऑफ़ इंडिया की मीटिंग थी। मैं ग्रामीण बैंक में चीफ़ मैनेजर था, एडवांस की पोस्टिंग थी। सामान्यतः इन मीटिंग्स में चेयरमैन या जीएम ही जाते हैं लेकिन उस समय वे दोनों ही बीमार होने की वजह से उपस्थित नहीं हो पा रहे थे अतः मुझे वहाँ बैठने का मौका मिला। बड़ी–बड़ी बातें हो रही थीं। उसमें एक इश्यु आया कि ये जो किसान हैं, ये माफ़ी के चक्कर में ऋण अदा नहीं कर रहे हैं। तब रिज़र्व बैंक और नावार्ड के जो रिप्रेजेंटेटिव थे उन्होंने कहा कि हमने किसानों के लिए इतनी स्कीम्स लॉन्च की हैं फ़सल के लिए इंश्योरेंस स्कीम्स भी हैं, फिर भी रिकवरी क्यों नहीं आ रही है? उस समय मैंने अपनी ओर से कुछ बातें रखीं, जिनमें से एक पर मैंने कहा था, "कि सर, सूखे की जो स्थिति हुई उसके बाद हमने आपसे लोन के रीफेज़मेंट और रीस्ट्रक्चराइज़ेशन के लिए कहा, मतलब कि इस साल की जो लोन की डिमांड है उसे ख़त्म कर दो और जो बची हुई डिमांड है उसे बाइफरकेट कर दो। यह एक बहुत अच्छी पॉलिसी थी जो किसानों की मदद करती, लेकिन इसमें आपने कहा कि जो रेगुलर किसान (समय–समय पर क़र्ज़ की राशि या ब्याज भरने वाले) हैं उन्हीं के लिए यह लागू हो। मैंने कहा उनसे कि जो रेगुलर नहीं हैं वे असल

में मजबूर हैं। उनके पास पैसा होता तो वह दे ही देता। इस पॉलिसी में आपने डिफाल्टर्स क्यों नहीं दिये। असली ज़रूरत तो उस वर्ग के लिए थी, आपने उसमें इस पहलू को क्यों शामिल नहीं किया?"

रिज़र्व बैंक और नावार्ड ने मेरी बात सुनी, उसे सराहा भी, और कहा कि इसे आगे ले जायेंगे। पर असल में वह बात सराहना से आगे नहीं बढ़ पायी और वहीं भुला दी गयी। आज भी मैं यही सोचता हूँ कि जिसे ज़रूरत है उसे तो कुछ मिल नहीं पाता, और जो रेगुलर चल रहा है वह बार–बार फ़ायदा पाता रहता है।"

अपने कई सारे अनुभवों के साथ उन्होंने ट्रैक्टर आवंटन को लेकर भी एक अनुभव बाँटा था। जिसमें एक बार एक ब्रांच में उनके सामने सौ से ऊपर बाँटे गये ट्रैक्टर लोन की रिकवरी की ज़िम्मेदारी थी। वे जब गाँव–गाँव गये और किसानों के हालातों को समझने की कोशिश की तो मालूम हुआ कि किसानों को ट्रैक्टर के लिए जो लोन मिले थे उसमें वे सिर्फ़ ट्रैक्टर अकेला ख़रीद पाते थे। जबकि किसी भी किसान के लिए वह तभी उपयोगी है जब उसमें, ट्रॉली भी हो, हल भी हो और साथी मशीनें भी। ख़ाली इंजन से वे क्या कर लेंगे? ऐसे में जब ट्रैक्टर मिलने के बाद की पहली फ़सल आती है तो किसान उससे मिले पैसों से ट्रॉली या हल ख़रीदने के बारे में सोचता है, अगली फ़सल के लिए बीज–खाद के बारे में सोचता है, घर चलाने के बारे में सोचता है। लोन चुका पाने लायक उसके पास कुछ बचता ही नहीं। उसका ब्याज बढ़ता जाता है और फिर एक दिन वह डिफॉल्टर की लिस्ट में शामिल हो जाता है। ये परेशान किसान अधिकांश वे ही होते हैं जो छोटी जोत वाले किसान हैं। छोटे किसान हैं। बड़े या व्यावसायिक खेती कर रहे किसानों के साथ पूँजी आदि की समस्या कम ही देखने को मिलती है। यह सच है कि सभी किसान परेशान नहीं होते। कई बेईमानी भी करते हैं लेकिन कारणों के बारे में ऊपर हम बात कर चुके हैं। कई चुकाते भी हैं। पर किन्हीं भी मामलों में क़र्ज़माफ़ी के लिए किसान आन्दोलन जो हमने देखे, वे किसानों की समस्या का हल नहीं है। न ही वह एक दूरदर्शी नीति होगी। यदि माफ़ी मिलती भी है तो भी उनकी

समस्याओं का हल खोजना ज़रूरी है। और इसके लिए किसानों को भी नेताओं की बातों में आकर विद्रोह नहीं करना चाहिए। विद्रोह करना ही है तो सही तकनीक, सही शिक्षा, या सही जानकारी के लिए करें। फ़सल के जो सही दाम नहीं मिल पाते, उस जर्जर व्यवस्था को बदलने के लिए करें। आप एक बार क़र्ज़ माफ़ करा सकते हैं हर बार नहीं। लेकिन आप एक बार व्यवस्था बदलने के लिए लड़ेंगे तो वह भविष्य में कई वर्षों तक आपको लाभ पहुँचायेगी। किसान वर्ग को यह समझना चाहिए।

जैविक खेती के बारे में पूछने पर उन्होंने बताया कि कई जगह ऐसा हुआ कि किसानों ने जैविक खेती शुरू की, ढाकोनी, चन्देरी आदि के पास किसानों ने मिलकर बड़े–बड़े केंचुआ खाद बनाने के बेड्स भी तैयार किये। वे कुछ साल चले भी लेकिन उनके तबादलों के बाद किसानों के लिए उनके साथ काम करने वाले लोगों की कमी से जैविक खेती का यह क्रम चोटिल हुआ। उन्होंने बताया कि कई किसान देखे जो रासायनिक खेती के दुष्प्रभावों को समझते हुए जैविक खेती की तरफ़ बढ़ते हैं लेकिन जब वे बदलाव के बाद पहली ही फ़सल से नुक़सान पाते हैं तो वे इससे विमुख हो जाते हैं। उन्हें बदलाव तो चाहिए लेकिन फ़सल उतनी ही चाहिए जितनी वे यूरिया डालकर उगा रहे थे।

मैनेजर साहब ने जो भी हमें बताया वह उस पहलू को दिखाता जो शायद हम सब्ज़ी मण्डियों में, ठेलों पर, या रिलायंस मार्ट आदि से सब्ज़ी ख़रीदते हुए न समझ पायें। सिर्फ़ धन की कमी ही, किसानों की समस्या नहीं है।

इन्हीं समस्याओं के एक और पहलु को समझने के क्रम में मैंने बुन्देलखण्ड में दशकों से किसानों के बीच रह रहे, एक ऐसे किसान से बात की जिनके खेत हैं। वे ख़ुद नौकरी करते हैं, गाँव में ही रहते हैं, और अपने खेतों को किसानों को देते हैं। खेतों और किसानों के साथ उनका आधा जीवन बीत चुका है। ऐसे में पिछले तीस वर्षों में किसानों के जीवन में क्या–क्या बदलाव आये, कैसे बदलाव उन्होंने देखे इस बारे में उनसे चर्चा हुई। वे अपने अनुभव बताते हैं–

"1980 के दशक से अब तक किसानों के हालातों में बहुत फ़र्क़ आया है। उनके हालात पहले से बहुत सुधरे हैं। अब उन्हें ज़मींदारों या जागीरदारों से क़र्ज़ा लेने या जीवनभर उसे चुकाने की ज़रूरत नहीं पड़ती। ये हालात और भी सुधर सकते हैं, यदि किसान साहूकारों/ अमीरों से क़र्ज़ा लेने की जगह बैंक से क़र्ज़ा ले और बैंक के साथ ईमानदारी बरतें। इतने वर्षों में यदि किसानों के कुछ हालात बिगड़े हैं तो वे भी इसलिए कि पहले का किसान मेहनती था, ईमानदार था। अब राजनीतिक शक्तियों ने अपने लाभ के लिए किसान को मुफ़्तखोर बना दिया।

मेरा अब तक का जीवन किसानों के बीच ही गुज़रा। व्यापार हो या नौकरी दोनों में ही मैंने बुन्देलखण्ड के इलाक़ों में किसानों के बीच काम किया। लेकिन पिछले तीस वर्षों में मेरे आसपास के किसी किसान ने बैंक क़र्ज़ आदि की मजबूरी में आत्महत्या नहीं की। या उन वजहों से नहीं जैसा मीडिया में ख़बर को पॉपुलर बनाने के लिए बढ़ा–चढ़ाकर दिखाया जाता है। व्यक्तिगत कारण से कोई किसान गुज़रा हो, किसी बीमारी से गुज़रा हो तो उसकी मौत को भी किसान की मजबूरी का नाम देकर आत्महत्या का मामला बना दिया जाता है। बाईचांस कोई एक किसान हो जिसने बहुत ही ज़्यादा क़र्ज़ा ले रखा हो और उस स्थिति में उसने आत्महत्या कर ली हो तो हज़ारों–लाखों में मरने वाले एक किसान–आत्महत्या के मामले का सामान्यीकरण नहीं किया जा सकता। जैसा कि मीडिया करती है। यह सब राजनीतिक पार्टियों या विपक्षी पार्टियों का हो–हल्ला रहता है अपने पक्ष को भारी करने के लिए।

क़र्ज़माफ़ी भी एक तरह से किसानों को मुफ़्तखोर बनाने का काम करता है। इसकी जगह उन्हें के.सी.सी. जैसी सुविधाएँ देनी चाहिए, जिससे उन्हें सहायता मिल सके। उसमें भी सरकार को क़र्ज़ चुका पाने और न चुका पाने वाले किसानों का वर्गीकरण चतुराई से करना पड़ेगा ताकि सही व्यक्ति तक लाभ पहुँच सके। क़र्ज़माफ़ी कहीं–न–कहीं महँगाई के लिए ज़िम्मेदार बनती है। सरकार कहीं से तो पैसा निकालेगी न।

किसानों का निजी जीवन देखा जाये तो उसमें भी पहले से बहुत सुधार हुआ है। अब पक्के मकानों वाले किसान भी मिलते हैं। ये अलग बात है कि किसी के पास एक कमरा है किसी के पास दो। जिनके पास नहीं है उनके लिए आवास योजनाएँ हैं, उम्मीद है कि उन्हें भी जल्दी पक्के घर मिलें। समस्या एक बार वहाँ भी आती है जहाँ सरकारी योजनाओं का लाभ सही आदमी तक नहीं पहुँच पाता। ऊपरी सतह उसमें अपना फ़ायदा देखती है। और किसानों तक कम ही जानकारी पहुँच पाती है। सरपंच या सेक्रेटरी स्तर के लोग बिना पात्रता वाले लोगों को निजी सम्बन्धों के आधार पर फ़ायदा पहुँचाते हैं।

1980 के दशक में लोगों के पास पर्याप्त साधन नहीं थे। ज़मीनें थीं भी तो अधिकांश देखते थे कि बंजर हैं। थोड़े से हिस्से में खाने–कमाने, गुज़ारा करने के हिसाब से लोग खेती कर लिया करते थे। ऐसे में सबसे बड़ा बदलाव यही आया कि अब अधिकांश ज़मीन पर खेती हो रही है। मुश्किल से पाँच प्रतिशत ज़मीन ही ऐसी होगी जो ख़ाली पड़ी होगी। मैंने देखा है, कैसे छोटे–छोटे लोगों ने थोड़ी–थोड़ी ज़मीन ख़रीदकर ख़ुद को बड़ा बनाया है।

1980 में दस प्रतिशत ज़मीन में खेती होती थी आज अस्सी प्रतिशत ज़मीन में खेती होती है। किसान अगर खेती कर रहा है तो सरकार उसके लिए ख़रीदी करके पैसा भी दे रही है। हालाँकि वह पर्याप्त नहीं होता कई बार और इस व्यवस्था में कई दोष भी हैं पर यह तीस साल पहले की अपेक्षा अब बेहतर दिखता है।

जितने भी किसान आन्दोलन होते हैं वे राजनीतिक स्टंट होते हैं। एक रुपये किलो चावल और दो रुपये किलो गेहूँ देकर उन्हें मुफ़्तखोर बना दिया है। इसके दुष्परिणाम नशाखोरी हैं। यह स्थिति तीस से चालीस प्रतिशत लोगों की है। दो रुपये किलो चावल–गेहूँ ख़रीदकर वे उसे इधर–उधर बेच देते हैं फिर उसके पैसे से दारु पीते हैं। सिर्फ़ यही नहीं इसके अलावा भी कहीं से भी कोई लाभ मिले अधिकांश किसान या निचले तबक़े के मज़दूर उसे खाने–पीने में उड़ा देते हैं।

सरकारें सिर्फ़ अपना वोट बैंक बढ़ाने के लिए क़र्ज़माफ़ी या रुपया मुहैया कराने जैसे क़दम उठाती है। इसके बदले उन्हें ज़मीनी स्तर पर शिक्षा–नौकरी आदि के लिए काम करना चाहिए।

अब जैसे 6000 रुपये सालाना मुफ़्त किसानों को दिया जायेगा। एक तरह से यह भी वोट बैंक का तिकड़म ही है लेकिन देखा जाये तो ठीक भी है। अब बीज–खाद के लिए छोटे किसानों को उधारी नहीं लेनी पड़ेगी। उनकी स्थिति सुधरेगी, पर यह तभी सम्भव है जब वे इस मुफ़्त के पैसे को दारु पर उड़ाने की जगह सच में अपने काम में लेंगे।

आज से कुछ साल पहले जब मनरेगा शुरू हुआ था तब किसानों/मज़दूरों को पचास रुपये दिहाड़ी मिलती थी। और अब 250 रुपये दिहाड़ी न्यूनतम है। शहरों इलाक़ों में यह दिहाड़ी 300 से 500 रुपये तक चली जाती है। अब सोचिए कि हालत सुधरी है या नहीं। इतने कम समय में आय में सीधे पाँच गुना वृद्धि सुधारी का ही सुबूत है लेकिन इसके बाबजूद भी किसानों या मज़दूरों का एक बड़ा भाग कामचोरी करता है। क्योंकि उसे पता है कि वह कुछ नहीं भी करेगा तब भी उसे सरकार से मुफ़्त राशन मिल जायेगा। जीवनयापन के लिए मेहनत अब मजबूरी नहीं रही है।

किसानों को भी क्या दोष दें। ईमानदार तो देश में कोई नहीं। सब अपने–अपने स्तर पर शोषण करना चाहते हैं। यदि बेईमानी ख़त्म हो जाये देश में महँगाई तो कम होगी ही, ग़रीबी भी मिटेगी। अब देखिए एक ईमानदार इंजीनियर सालभर में अपना पाँच–दस लाख कमाने के लिए सरकार का पचास लाख का नुक़सान कराता है। कोई कम बेईमान है कोई ज़्यादा। जो ज़्यादा होते हैं वो पाँच–दस करोड़ का भी नुक़सान करा देते हैं (हँसते हुए)।"

उपरोक्त बातें उनके निजी अनुभवों पर आधारित हैं। अतः यह ज़रूरी नहीं कि हर बात सही ही मानी जाये, लेकिन किसानों से जुड़े हर पहलू को खोजते हुए यह ज़रूरी लगा कि उनसे जुड़ी हर बात पर बात हो।

किसानों के सामने कई सारी समस्याएँ हैं। ग़रीबी और अशिक्षा तो अभी तक उन्हें सताती है। पर कमाई के साधन और रसायन–मुक्त खेती को अपनाने के अलावा भी कई पहलुओं को ध्यान में रखना पड़ेगा यदि सर्व–हित में सर्व–दिशा में सुधार करना है तो!

किसानों के साथ एक शब्द और जुड़ा होता है, 'बिचौलिये'। वे लोग जो किसानों से फ़सल ख़रीदकर बड़ी मण्डियों में बेचते हैं। यह प्रणाली कैसे काम करती है और इसमें कहाँ–कहाँ लूप–होल्स हैं इस पर एक नज़र ज़रूरी है।

बिचौलियों का काम क्या है? उदाहरण के लिए मान लेते हैं, जैसे हमारे क्षेत्र में 'जटगी' होता है। बिना पानी के पनप जाता है और तीस–चालीस किलो के आसपास बिकता है। यह पूरे जिले और आसपास के इलाक़े से एक ही आदमी ख़रीदता है। सम्भवतः उसके नीचे दलाल आदि होंगे। वह इसको सिर्फ़ प्रोसेस करके एक्सपोर्ट करता है। और महँगी क़ीमत पर बेचता है। अब यही काम यदि किसानों का समूह करे, जैसे सरकार पिछले कुछ वर्षों से 'फूड प्रोड्यूसर आर्गेनाइज़ेशन' बनाकर करने की कोशिश कर रही है, तो सम्भव है किसानों को इस सब माल की अच्छी क़ीमत मिल पाये।

दूसरा उदाहरण मिर्च का ले लीजिए। छोटे किसानों के पास अधिक–से–अधिक एक एकड़ से तीन–चार एकड़ तक जोत होती है। ऐसे में उनके पास पूरी एक गाड़ी माल नहीं निकल पाता। एक पिक–अप भी निकल जाये तो यह समस्या आती है कि इतने कम माल को कहाँ बेचा जाये? किसान ख़ुद अगर जाये तो गाँव से बाहर कितने दिन और कितने रुपये लगाकर अम्बिकापुर या बनारस मण्डी या ओडिशा की मण्डियों तक जायेगा? यहाँ बिचौलिये किसानों से माल ख़रीदते हैं। उनके पास गाड़ी और ड्राइवर होते हैं, वे एक किसान से एक बोरा लेंगे (जोकि उसकी कुल फ़सल होती है) दूसरे से चार, तीसरे से दो, इस तरह जिसके पास जितना माल होता है वे इकट्ठा करते हैं और एक बड़ी गाड़ी भरकर माल तैयार कर लेते हैं। मण्डी में उनका आदमी बैठा होता है। वहाँ अगर चालीस रुपये क़ीमत चल रही होगी तो बिचौलिये यहाँ तीस रुपये देंगे। किसान ने सारी मेहनत की, खाद–पानी–बीज और समय लगाया। फिर फ़सल की तुड़वाई में भी पैसा दिया। पर आठ–रुपये दस–रुपये का फ़ायदा किसको मिला फ़सल पर? बिचौलिये को। किसान को माल बेचना है, नहीं बेचेगा तो ख़राब हो जायेगा। ऐसे में वह जो भी मिलता है ले लेता है, फ़ायदा

हो तो ठीक, नुक़सान हो तो ठीक। उसकी पहली चिन्ता फ़सल को समय से बेच लेने की होती है। किसान ख़ुद मण्डी–मण्डी नहीं घूम सकता। बिकेगा, नहीं बिकेगा, मण्डियों में जान–पहचान नहीं होगी तो भी आफ़त होती है। बोली लगती हैं, दाम खुलते हैं तभी बिचौलिये एक्टिव होते हैं। इस सबकी जानकारी भी किसान को पूरी तरह नहीं रहती कि कब क्या हो रहा है?

अब धान में क्या होता है? मण्डी में बिकने वाली धान लगभग सभी किसान लगाते हैं। मण्डी में बिकने वाली धान अधिकांश किसान ख़ुद नहीं खाते। जबकि घर खाने के लिए सब थोड़ा–थोड़ा अपनी पसन्द का अलग धान लगाते हैं जैसे–जीराफूल, जावाफूल, गुडरूभोग, बैगनभोग। थोड़ा बहुत बीज ज़्यादा हो और थोड़ा बहुत बेच दें सोचकर दो–चार बोरा ज़्यादा लगाते हैं। इसे ही ज़्यादा इसलिए नहीं लगाते क्योंकि मण्डियों में यह बिकती नहीं है। कितनी भी ज़्यादा लगा लें एक गाड़ी तो निकल नहीं पायेगा। ऐसे में बिचौलिये अपना काम करते हैं। यह जो अलग देसी धान होता है इसे किसानों से इकट्ठा करके एक गाड़ी तैयार करते हैं। यह धान जब प्रोसेस होकर चावल बनता है तो यही बड़ी मण्डियों में साठ से अस्सी रुपये किलो तक बिकता है। बिचौलिये किसान से यह धान बीस–पच्चीस रुपये किलो में ख़रीदते हैं, उसे प्रोसेसिंग फैक्टरी में तीस–चालीस रुपये किलो में बेचते हैं, और वहाँ से वह चावल बनकर महँगे दाम में बिकता है।

हालाँकि अब देखने में आता है कि किसानों ने दस–दस बीस–बीस के समूह बनाकर काम करना शुरू किया है ताकि सही क़ीमत मिल सके। सन्ना में कुछ डेढ़ सौ किसानों का समूह है जो सीधे अपना माल बेचते हैं। वहाँ बिचौलियों की व्यवस्था लगभग समाप्त हो गयी है।

इसके अलावा यदि हम किसी एक किसान से कहेंगे कि आप बिचौलियों को मत बेचो तो वे अपनी फ़सल कहाँ बेचेंगे? उनकी फ़सल तो खेत में ही ख़राब हो जायेगी ऐसी स्थिति में। यहाँ ज़रूरत लगती है किसानों के लिए एक व्यवस्था बनाने की। जो देखा जाये तो बिचौलियों के रूप में पहले से बनी हुई है। पर असल में व्यवस्था में

कमी का नतीजा ही बिचौलियों का जन्म है। सीधे तौर पर वे किसानों का हित कर रहे हैं छुपे रूप में उनका अहित करके।

इस समस्या का एक समाधान है फ़सल–चक्र। छोटा किसान यदि सिर्फ़ एक फ़सल न लगाकर अलग–अलग तरह की पैदावार अपने खेत में करे तो वह उसे स्थानीय बाज़ार में बेच सकेगा। उसके ऊपर एक साथ एक ही फ़सल को बेच देने का भार नहीं होगा। एक फ़सल से यदि कम दाम मिलें तो वह दूसरे से अधिक की उम्मीद रख सकता है।

यदि हम सोचें कि सरकार ही यह काम करे तो उसमें वह गुणवत्ता पर नकेल नहीं कस पाती। जैसे यदि सरकार टमाटर का प्रोसेसिंग प्लांट डालती है। उसमें वे मशीन तो लगा देंगे लेकिन अधिकांश मामलों में ग्राउंड वर्क की कमी रहती है। उन्हें यह भी पता नहीं होता कि उस प्लांट में सॉस बनाने के लिए कौन–सी प्रजाति का टमाटर लगेगा। वह प्रजाति स्थानीय क्षेत्र में होती भी है या नहीं? वे बस यह सोच लेते हैं कि टमाटर मिल जायेगा तो उससे सॉस बन जायेगी, क्या, कौन–सा नहीं देखते। पर इंडस्ट्री में ऐसा नहीं चलता। जब उसमें उतरते हैं तो उसके कुछ बुनियादी नियम आपको मानने ही पड़ते हैं।

यदि लोकल मील या घरेलू मशीनों में तैयार किया हुआ चावल बेचने जायेंगे तो उसमें टुकड़ा वग़ैरह भी होता है। अतः उसकी क्वालिटी उतनी अच्छी नहीं मानी जाती। उसके लिए किसान को बड़ी मशीन, लाइसेंस, फूड सर्टिफ़िकेट, पैकिंग वग़ैरह में भी ख़र्च करना पड़ेगा। किसान इस सब में ख़र्च कैसे करेगा? और इसके बिना चावल बाहर बेचेगा तो दाम नहीं मिल पायेगा।

इसी का उपाय है 'फार्मर प्रोड्यूसर आर्गेनाइज़ेशन', इसमें बहुत सारे किसान मिलकर अपनी कम्पनी बनाते हैं। मिलकर सारा काम करते हैं। सरकार से उसमें मदद मिलती है। उसके तहत किसान यदि प्रोसेसिंग प्लांट डालना चाहें तो ऋण देती है, यदि किसान कुछ सीखना चाहें तो आर्थिक और शैक्षिक मदद देती है, कोल्ड–स्टोरेज डालने के लिए ऋण देती है, वाहन ख़रीदने के लिए ऋण देती है। ऐसे में ज़रूरी यह है कि किसानों के पास तकनीकी ज्ञान भी हो।

उनके पास पब्लिक–एक्सपर्टीज भी होनी चाहिए। यदि वे ख़ुद यह सब नहीं कर पा रहे हैं तो उन्हें अपने बच्चों को इससे जोड़ना चाहिए।

उदाहरण के लिए सरकार को यदि किसानों के साथ मिलकर कोई प्रोसेसिंग यूनिट डालनी है तो उन्हें पहले उस क्षेत्र में डेमो यूनिट पर काम करना चाहिए। यदि टमाटर से सॉस के लिए डाल रहे हैं तो पहले एक छोटे–से खेत में उस प्रजाति का टमाटर उगाकर देखा जाये, फिर छोटी मशीनों से सॉस तैयार करके देखा जाये। यदि वह कारगर रहे तभी करोड़ों रुपये उसमें ख़र्च किये जायें। अन्यथा वैसा ही हाल होता है जैसा कई सरकारी बन्द पड़े प्रोसेसिंग प्लांट्स का हो रहा है जहाँ मशीनें जंग खा रही हैं।

बड़े प्लांट्स में एक समस्या गुटबाज़ी की भी रहती है। और कंट्रोल फिर कुछ चुनिन्दा लोगों के हाथों में चला जाता है। ऐसे में सरकार को एक ऐसी प्रक्रिया बनानी चाहिए कि यह काम एक बड़े प्रोसेसिंग प्लांट की जगह लघु–उद्योग के रूप में, स्वयं सहायता समूह के रूप में हो। कुछेक किसान मिलकर एक क्लस्टर जैसे, जिसमें बीस किसान हों, छोटे स्तर पर कम ख़र्च में प्रोसेसिंग यूनिट तैयार करें और उन्हें एक नियमावली दी जाये जिसका पालन करते हुए वे अपना प्रोडक्ट तैयार करें। सरकार चाहे तो उस प्रोडक्ट को बाज़ार के हिसाब से तैयार करने के लिए कुछेक ज़रूरी प्रक्रिया और करे। फिर उसे एक ब्रांड के साथ बाज़ार में बेचे। जैसे अचार–पापड़ आदि के साथ होता है वैसा ही अन्य खाद्य पदार्थों के साथ भी हो। इससे किसान और सरकार दोनों के बीच न सिर्फ़ निर्भरता बढ़ेगी बल्कि किसानों की बिक्री और फ़सल सम्बन्धी कुछ समस्याओं का हल भी होगा। इसमें एक फ़ायदा यह भी होगा कि बहुत छोटे स्तर तक किसी एक पर निर्भरता नहीं रहेगी, कंट्रोल सबका अपने पास होगा, कोई गुटबाज़ी, कोई उद्योगपतियों का दवाब नहीं रहेगा। इन समूहों में यह भी हो सकता है कि किसान समय के साथ ख़ुद अपने स्तर पर बाज़ार लायक माल तैयार करने लग जायें। वहाँ से यदि उन्हें उचित दाम मिलें तो उनकी किसी एक को बेचने की निर्भरता भी ख़त्म हो जाये। वे अपने माल को तैयार करना सीखें और उसे बेचने के लिए

स्वतन्त्र हों। इन स्थानीय समूहों को बनाते समय उस स्थान पर उस प्रोडक्ट के लिए ज़रूरी हर तरह के कच्चे माल की उपलब्धता को भी ध्यान में रखना चाहिए। कोई एक मॉडल किसी एक राज्य या शहर में सफलतापूर्वक चल रहा है तो यह ज़रूरी नहीं कि वह दूसरे राज्य के किसी शहर अथवा गाँव में भी उसी तरह सफल हो।

कुल मिलाकर बात इतनी है कि किसानों को यदि बिचौलियों से निपटना है, पूरा मुनाफ़ा कमाना है, ऑनलाइन मण्डियों द्वारा सीधे माल बेचना है या किसी प्रोसेसिंग यूनिट को डालना है, इन सभी कार्यों के लिए उन्हें समूह बनाकर, स्व–निर्भरता अपनानी होगी। अपनी अगली पढ़ी–लिखी पीढ़ी को ख़ुद से जोड़ना होगा, ताकि उनका शोषण न हो पाये और उन्हें ज़रूरी तकनीकी ज्ञान भी मिलता रहे। उन्हें अपनी समस्याओं के लिए न सिर्फ़ जागरूक होना होगा बल्कि अपने लिए 'सिर्फ़' सरकारी सहायता पर निर्भर रहने के बजाय स्वतन्त्र रूप से समूहों में काम करके अपनी समस्याओं के हल खोजने होंगे और फिर उन सुझावों और, हल के साथ सरकार से मदद माँगनी होगी।

वर्तमान स्थिति में हमारे देश के किसानों को दिशा की आवश्यकता सबसे ज़्यादा है। वे दिशाहीन होकर यहाँ–वहाँ भटकें उसके स्थान पर उन्हें सही दिशा दिखाये जाने की और उस दिशा में उनके लिए, उनके साथ कार्य करने की आवश्यकता है। अन्यथा जो किसान इस देश को चला रहा है, उसकी अगली पीढ़ी शायद किसान बनना स्वीकार ही न करे। और फिर खाद्य व्यवस्था के नाम पर सिर्फ़ औद्योगीकरण बचे।

क्या हो गर ये पेड़-पौधे बोलने लगें?

सिनेमा हो या टीवी अतिशयोक्ति से बच नहीं पाते। एनीमेशन ने इस अतिश्योक्ति को और अधिक बल दिया। धार्मिक चरित्रों से भरे धारावाहिक जब बनते हैं तो उनमें न जाने कितनी ही बातें अतिशयोक्तिपूर्ण देखने मिलती हैं। हज़ारों साल पहले घटित हुई वे घटनाएँ सच थीं या नहीं मैं नहीं जानती। मैं यह भी नहीं जानती कि वे चरित्र ही सच थे या नहीं। तार्किक सुबूतों की कमी शायद इनकी वजह है, लेकिन हमारी आस्था हमें उनमें विश्वास बनाये रखने पर मजबूर करती है। मेरा भी उन चरित्रों में विश्वास है, आस्था है। इस आस्था से इतर विज्ञान की छात्रा होने की वजह से कई बातों पर मैं समय–समय पर विरोध भी दर्ज कराती रही और आस्था पर प्रश्न उठाती रही हूँ। **उसी आस्था का एक हिस्सा रहा वनस्पति का अवचेतन रूप।**

मुझे याद है, बचपन में जब हम राह चलते कोई पेड़ देखते और कौतूहलवश, या खेल–खेल में उसकी पत्ती या फूल तोड़ लेते तो माँ बहुत डाँटती थीं। कहतीं, इनमें जीव होता है, इन्हें दुःख होता है, पाप लगता है, कोई यूँ ही राह चलते तुम्हारे बाल नोचे तो तुम्हें कैसा लगेगा? बाल्यकाल की उस अवस्था में हम माँ की बातों को मानने के लिए बाध्य थे, पर बालमन में अक्सर ही यह सवाल गूँजते कि यदि इनमें वाक़ई हमारे जैसा जीव है तो फिर यह रोता क्यों नहीं? प्रतिक्रिया क्यों नहीं दर्ज कराता? प्रतिकार क्यों नहीं करता? तब माँ उम्र के हिसाब से यथासम्भव बातें समझातीं जो हमें थोड़ी–बहुत ही समझ आतीं। जैसे–जैसे बड़े होते गये, धर्म से जुड़ी आस्था और शैक्षिक स्तर पर मिल रहे विज्ञान में टकराव होने लगा।

मन के भीतर बहुत उथल–पुथल चलती। जवाब खोजती, कुछ मिलते कुछ नहीं।

यह सिलसिला सालों चलता रहा। ब्याह के बाद साथी समर्थ के रूप में विज्ञान का एक ख़ज़ाना हाथ लगा। जो ख़ुद भी सवालों से जूझता लेकिन उनके जवाब खोजने की कोशिश करता। जिसका प्रकृति प्रेम और अध्यात्म पर पकड़ मुझे कई बार उसके व्यक्तित्व पर हँसा भी देते। ऐसा ही एक वाक़या घटा 2016 में।

उन दिनों मैं नकारात्मकता का पिटारा हुई पड़ी थी। एक मिस्कैरेज के बाद दूसरी प्रेग्नेंसी भी क्रिटिकल सिचुएशन में थी। हर समय बस यही लगता कि मैं इस बच्चे को भी खो दूँगी। तब मेरी नकारात्मकता से लड़ने के लिए समर्थ ने मुझे पेड़–पौधों से जुड़ने के लिए कहा। वे कहते कि मैं पेड़–पौधों के साथ ज़्यादा से ज़्यादा समय बिताऊँ। उनसे बातें करूँ। उनसे गुज़ारिश करूँ कि वे अपनी ऊर्जा मुझमें भी प्रवाहित करें ताकि मेरे भीतर जो बच्चा जीवन से लड़ रहा है वह बच सके। मैं पेड़–पौधों से उनकी सकारात्मकता और प्रेम माँगूँ।

शुरुआत में जब उन्होंने मुझसे ये सारी बातें कहीं तो यक़ीन मानिये मैं हँस पड़ी थी, और मुँह से निकला था, "ऐसा भी कहीं होता है"! वे पेड़ पौधे जो खुद ही अपना अस्तित्व बचाने के लिए दूसरों पर आश्रित रहते हैं वे क्या किसी और को ऊर्जा देंगे? वे कैसे मुझे शक्ति देंगे? और कैसे मुझमें सकारात्मकता प्रवाहित करेंगे?

तब मेरे इन सभी प्रश्नों के उत्तर समर्थ ने मुझे आस्था और विज्ञान दोनों के साथ दिये। मैं उन्हीं सारे तथ्यों को यहाँ प्रस्तुत कर रही हूँ, इस गुज़ारिश के साथ कि अगली दफ़ा जब आप किसी पेड़–पौधे से मिलें तो सौहार्दता से मिलें, प्रेम न्योछावर करें और उन्हें भी अपने जैसा एक जीव समझें।

यहाँ मैं पहले जैन–ग्रन्थ[1] में लिखित कुछ बातों को प्रस्तुत करूँगी, उसके बाद कुछ वैज्ञानिकों द्वारा किये गये शोध कार्यों पर आधारित

---

1. जैन दर्शन पर आधारित सभी बातों को इन ग्रन्थों में विस्तार से पढ़ा जा सकता है, कार्तिकेयानुप्रेक्षा : शुभ आचार्य लिखित गोमटसार : जीवकाण्ड, त्रिलोकसार, भाव–दीपक, इसके अतिरिक्त जिन ग्रन्थों में जीव–समास के प्रकरण हैं, उन सभी में इस सन्दर्भ में पढ़ा जा सकता है।

तथ्यों पर चर्चा करुँगी। जैन ग्रन्थ इसलिए, क्योंकि धार्मिक ज्ञान के मामले में मेरा जुड़ाव सदा ही इन ग्रन्थों से रहा है अतः उन्हें ही एक उदाहरण के रूप में रख रही हूँ। हो सकता है सनातन परम्परा के आधार वेदों में भी कहीं मिलती–जुलती बातें लिखी हों। मैंने नहीं खोजीं, क्योंकि यहाँ उद्देश्य धार्मिक ग्रन्थों का बखान नहीं बल्कि वनस्पति में उपस्थिति जीव की दशा समझना है।

जैन दर्शन में जीव को दो श्रेणी में रखा गया है, त्रस एवं स्थावर। यहाँ जीव से अर्थ है जिसमें प्राण हैं, जीवन है, जो जन्म–मरण के चक्र से बँधे हैं, वे सजीव। वनस्पति को स्थावर जीव की श्रेणी में रखा गया है। उनमें भी प्राण, इन्द्रिय एवं संज्ञा की बात कही गयी है। मनुष्य के दस प्राण कहे गये हैं, जिसमें पाँच इन्द्रियाँ : स्पर्श, रसना, घ्राण, चक्षु और कर्ण, मनोबल, वचनबल, कायबल, आयु, स्वाछोस्वास हैं। वहीं वनस्पति क्योंकि स्थावर श्रेणी का है, जो एक इन्द्रिय में आता है अतः उसके चार ही प्राण कहे गये हैं। आयु, स्वाछोस्वास, कायबल एवं एक इन्द्रिय (स्पर्शन)। अर्थात उनकी एक निश्चित आयु होती है। यदि हम चाहें कि गेहूँ की फ़सल को हमेशा ही खाद पानी देकर वर्षों तक जीवित रखें तो यह सम्भव नहीं। हर प्रकार के पौधे–बीज–वृक्ष–लता आदि की एक तय उम्र होती है। वे भी छोटे से बड़े और बड़े से बूढ़े होते हैं, और एक तय आयु पूरी कर मर जाते हैं। उनकी आयु पूरी होने के बाद हम उन्हें कितना ही खाद–पानी दें वे जीवित नहीं रहेंगे। हाँ आपदाओं या मनुष्य द्वारा किये जा रहे प्रकृति विनाश से वे अपनी तय आयु से पहले मर ज़रूर सकते हैं।

ऐसे ही वनस्पति को मनुष्य के समान जीव माना गया है जिसकी चार संज्ञा भी होती हैं–आहार, मैथुन, परिग्रह एवं भय।

आहार, यानी वे भोजन ग्रहण करते हैं, अपनी भूख और इच्छानुसार। यहाँ इच्छा को ऐसे समझ सकते हैं कि किसी पौधे में यदि हम अतिरिक्त जल डाल दें, या उसे कई दिनों तक जल न दें तो वह दोनों ही स्थिति में मर जायेगा। एक में गलकर, एक में सूखकर। वे उतना ही जल ग्रहण करते हैं जितने की उन्हें ज़रूरत है। जल के अलावा भी पोषण के अन्य पदार्थों को वे उतना ही ग्रहण करते हैं जितनी उन्हें

भूख हो। इसके बारे में हम पिछले अध्याय में पढ़ चुके हैं कि वे कैसे अपनी ज़रूरत के हिसाब से मिट्टी आदि से पोषण लेते हैं।

मैथुन, यानी मनुष्यों की तरह ही वनस्पति में भी नर एवं मादा की बात कही है। साथ ही उनके मिलन से नये जीव की उत्पत्ति, या नये शाखा, या नये पौधे, या नये अंकुर की बात कही है।

परिग्रह, परिग्रह अर्थात् संचय की प्रवृर्ति। जैसे मनुष्य अपने भोग के लिए अपने पास रहने–खाने, भोग–विलास के साधन जोड़ता है, ठीक उसी प्रकार से वृक्ष भी अपने जीवन के लिए आवश्यक तत्त्वों को जोड़ते हैं। उनमें भी परिग्रह की यह प्रवर्ती होती है कि वे संचय करके रख सकते हैं। वनस्पति में भी परिग्रह भावना होती है, इसे ऐसे बताया गया है कि ज़मीन के भीतर उसकी जड़ें जल–खनिज–धातु आदि जिस दिशा में होते हैं वे उस दिशा में आगे बढ़ती हैं। वृक्षायुर्वेद में भी भूमि के भीतर जल को खोजने के लिए वृक्ष की जड़ों की दिशा का अध्ययन करने की बात कही है। अब यदि उनमें जिजीविषा ही नहीं होगी तो वे जीवन के लिए आवश्यक तत्त्वों का संचय क्यों करेंगे? और जिजीविषा तो प्राण रहने से ही होती है न।

भय, यानी उन्हें जीवन के चले जाने का, कट जाने, जल जाने, तोड़े जाने का भय महसूस होता है। उनके भीतर इस हेतु संवेदना होती है। वे अपने आसपास विचर रहे अच्छे और बुरे भावों को न सिर्फ़ पहचान सकते हैं बल्कि उन पर प्रतिक्रिया भी देते हैं। हमें बचपन से सिखाया गया कि सब्ज़ी–फल आदि के साथ कभी चाक़ू नहीं रखना चाहिए। उनमें भय व्याप्त रहता है। क्योंकि अपने पौधे से अलग होने के बाद भी उनमें जीव रहता है। साधारण वनस्पति में एक शरीर के अनेक स्वामी होने की बात कही है। **उदाहरण के लिए लौकी के एक पूरे पेड़ में तो जीव है ही, लेकिन उसके साथ–साथ उसके हर फल, हर पत्ती, हर फूल में भी एक जीव है, जिसका स्वतन्त्र अस्तित्व है, अतः जब वह मुख्य वृक्ष से अलग हो जाता है तो भी वह मरता नहीं, उसमें जीव रहता है। प्राण रहते हैं। यही कारण है कि अहिंसा को आधार मानने वाले जैन आगम में धीरे–धीरे करके सभी कुछ त्यागने की बात कही है,** साधुजन या त्यागी–व्रती भी

इसलिए ही हरी सब्ज़ियों आदि का सेवन नहीं करते। वे पक चुके सूखे अनाज का सेवन करते हैं जो स्वयं की आयु पूर्ण कर चुका है और अब उसमें जीव बाक़ी नहीं।

वनस्पति की संवेदना को समझने के लिए ग्रन्थ में उदाहरण दिया है कि, यदि किसी मनुष्य को गले में कपड़ा बाँधकर, उसके हाथ–पैर बाँधकर पीटा जाये तो वह किसी भी प्रतिक्रिया के क़ाबिल नहीं रह जाता है। लेकिन उस स्थिति में भी वह पीड़ा भोग रहा होता है, और उसकी व्याकुलता इतनी अधिक होती है कि वह सारे बन्धन तोड़कर पीटने वाले से अपनी पीड़ा के लिए बदला लेना चाहता है। ठीक ऐसा ही महसूस होता है किसी पेड़ को जब उसे काटा जाता है, जलाया जाता है, तकलीफ़ पहुँचायी जाती है।

संवेदना के बारे में कहा गया है कि जो फूल वृक्ष में पक जाते हैं, उन्हें तोड़ने पर वृक्ष को पीड़ा नहीं होती, बल्कि वह स्वयं ही उन्हें त्याग देता है, अन्य जीवों को खाने के लिए। जैसे उँगली का नाख़ून बढ़ने पर जब उसे काटा जाये तो पीड़ा नहीं होती, लेकिन यदि उँगली से चिपके हुए नाख़ून को तोड़ा या काटा जाये तो पीड़ा होती है। अतः शास्त्र में कच्चे फल का भक्षण निषेध बताया है। कच्चा फल तोड़ना पाप कार्य बताया है, क्योंकि उसे तोड़ने में पेड़ को पीड़ा होती है, वह पेड़ से जुड़ा हुआ है।

वनस्पति में संवेदना उनमें ऐसी इच्छाएँ जाग्रत करती हैं जिससे वे भी अन्य जीवों से सुखद स्पर्श, प्रेम एवं एक सुन्दर रिश्ता बनाने की आकांक्षा रखते हैं।

हम चाहें तो उपरोक्त सभी बातों को धार्मिक अन्ध–विश्वास कहकर दरकिनार कर सकते हैं, जैसा कि अक्सर ही कई मामलों में होता है। परन्तु उससे पहले हमें इस तरफ़ विज्ञान द्वारा किये गये शोध एवं वैज्ञानिकों द्वारा खोजे गये तथ्यों के बारे में एक बार जरूर समझ लेना चाहिए।

अरस्तु ने कहा था कि वनस्पति में आत्मा तो होती है लेकिन उनमें संवेदना नहीं होती, भावनाएँ और महसूस करने की क्षमता नहीं होती।

अरस्तु की कही गयी यह बात मिडिल–एज (पाँचवीं सदी से पन्द्रहवीं सदी) तक चलती रही। इसी में लोगों का विश्वास क़ायम रहा। जीवन है, लेकिन संवेदनाहीन जीवन। वहीं मॉडर्न बॉटनी के पिता कहे जाने वाले 'कार्ल वोंग लीन' ने कहा था कि पेड़–पौधे, मनुष्य अथवा जानवरों से बस इतना ही भिन्न होते हैं कि वे चल–फिर नहीं सकते, मूवमेंट नहीं कर सकते। इसके बाद उन्नीसवीं सदी में चार्ल्स डार्विन ने यह सिद्ध किया कि हर लता–तन्तु (टेनड्रिल) स्वछन्द रूप से घूमता है, लेकिन पेड़–पौधे ऐसा तभी करते हैं जब उन्हें कोई लाभ हो, अन्यथा वे फ़िज़ूल में नहीं घूमते (मूवमेंट नहीं करते)।

इसके बाद आये बेस्टर। 1960 के दशक में बेस्टर पॉलिग्राफ़िक डिटेक्शन का काम करते थे। आपने सिनेमा में देखा होगा उँगली में इलेक्ट्रोड फँसाकर यह पता लगाना कि व्यक्ति सच बोल रहा है या झूठ। एक तरह से उसकी धड़कन को जाँचते हुए उसकी असल संवेदना तक पहुँचना। बेस्टर भी यही काम करते थे। उन्हें अपने कार्य में दक्षता हासिल थी, और वे इसका प्रशिक्षण सुरक्षा बलों आदि को भी देते थे।

एक दिन यूँ हीं मज़ाक–मज़ाक में कुछ सोचते हुए कि, चलो इन्सानों पर तो बहुत जाँच कर ली अब कुछ पेड़–पौधों पर भी की जाये, उन्होंने इलेक्ट्रोड अपने घर के किसी पौधे की एक पत्ती पर लगा दिया। अब उन्होंने उस पौधे में पानी डालकर देखा। पौधा अगर पानी ऊपर खींचेगा और रेजिस्टेंस कम होगा तो ग्राफ़ में वैसी ही रीडिंग आनी चाहिए थी। सामान्य सिद्धान्त के अनुसार पौधे में पानी ऊपर जायेगा, पानी इलेक्ट्रिसिटी कंडक्ट करता है अतः रेजिस्टेंस कम हो जाता है। लेकिन उनकी उम्मीद के विपरीत ग्राफ़ नीचे आने लगा। रेजिस्टेंस बढ़ने लगा। उनके सामने जो ग्राफ़ बना वह उन्हें ठीक वैसा ही दिखा जैसा इन्सानों के पॉलिग्रफिक़ टेस्ट में उन्हें तब दिखता था जब इन्सान में तनाव बढ़ता था। क्योंकि वे इस कार्य में दक्ष थे अतः पहला ख़याल उनके मन में आया कि, क्या पौधा अपनी भावनाएँ व्यक्त कर रहा है, जो हम पहली बार समझ पा रहे हैं?

वैज्ञानिक रूप से कुछ इस तरह पौधों में संवेदना की खोज की शुरुआत हुई। इस प्रयोग के बाद बेस्टर कुछ देर तक सोचते रहे। विचार की इसी प्रक्रिया और इन्हीं क्षणों ने उनका जीवन बदल दिया।

ग्लेवेनोमीटर पर प्रतिक्रिया दर्ज करने का सबसे आसान तरीक़ा होता है, ख़तरे की प्रतिक्रिया को दर्ज करना। मनुष्य भी जब ख़तरा महसूस करता है तो वह सबसे तेज़ी से प्रतिक्रिया देता है। उसमें रक्तचाप, हार्मोन, शरीर का ताप सब तेज़ी से ऊपर–नीचे होते हैं। बेस्टर ने यही प्रयोग पेड़–पौधों पर किया। उनके हाथ में गरम कॉफ़ी थी, जिसमें उन्होंने पौधे की एक पत्ती को डुबो दिया। लेकिन उन्हें कोई प्रतिक्रिया नहीं मिली। वे काफ़ी देर तक सोचते रहे कि अब किस तरह प्रतिक्रिया प्राप्त की जाये। सोचते हुए एक ख़याल उनके भीतर उपजा कि जिस पत्ती में इलेक्ट्रोड लगा है उस पूरी पत्ती को ही जला दिया जाये।

उन्होंने ऐसा किया नहीं, सिर्फ़ सोचा, और उनके आश्चर्य का ठिकाना न रहा जब उन्होंने देखा कि पत्ती को जलाने का वह ख़याल जब उनके भीतर चल रहा था, ठीक तभी उन्हें ग्राफ़ पर प्रतिक्रिया मिलने लगी। सिर्फ़ सोचते ही, वे न हिले, न माचिस उठायी, न पौधे की तरफ़ मुड़े, न कोई अन्य कार्य किया, सिर्फ़ सोचा और उनको रीडिंग में बहुत अधिक प्रतिक्रिया देखने की मिली। ठीक वैसी ही प्रतिक्रिया जैसी उन्हें मनुष्य द्वारा ख़तरा भाँपने पर मिलती थी। इसके बाद वे कमरे से बाहर माचिस ढूँढ़ने गये, और जब वापस आये तो भी उन्हें वैसी ही प्रतिक्रिया दिखी, लेकिन वह पहले की अपेक्षा कुछ कम थी। फिर उन्होंने सोचा कि, 'अब मैं सिर्फ़ सोचता हूँ कि जला दूँगा, लेकिन करूँगा कुछ नहीं', तो उन्हें कोई भी प्रतिक्रिया नहीं मिली।

इस प्रयोग के बाद उन्होंने अपनी टिप्पणी दर्ज की कि, पौधे न सिर्फ़ हमारे अन्तर्मन (सब–कॉन्शस माइंड) से जुड़े होते हैं बल्कि हम क्या सच में सोच रहे हैं और क्या सोचने का नाटक कर रहे हैं यह भी पहचानते हैं। वे यह जानते हैं कि कौन–सा व्यक्ति सच में उन्हें हानि पहुँचा सकता है और कौन–सा नहीं। अपने प्रयोगों के दौरान प्रयोगशाला में आने वाले कुत्ता–बिल्ली, अन्य जीव–जन्तु आदि

पर भी जब उन्हें वैसी ही प्रतिक्रिया मिली। उन्होंने देखा कि कमरे में अचानक कुत्ता आने से पौधे ने वैसी ही प्रतिक्रिया दी जैसे कोई मनुष्य अचानक आये जानवर से सहम जाता है। तब उन्होंने कहा कि, पौधों में संवेदना की यह टिप्पणी सिर्फ़ मनुष्य पर नहीं बल्कि हर उस दूसरे जीव पर लागू होती है जिसमें प्राण हैं। जैसे पौधे अपने मित्र एवं शत्रु कीट भी पहचानते हैं। वे बनावटी ख़तरे और असली ख़तरे की पहचान कर सकते हैं। बेस्टर ने ये सभी प्रयोग 'भय' के परीक्षण लिए किये थे। ख़तरा या भय भाँपने पर पौधों की क्या प्रतिक्रिया होती है यह समझने के लिए किये थे। इस प्रयोग के बाद बेस्टर का जीवन जैसे बदल गया। वे एक सनकी वैज्ञानिक की तरह दुनिया में चिल्ला–चिल्लाकर यह कह देना चाहते थे कि पौधे भी महसूस कर सकते हैं, अपनी संवेदना व्यक्त कर सकते हैं, अपना भय व्यक्त कर सकते हैं।

बेस्टर ने अनेक प्रयोग करके ग्राफ़ तैयार किये, प्राप्त प्रतिक्रिया से परीक्षण किये, क्योंकि विज्ञान किसी प्रयोग को तभी सही मानता है जब अन्य लोग भी उस परीक्षण से वैसे ही नतीजे प्राप्त कर सकें या एक ही व्यक्ति अनेक बार एक जैसे नतीजे प्राप्त कर सके। ऐसे में उन्हें लगा कि जड़, हवा, मिट्टी सब मिलकर पौधे की संवेदना के लिए ज़िम्मेदार होते होंगे। इसलिए उन्होंने पौधे से पत्ती को तोड़कर उस पर रीडिंग दर्ज की, उसकी प्रतिक्रिया की जाँच की और उन्हें वैसा ही नतीजा मिला जैसा पौधे से जुड़ी पत्ती पर मिला था। उन्होंने पत्ती को काटकर, उस पर जाँच की, इलेक्ट्रोड के नाप की पत्ती काटकर उस पर प्रतिक्रिया जाँची, उन्हें सभी पर नतीजा एक जैसा ही मिला। जिस पर उन्होंने टिप्पणी दी कि पौधे से तोड़ लेने के बाद भी पत्ती में प्राण के साथ–साथ समझ–बूझ, संवेदना, भय सब कुछ मौजूद था।

इसके बाद उन्होंने कुछ अन्य भावनाएँ समझने हेतु प्रयोग किये। एक प्रयोग के दौरान उन्होंने पाया कि जैसे शुतुरमुर्ग को दौड़ाते हैं तो वह अपनी गर्दन ज़मीन में घुसा लेता है और सोचता है कि अब कोई ख़तरा नहीं, ठीक वैसे ही जब पेड़–पौधे बहुत अधिक ख़तरा महसूस करते हैं तो वे संवेदनाहीन हो जाने का नाटक करते हैं। बेस्टर को यह कैसे मालूम चला?

एक दिन बेस्टर अपनी प्रयोगशाला में काम कर रहे थे। उनसे मिलने कनाडा से एक मनोवैज्ञानिक आये। यह समझने के लिए कि वे कैसे काम कर रहे हैं। प्रयोग आदि कैसे कर रहे हैं। बेस्टर ने देखा कि जितनी देर वह मनोवैज्ञानिक वहाँ रहता था कोई भी पौधा कोई प्रतिक्रिया नहीं देता था, जैसे मर गये हों। जैसे भालू आने पर कहते हैं कि मरने का नाटक करो वह सूँघकर चला जायेगा। ऐसे ही पौधे प्रतिक्रियाहीन हो गये। बेस्टर के दिमाग़ में उपजा कि हो न हो यह मनोवैज्ञानिक पौधों के साथ कुछ ऐसा करता है जिससे उनमें भय है। उसने मनोवैज्ञानिक से पूछा कि, "क्या वे पेड़–पौधों के साथ ऐसा कोई प्रयोग करते हैं जिससे पौधों को नुक़सान होता हो?" तो उस मनोवैज्ञानिक ने कहा कि, "हाँ, हम लोग जब प्रयोग करते हैं, तो हम पेड़–पौधों को जलाकर, भुरटकर सुखा देते हैं ताकि उनका 'ड्राई–वेट' हमको पता लग सके कि कितना कार्बन या अन्य तत्त्व थे।"

अपने इस प्रयोग के बाद बेस्टर ने टिप्पणी दी कि, उन पौधों को भी यह बात मालूम थी कि यह मनोवैज्ञानिक वही आदमी है जो पौधों को जलाकर ख़त्म कर देता है। अब सोचने वाली बात यह थी कि उन पौधों को यह कैसे पता लगा? वे तो बेस्टर के घर के पौधे थे। क्या सभी पौधे आपस में किसी माध्यम से जुड़े होते हैं?

बेस्टर के इन प्रयोगों के बाद कुछ अन्य लोगों ने भी ये प्रयोग करने की कोशिश की, कुछ सफल हुए कुछ नहीं। ऐसा कहा गया कि ये प्रयोग पौधों से प्रयोगकर्ता की बॉन्डिंग पर भी निर्भर करते हैं कि उन्हें परिणाम मिलेगा या नहीं। इसके लिए उन्होंने यह किया कि वे अपने किसी सहयोगी को लेकर आये। साथ ही उसके घर से कुछ पौधों को भी लेकर आये। अब उन्होंने उस व्यक्ति से सवाल किये, और पॉलीग्राफ़ देखने के लिए इलेक्ट्रोड लगाया पौधों की पत्ती पर। वे पौधे तुरन्त बता दे रहे थे कि उनका मालिक सही जवाब दे रहा है या ग़लत। क्यों? क्योंकि उनके मालिक के भीतर या मस्तिष्क में जो भी विचार चल रहे थे, जो भी बदलाव हो रहे थे पौधे उन्हें पकड़ पा रहे थे। और उसके अनुसार पौधों से पॉलीग्राफ़ पर रीडिंग मिल रही थी कि उनका मालिक सच बोल रहा है या झूठ। यह वही व्यक्ति था जिसने बेस्टर को चैलेंज

किया था, उनका मज़ाक़ उड़ाया था कि वे फ़ालतू के प्रयोग कर रहे हैं, और झूठी–सच्ची टिप्पणी दर्ज करा रहे हैं। लेकिन इस प्रयोग के बाद वह व्यक्ति भी बेस्टर के प्रयोगों को मान गया।

इसके बाद बेस्टर ने पौधों में याद्दाश्त रहती है या नहीं, इसका प्रयोग किया और पाया कि पौधे उन्हें ख़तरा पहुँचाने वाले व्यक्ति से एक बार सम्पर्क में आने के बाद दोबारा उसकी मौजूदगी को पहचान लेते हैं। बेस्टर ने यह भी प्रयोग किया कि कितनी दूर तक पौधे अपने मालिक की संवेदनाओं से जुड़े रहते हैं, जिसमें उन्होंने एक पौधे के मालिक और उस पौधे की रीडिंग लीं, स्टॉपवाच लगाकर देखा कि, वे एक ही समय में एक सी प्रतिक्रिया दे रहे हैं या नहीं। आश्चर्य की बात यह थी कि पौधे का वह मालिक पौधे से सात सौ मील दूर बैठा था। वह वहाँ सामने चल रही गतिविधियों से जो भी महसूस कर रहा था, बिलकुल वैसी ही गतिविधियों की प्रतिक्रिया यहाँ पौधे के ग्राफ़ में दर्ज हो रही थी। प्रयोग में दोनों के ग्राफ़ को एक–सा पाया। बेस्टर ने कहा कि एक बार यदि किसी पौधे की फ्रीक्वेंसी किसी इन्सान से जुड़ जाती है, फिर वह दुनिया में कहीं भी रहे, कितने ही लोगों के बीच रहे वह जुड़ी रहती है और वह पौधा उसकी संवेदनाओं को इतनी दूर से भी महसूस कर सकता है। इसके लिए उन्होंने कई अन्य प्रयोग भी किये।

वनस्पति या जीवों में संवेदना है ये प्रयोग बेस्टर ने सूक्ष्म–जीव, एकल तन्तु कोशिका, जैसे अमीबा के साथ भी किये। वे देखना चाहते थे कि इन सभी का सब–कॉन्शस माइंड भी आपस में जुड़ा होता है या नहीं। अब यहाँ सोचने वाली बात यह है कि इनमें माइंड तो होता ही नहीं। अतः इसे हम अवचेतना या उनकी महसूस करने की क्षमता या उनकी समझने की क्षमता या जीवन का भय कह सकते हैं। इसके बारे में बेस्टर को तब पता लगा जब एक दिन काम करते हुए उनकी उँगली कट गयी और उन्होंने कटी ऊँगली को आयोडीन में डुबोया। जिस पौधे को बेस्टर मॉनिटर कर रहे थे, अचानक से उसमें प्रतिक्रिया होने लगी। पहले बेस्टर को लगा कि क्योंकि उँगली कटने से बेस्टर को दर्द हुआ इसलिए शायद पौधे ने प्रतिक्रिया दी लेकिन फिर उन्होंने

कुछ अन्य बातों पर ध्यान दिया और सोचा कि, उँगली कटी है तो कुछ सेल्स भी मरे हैं। इससे उन्होंने यह नतीजा निकाला कि पेड़–पौधे एक–सी प्रतिक्रिया देते हैं जब भी कोई जीवित कोशिका–तन्तु मरता है। इस प्रयोग के विस्तार में उन्होंने जानना चाहा कि क्या एक अकेली जीवित कोशिका के मरने से भी पौधे वही प्रतिक्रिया देंगे?

एक बार बेस्टर योगर्ट बना रहे थे। उन्होंने योगर्ट में जैम मिलाया और उन्हें पौधे के ग्राफ़ में वही पैटर्न देखने को मिला जो अब तक उन्हें कोई चोट लग जाने, उँगली कट जाने, पौधे को कोई नुक़सान पहुँचने पर मिलता था। यानी जीवन को नुक़सान पहुँचने या ख़त्म हो जाने के भय से मिली प्रतिक्रिया। उन्होंने पाया कि जैम में जो प्रिज़र्वेटिव थे वे योगर्ट के बैक्टीरिया को मार रहे थे, जोकि एक जीवित कोशिका थे। सूक्ष्म जीव थे, जिसमें प्राण थे। इसलिए उसे ग्राफ़ में वैसी ही प्रतिक्रिया देखने मिली। इसके अलावा उसे तब भी वही प्रतिक्रिया मिली जब वे बेसिन में गरम पानी डाल रहे थे। बेसिन में गरम पानी डालने से बेसिन के कीड़े–सूक्ष्म जीव सब मर रहे थे। अतः वही प्रतिक्रिया मिली। यहाँ सोचने वाली बात यह है कि पौधा इन्सान से तो मान लिया भावनात्मक रूप से जुड़ा है इसलिए उसे उँगली कटने पर दुःख हुआ और उसने प्रतिक्रिया दी, लेकिन वह बैक्टीरिया से किस प्रकार जुड़ा है? यहाँ मन में आता है कि, वह बात सत्य ही है जो कहती है कि दुनिया का हर जीवित प्राणी एक ही शक्ति से जुड़ा है। हर जीवित प्राणी में एक ही शक्ति का वास है। तभी तो वे आपस में एक–दूसरे के जीवन–मरण को महसूस कर पा रहे हैं। बेस्टर ने अपने इस प्रयोग की चर्चा अपने एक मनोवैज्ञानिक मित्र डॉक्टर हार्वट मिलर से की तो उन्होंने जाना कि कहीं–न–कहीं एक 'सेल्युलर–कॉन्शयसनेस' है, सेल (कोशिका) लेवल पर। इसके बाद बेस्टर ने एकल–कोशिका पर अनेक प्रयोग किये और अपनी इस खोज को सही साबित किया कि कोशिकाओं के स्तर पर भी एक अवचेतना होती है जो उन्हें ख़तरे, जीवन–मरण या दूसरी जीवित कोशिकाओं की अवचेतना से जोड़ती है।[2]

---

2. द सीक्रेट लाइफ़ ऑफ़ प्लांट्स, पीटर टॉम्पकिंस एंड क्रिस्टोफर बर्ड।

यही कारण है कि जब जैविक खेती में मिट्टी को जीवित रखने की, उसमें बैक्टीरिया और अन्य जीवित पोषक तत्त्वों की उपस्थिति की बात कही जाती है, तो वह इसलिए कि पौधे उनसे जुड़े होते हैं। वे सभी आपस में जुड़े होते हैं। उनकी मौजूदगी पौधों का सुरक्षा–भाव है। उन्हें अपने आसपास अन्य जीवों की उपस्थिति यह महसूस कराती है कि वे सुरक्षित हैं। अतः वे अच्छे से फलते–फूलते हैं। जैविक खेती सिर्फ़ खेती से अच्छी फ़सल का एक तरीक़ा नहीं बल्कि इस धरती को उसके जीव–जन्तु, जीवन लौटाने का एक तरीक़ा है।

बेस्टर ने अनेकों प्रयोग किये। जिनसे यह सिद्ध हुआ कि पौधों में न सिर्फ़ संवेदना होती है, बल्कि वे मनुष्य की तरह ही भय एवं प्रेम के सभी अहसासों को समझने की शक्ति रखते हैं। एक बार एक ख़बर में पढ़ा था। दक्षिण अफ्रीका में कहीं ऐसा पाया गया कि स्थानीय लोगों को यदि किसी पेड़ को उसके स्थान से हटाना होता है तो वे उसे गाली देना शुरू कर देते हैं। आते–जाते हर कोई उन्हें कोसता है, गाली देता है। और कुछ समय बाद वह पेड़ स्वतः ही मर जाता है। कई जगह ऐसा भी पाया जाता है कि किसी व्यक्ति के मरने के बाद के बाद उसके यहाँ का कोई पौधा भी मर जाता है। वह पौधा जिससे उस व्यक्ति का विशेष लगाव रहा हो।

पुराने लोग बताते हैं कि पहले हर गाँव में एक ऐसा पेड़ होता है जो टेलीफ़ोन का काम करता था। किसी दूसरे गाँव में यदि कोई बात पहुँचानी हो तो उस पेड़ से जाकर कह आते थे, और दूसरे गाँव में वैसे ही किसी पेड़ के पास खड़े व्यक्ति को वह बात पता लग जाती थी। सम्भवतः वे व्यक्ति और वे पेड़ 'कॉन्शस–मीडियम' में आपस में जुड़े हों। यह टेलीफ़ोनिक प्रयोग वाली बात अभी तक तो विज्ञान ने साबित नहीं की है कि पर हो सकता है पौधों की संवेदनाओं पर कार्य करते–करते किसी दिन यह भी सत्य साबित हो।

बेस्टर के प्रयोगों को साठ वर्ष बीत चुके हैं, लेकिन हममे से कितने लोग इन प्रयोगों से अवगत हैं कि वनस्पति में भी मनुष्यों की तरह ही संवेदना होती है। इसके विपरीत यदि राह चलते मैं किसी से यह सब बातें कहूँ तो शायद पागल ही कहालायी जाऊँ।

काश कि हम सभी पौधों की इन संवेदनाओं को समझ पाते। समर्थ ने मुझे पौधों से सकारात्मक विचार और ऊर्जा लेने की बात कही थी। जो उस समय तो मेरी समझ में नहीं आयी थी लेकिन आज की स्थिति में मैं जब भी परेशान होती हूँ, पेड़–पौधों के बीच बैठकर उनसे बातें करती हूँ, उनसे ऊर्जा माँगती हूँ, उन्हें प्रेम करती हूँ, और ऐसा करने पर मुझे अपने भीतर और अपने आसपास सकारात्मक भावनाओं का संचार महसूस होता है।

इस पूरे अध्याय को लिखने का, इन सभी प्रयोगों, धार्मिक ग्रन्थों में उद्धरित बातों को प्रस्तुत करने का उद्देश्य बस इतना भर है कि, खेती को सिर्फ़ एक काम समझने की जगह किसान को उससे भावनात्मक रूप से भी जुड़ना होगा ठीक वैसे ही जैसे वह अपने बच्चों का लालन–पालन करता है। अपने भावों के साथ, वह उन्हें सिर्फ़ भोजन–पानी नहीं देता बल्कि उनसे प्रेम भी करता है। ठीक इसी तरह उसे फ़सल को सिर्फ़ खाद–दवाई या पानी नहीं बल्कि अपना प्रेम, अपना सकारात्मक रवैया भी देना होगा। एक जीव समझ उसका पालन–पोषण करना होगा। तब सम्भवतः उससे अपेक्षाकृत ज़्यादा अच्छे परिणाम मिलें।

किसान के अतिरिक्त भी हम सामान्य–जन को पेड़–पौधों से वैसे ही प्रेम करना चाहिए जैसा हम किसी जानवर या अन्य मनुष्य से करते हैं। इस प्रकृति को सिर्फ़ प्रेम से ही जीवित रखा जा सकता है। प्रेम ही हमें इसके दुरूपयोग से बचायेगा, इसका विनाश करने से बचायेगा।

लॉकडाउन में किसान

1 जून 2020। आज से लॉकडाउन लगभग ख़त्म होने जा रहा है। पिछले ढाई महीने से चली आ रही यह बन्दिश ख़त्म हो रही है। इन दिनों में क्या बीता, लोगों ने क्या महसूस किया? यकायक ही हम पिंजरे में क़ैद होकर रह गये। खाने–पीने के साधन जुटाने में मुश्किलें हुईं। अकेलेपन से, क़ैद से अवसाद ने घेरा। नौकरियाँ जाने लगीं। करोड़ों मज़दूर सड़कों पर पैदल चलते देखे। सैकड़ों लाशें शमशान में जलीं, क़ब्रों में दफ़न हुईं। कई जोड़े बिछड़ गये, बच्चे अनाथ हो गये। यह हम सभी के जीवन में आयी ऐसी दुर्घटना है जिसे हम अपनी आँखों से देखकर, भय को भोगकर इसके गवाह बन रहे हैं। आपदा की ये कहानियाँ हम अपने बच्चों को वैसे ही सुनायेंगे जैसे विश्वयुद्ध की कहानियाँ सुनायी जाती हैं। क्या किसी ने कल्पना की होगी कि विश्वभर का यातायात बन्द हो जायेगा? हर देश अपने पाँव सिकोड़कर घुटनों में माथा फँसाये उदास बैठ जायेगा कि कब यह आपदा टले और कब वह फिर से अपने पैरों पर खड़ा हो, दौड़े, व्यापार करे, यातायात मुहाल हो, जीवन सामान्य बने। लोग फिर से हँस पाये। यह फ़िलहाल दूर की दुनिया मालूम होती है। पुनः सब कुछ बिना किसी भय के सामान्य हो पाने में कुछ अधिक वक़्त लग सकता है।

दुर्भाग्य से भरे इस पूरे काल में भी कुछ ऐसा था जो सुखद था। आपदा में भी ख़ुशी खोजने वाली मैं सम्भवतः कठोर ह्रदयी जान पड़ूँ। किन्तु हम स्वार्थी मनुष्य यदि स्व से ऊपर उठेंगे तो देख पायेंगे कि यही वह समय भी था जब लम्बे अरसे के बाद धरती ने खुलकर

साँस ली। जब धरती के नथुनों में ज़हरीली गैसें जानी बन्द हुईं, जब उसके उदर में विषभरा मलवा जाना बन्द हुआ। पिछले तीन महीने में प्रकृति ने हमें कई सबक दिये हैं। हम क़ैद थे, वह नहीं। बल्कि वह तो पहले से अधिक आज़ाद थी। सैकड़ों किलोमीटर दूर से दिखने वाली पहाड़ों की चोटियाँ इस बात का प्रमाण हैं कि धरती जब चाहे अपने आपको 'री–गेन' कर सकती है। उसके लिए ख़ुद को वापस से स्वच्छ बनाना वैसा ही है जैसे कपड़ों से धूल झाड़ना। धरती की आयु के आगे हम मनुष्य कुछ भी नहीं। अगर किसी को ख़तरा है तो वह है मनुष्य, क्योंकि हमारे लिए प्रकृति के बिना रह पाना प्राणघातक है।

प्रकृति का ही एक हिस्सा हैं किसान और खेती। धरती के बिना इसकी कल्पना भी सम्भव नहीं। अपने पिछले अध्यायों में यह तो हम पढ़ ही चुके हैं कि कैसे प्रकृति के साथ तारतम्य बैठाते हुए खेती करने की आवश्यकता है। अब वह पहलू भी देखने की कोशिश करते हैं कि लॉकडाउन में किसानों का क्या हाल रहा? क्योंकि एक सामान्य नौकरी करने वाले की भाँति किसान 'वर्क फ्रॉम होम' नहीं कर सकता था। उसे पानी देने, पकी फसल को काटने, रखवाली करने जैसे कई काम थे जिनके लिए खेतों में जाना ज़रूरी था। लॉकडाउन में किसान क्या करते? रोज़ खेतों में दिन बिताने वाले किसान कैसे घर बैठते वह भी तब जब रबी की फसल तैयार खड़ी हो, कटने के लिए। जब खेतों में गेहूँ लहलहा रहा हो। जब पंछी ताक लगाये बैठे हों, चूहे फ़िराक में बैठे हों कि कब खेत का मालिक ग़ायब हो और कब गेहूँ की दावत उड़ायी जाए, मशरूम कुतरा जाये। ऊपर से बिन मौसम बारिश की मार। ओलों की मार। ऐसे में किसान के लिए खेत को अकेला छोड़ना वैसा ही होता जैसे अपने बच्चे को सड़क पर अकेला छोड़ आना।

जैसे ही लॉकडाउन लगा देशभर के किसान सबसे ज़्यादा परेशान हुए। 'अब क्या होगा? कैसे होगा?' यह सबसे बड़ी समस्या थी। फ़सलें ख़राब हो जायेंगी। पूरे देश की खाद्यान्न व्यवस्था का भार ये किसान ही उठाते हैं। ऐसे में इनके लिए इन्तज़ाम करने ही थे। लॉकडाउन लगने के दो दिन के भीतर ही सरकार ने नयी गाइडलाइंस जारी

कर दीं। जिसमें खेती, फसल, बीज आदि से जुड़ी कई रियायतें दी गयी थीं। चन्द नियमों और सोशल डिस्टेंसिंग के साथ। लेकिन अब भी कई मुश्किलें मुँह बाए खड़ी थीं। यहाँ जशपुर या आसपास के क्षेत्रों के किसानों से बातचीत के बाद जो बातें सामने आयीं उनसे इन मुश्किलों को समझने की कोशिश की। इस इलाक़े में छोटे किसान अधिक हैं। कुछ व्यावसायिक खेती करने वाले भी हैं। उन सभी को ध्यान में रखकर, सभी से बातचीत के बाद आपदा में जो किसानों की समस्याओं से परिचय हुआ वह कुछ इस तरह है।

हमारे क्षेत्र में कुछ किसानों को लॉकडाउन का फ़ायदा भी हुआ और कुछ को नुक़सान भी। नुक़सान में दिखने वाले अधिकतम वही किसान दिखे जो व्यापक पैमाने पर खेती करते हैं। जिसे व्यावसायिक खेती या इंडस्ट्रियल फार्मिंग भी कहते हैं। इसका मतलब है कि बड़े क्षेत्र में एक ही फसल को लगाने वाले किसान। जैसे सन्ना क्षेत्र में मिर्च ही मिर्च लगती है। लॉकडाउन में क्योंकि यातायात बन्द हो गया था। इसलिए शुरुआती दिनों में मिर्च बाहर जानी बन्द हो गयी। अभी भी व्यापारी या बिचौलिये ही बड़ी मण्डियों तक मिर्च पहुँचा पा रहे हैं। ऐसे में नुक़सान छोटे किसानों को हो रहा है। उनसे न्यूनतम दाम पर मिर्च ख़रीदकर उसे पाँच गुना अधिक दाम पर मण्डियों में बेचा जा रहा है। ट्रांसपोर्ट की कमी और मण्डियों में आयी मन्दी लेकर आया लॉकडाउन कुछ इस तरह से किसानों के लिए मुसीबत बना हुआ है। स्वास्थ्य की चिन्ता भी ज़रूरी है। जीवन ही नहीं रहेगा तो क्या खेती और क्या बिक्री। अतः किसान यही सोचकर लॉकडाउन का पालन कर रहे हैं।

अब क्योंकि हज़ार एकड़ में लगी मिर्च की खपत लोकल में नहीं थी इसलिए मिर्च के दाम गिर गये। सामान्य स्थिति में मिलने वाले दाम से आधी से भी आधी क़ीमत पर लॉकडाउन में मिर्च बेचने के लिए किसान मजबूर हैं। जिसने किसानों को बहुत नुक़सान पहुँचाया। कुछ इलाक़ों में यहाँ मशरूम की खेती होती है। मशरूम की बहुत अधिक रखवाली करनी पड़ती है। ऐसे में शुरुआती दिनों में यदि किसान तीन दिन भी अपने मशरूम प्लांट में नहीं जा पाया तो उससे भी नुक़सान हुआ।

इसके ठीक उलट जो लोग यहाँ मल्टीक्रॉपिंग कर रहे थे, रसायन–मुक्त खेती कर रहे थे, जिनके छोटे खेत हैं, उपभोक्ताओं ने सीधे उनसे सब्ज़ियाँ ख़रीदना शुरू कर दिया। लॉकडाउन में यूँ तो सरकार ने दो–तीन दिन में ही खेती–किसानी से जुड़ी आवक–जावक से पाबन्दी हटा ली थी। जुताई, हार्वेस्टिंग, पानी देना, बिक्री आदि के अलावा खाद–बीज भण्डार भी खोलने की अनुमति दे दी गयी। साथ ही इसे 'एसेंशियल सर्विसेज़' में शामिल कर लिया गया। किन्तु शुरुआती दिनों में लॉकडाउन का पालन हो, सख़्ती से, इसके लिए पुलिस हर जगह तैनात थी। पुलिस के डण्डे और चालान का इतना भय था कि ट्रांसपोर्टर गाड़ियाँ चलाने में कतरा रहे थे। अभी भी यह सुचारू रूप से नहीं चल रहा है।

शुरुआती दिनों में व्यवस्था भी उतनी दुरुस्त नहीं थी। इससे यह समस्या आयी कि जो किसान सब्ज़ी लेकर मण्डी गया, वापसी में उसकी ख़ाली गाड़ी देखकर उस पर पुलिस द्वारा चालान काटने की ख़बरें कुछ जगहों से सामने आयीं। किसान सब्ज़ी लेकर भी मण्डी जाने में डर रहा था। ऐसे में हुआ यह कि जिन किसानों की सब्ज़ी मण्डी तक नहीं पहुँच पायी उन्हें अपनी सब्ज़ी फेंकनी पड़ी। यह सीधा–सीधा घाटा था। इसका दूसरा पहलू यह भी था कि शहरों में कोल्ड–स्टोरेज की सब्ज़ियों को मुँहमाँगे दामों पर बेचा गया। लोग ख़रीदने पर मजबूर थे, और किसान सब्ज़ियाँ फेंकने पर।

ग्रामीण अंचल में इसका एक और पहलू देखने मिला। अब क्योंकि बाहर से सब्ज़ियाँ आनी लगभग बन्द या कम हुई तो लोकल के किसान की सब्ज़ियों की पूछ–परख बढ़ी। जैसे यहाँ भिण्डी, मटर बाहर से आती थी। जिस कारण भिण्डी, मटर उगाने वाले स्थानीय किसान को सही दाम नहीं मिल पाते थे। यहाँ ठण्ड अधिक पड़ती है ऐसे में किसान भिण्डी, मटर उगाने में मेहनत तो करता है लेकिन बाहर से आयी भिण्डी के कम दामों के आगे उसे उसकी भिण्डी के लिए उचित दाम नहीं मिल पाते हैं।

कुछ स्थानीय किसानों से हुई बातचीत के अनुसार वे कहते हैं, "हमारे लिए तो इन दिनों यह भी फ़ायदा है कि कुछ भी बाज़ार में

बेचने नहीं जाना पड़ रहा। लोग खुद आकर खेत से सब्ज़ी लेकर जा रहे हैं।" यह फ़ायदा उन किसानों को अधिक मिला जो मल्टीक्रॉपिंग कर रहे थे। ऐसे में उनके यहाँ आये ग्राहक भिन्न–भिन्न प्रकार की सब्ज़ी ख़रीद सकता था। स्थानीय प्रशासन ने भी सब्ज़ियों की खपत की पूर्ति करने के लिए किसानों से सम्पर्क किया। जशपुर के सीआरपीएफ कैम्प में बड़े स्तर पर मल्टीक्रॉपिंग करने वाले एक किसान के खेत से सीधे सब्ज़ी पहुँचायी जाने लगी। इसके अलावा सब्ज़ियाँ किसानों से लेकर लोगों को होम डिलीवरी दी जाने लगी। कुछ ही दिनों में जब चौराहों पर मण्डी लगनी शुरू हुई तो लोकल किसानों की अधिकता दिखी। उनसे दो–पाँच रुपये की बार्गेनिंग करने वाले लोग अब उन्हीं पर निर्भर थे। ऐसे में किसानों को कई सब्ज़ियों के अच्छे दाम मिले। जिन किसानों के खेतों में सब्ज़ियाँ थीं उनके नम्बर सार्वजनिक कराकर उनसे भी होम डिलीवरी करवायी गयी।

मल्टीक्रॉपिंग के बारे में पहले के अध्यायों में विस्तार से बात हो चुकी है। यह क्यों फ़ायदेमन्द है और क्यों इससे कम नुक़सान होता है।

कीटनाशकों, दवाइयों या खाद के मामले में भी फ़र्क़ पड़ा। कई किसान जैविक पद्धति से अपने खेतों में भी कीटनाशक आदि तैयार करते हैं। हम भी वैदिक वाटिका में तीन–चार प्रकार के कीटनाशक बनाते हैं, खाद बनाते हैं। ऐसे में स्व–निर्भर किसानों को बाज़ार के बन्द होने से या क़ीमतों के बढ़ने से फ़र्क़ नहीं पड़ा। मुसीबत उनके लिए थी जो किसान रासायनिक खेती करते हैं, बाज़ार पर निर्भर हैं। ऐसे में बाज़ार बन्द होने से, कीटनाशक और खाद की समस्या आयी। जैसे यह लौकी, बींस, तरबूज, खरबूज, खीरा आदि का समय था। जिनमें खाद–दवाइयों की ज़रूरत थी। कुछ फसलें इनकी अनुपलब्धता के कारण भी ख़राब हुईं। दूसरा, क्योंकि यह ग्रामीण इलाक़ा है। यहाँ खाद दवाइयों की कोई बड़ी फैक्टरी आसपास नहीं है। इससे दुकानदारों ने भी कमी बताकर मनमाने दामों में कीटनाशक और दवाइयाँ बेचीं। जो किसानों के लिए दोहरी मार थी।

इस लॉकडाउन में एक ग़ौर करने वाली, अपनाने वाली या नियमित दिनचर्या में लाने वाली बात यह भी सामने आयी कि जब हमें सस्ती

सब्ज़ियों की ज़रूरत होती थी तो हम मण्डियों से ख़रीद लेते थे, मार्ट्स से भी मुँहमाँगे दामों पर ख़रीद लेते थे। लेकिन आज जब सब बन्द हुआ तो हमने स्थानीय किसानों की तरफ़ रुख़ किया। ऐसे में यदि हम हमेशा ही स्थानीय किसानों से सब्ज़ी ख़रीदेंगे, या उन्हें अपना नियमित किसान बना लेंगे, तो हमें हमेशा ही अच्छी–ताज़ी सब्ज़ियाँ मिल सकती हैं। कोल्ड–स्टोरेज के भरोसे नहीं रहना पड़ेगा। खेती के मामले में भी इससे यह फ़र्क़ आयेगा कि किसानों को जब स्थानीय बाज़ार में खपत दिखेगी तो वे मल्टी–क्रॉपिंग को बढ़ावा देंगे। यह व्यवस्था छोटे शहरों, क़स्बों आदि के लिए कारगर है। बड़े शहरों में लोकल किसान न के बराबर होते हैं।

हिन्दुस्तान में बड़े शहर गिने–चुने हैं लेकिन देश की जनसंख्या का बड़ा हिस्सा क़स्बों, गाँवों, छोटे शहरों में बसता है। आज अगर हम उन मज़दूरों को देखें जिन्होंने शहर छोड़े, वे किसी शहर से निकले तो बड़ी संख्या थे। एक साथ करोड़ों लोग। किन्तु जब ये लोग अपने–अपने गाँव में जायेंगे तो ये आबादी बँट जायेगी। किसी गाँव में पचास लोग पहुँचेंगे, किसी में सौ, किसी में दो, किसी में पाँच। इससे शहर की व्यवस्थाएँ तो चरमरायेंगी, लेकिन गाँव में उतना अधिक फ़र्क़ नहीं पड़ेगा। शहर में फ़ैक्टरी के लिए, कंस्ट्रक्शन के लिए मज़दूर कहाँ से आयेंगे? न सफाई करने वाले मिलेंगे, न खाना बनाने वाले मिलेंगे। खेती–किसानी के मामले में गाँव में यह फ़र्क़ पड़ेगा कि इस पलायन की वजह से मज़दूरों की कुछ संख्या बढ़ेगी। जिससे पहले जो श्रमिक अधिक क़ीमत पर काम करते थे अब उन्हें कम पर करना पड़ेगा।

उदाहरण के लिए, जशपुर में आधिकारिक रूप से श्रमिक 250 रुपये में दिहाड़ी पर काम करते हैं, लेकिन फ़िलहाल यहाँ क़ीमत कुली के लिए 180 रुपये और रेजा (महिला श्रमिक) के लिए 150 रुपये है। वहीं अगर आप बिलासपुर जाते हैं तो वहाँ कुली के लिए 100 रुपये और रेजा के लिए 80 रुपये है। क्योंकि वहाँ लेबर अधिक है। इसे अगर खेती के नज़रिये से देखें तो जशपुर इलाक़े के खेतों में श्रमिक महँगे दाम माँगते हैं। जो छोटे किसानों के लिए सस्टेनेबल

नहीं होता। यदि कोई किसान फुल सीजनल खेती कर भी रहा है, श्रमिक रख रहा है, तो वह फिर सब्ज़ी अधिक क़ीमत पर बेचना चाहता है ताकि मुनाफ़ा निकले। लेकिन वही सब्ज़ी बिलासपुर से भाड़े के साथ सस्ते में आ जाती है, क्योंकि वहाँ लेबर अधिक संख्या में हैं, और कम दाम पर काम करते हैं। ऐसे में बाज़ार में सब्ज़ी ख़रीदने वाले स्थानीय महँगी सब्ज़ी की तुलना में सस्ती सब्ज़ी ही ख़रीदेंगे, तो नुक़सान स्थानीय किसान का ही होता है।

एक परिदृश्य यह भी है कि पहले जहाँ गाँव में खेतों के लिए श्रमिक नहीं मिलते थे, अब इस वापसी से काम की तलाश में अधिक श्रमिक मिलेंगे। लेकिन इसका नुक़सान यह है कि पहले जहाँ गाँव में एक श्रमिक 250 रुपये कमा रहा था, अब संख्या बढ़ जाने से उसे कम क़ीमत पर काम करना होगा। ये और बात है कि गाँव में श्रमिक के लिए काम करने का समय है सुबह 9 से शाम 5, वहीं शहरों में उनके लिए समय है सुबह 7 से शाम 7। इस नज़रिये से देखा जाये तो शहरों में उसे क़ीमत भी कम मिल रही है और मेहनत भी अधिक करनी पड़ रही है।

अब यदि वापस लौटे इन मज़दूरों का कुछ प्रतिशत भी गाँव में ही बस जाता है। स्थानीय व्यवस्था में अपने लिए रोज़गार पाता है। फिर से अपने खेतों में खेती करता है तो यह लॉकडाउन कई मायनों में फ़ायदेमन्द साबित हो सकता है। हम गाँव में उनकी वापसी से फिर भरे–पूरे आत्मनिर्भर गाँवों की कल्पना तो कर ही सकते हैं। अब यह कल्पना कितनी यथार्थ में बदलेगी, यह समाज, सरकार और समय पर निर्भर है।

लॉकडाउन में निकली आत्मनिर्भरता की राह

कोरोना ने जैसे ही देश में दस्तक दी और सरकारी गाइडलाइंस, समाचार आदि में बारम्बार हाथ धोने को कहा जाने लगा, सेनेटाइज़र के इस्तेमाल पर ज़ोर दिया जाने लगा तो बाज़ार में अचानक ही सेनेटाइज़र महँगे हो गये। कालाबाज़ारी शुरू हो गयी। अनुपलब्धता

नज़र आने लगी। अब ऐसे में नतीजा यह निकला कि लोग किसी भी क़ीमत पर सेनेटाइज़र ख़रीदने को तैयार थे। कई सारे लोग सेनेटाइज़र घर में बनाने के लिए टिप्स देने लगे। वीडियो वायरल होने लगे। खपत बहुत बढ़ गयी थी और उपलब्धता न के बराबर थी। ऐसे में हम जैसे लोगों को समस्या आयी खेतों में श्रमिक आ रहे थे, तो उन्हें बार–बार सेनेटाइज़ रखने के लिए इतना सेनेटाइज़र कहाँ से लाते?

तब समर्थ ने यह उपाय निकाला कि क्यों न सेनेटाइज़र स्वयं ही बनाया जाये। उपलब्धता के अलावा इस विचार के पीछे कई और कारण भी थे।

कोरोना काल में हमें बार–बार हाथ धोने की हिदायत दी गयी है। लेकिन हर समय हाथ धोना सम्भव नहीं हो पाता, जिसके लिए सेनेटाइज़र को त्वरित विकल्प के रूप में देखा जाता है। शुरू में वैदिक वाटिका की लैब में सेनेटाइज़र बनाने के लिए आइसोप्रोपाइल एल्कोहल, सर्जिकल स्प्रिट आदि उपलब्ध थे। अतः वर्ल्ड हेल्थ ऑर्गेनाइजेशन की नियमावली को ध्यान में रखते हुए हमने थोड़ा–सा सेनेटाइज़र बनाया। यह बहुत कम मात्रा में था और आवश्यकता इससे बहुत अधिक की थी। जब इसके लिए अधिक कच्चा माल ख़रीदने की कोशिश की तो वह चार गुना दामों पर बिक रहा था, ब्लैक में। कई जगह कच्चे माल के लिए पैसा जमा कराया लेकिन न पैसा वापस आया न ही कच्चा माल मिला। इस सबका कारण लॉकडाउन में ठप्प हुआ ट्रांसपोर्टेशन और आसपास में किसी फैक्टरी का न होना था।

उस समय इस पर विचार किया गया कि क्या इसके लिए हमारे पास, या स्थानीय व्यवस्था में कोई विकल्प मिल सकता है? तब सबसे पहले ख़याल में महुआ आया। कोरोना काल में सेनेटाइज़र बनाने के लिए सबसे बताया गया है, एल्कोहल। स्थानीय इलाक़ों में महुआ से शराब बनाने का काम यहाँ के आदिवासी सदियों से करते आये हैं। तो यही विचार किया कि क्यों न अपने ही इलाक़े में महुआ से बनी इस शराब को कच्चे माल के रूप में प्रयोग किया जाये। इसी में थोड़ा संसोधन करके सेनेटाइज़र बनाया जाये।

इस विचार पर अमल करने के प्रयोग में हमारे सामने कुछ चुनौतियाँ थीं। जिनमें सबसे बड़ी चुनौती थी परीक्षण (टेस्टिंग) की। शुरू में जब अपनी लैब में बहुत थोड़ा–सा सेनेटाइज़र बनाया तब हमने अपने ही स्तर पर इसकी टेस्टिंग कर ली थी। किन्तु अब यदि हम इसे बड़े स्तर पर बनाने के बारे में सोच रहे थे तो हमें टेस्टिंग के लिए कच्चे माल की व्यवस्था देखनी थी।

इस पूरे इलाक़े में महुआ इस्तेमाल करने की अनुमति सिर्फ़ वनवासियों को है। महुआ को फर्मेंट करना, फिर वाष्पीकरण से उसे शराब में बदलना यह भी सिर्फ़ यहाँ के वनवासी ही कर सकते हैं। सामान्य व्यक्ति चाहे जनरल हो या माइनोरिटी से, वो इसका इस्तेमाल बनाने या पीने में नहीं कर सकता है। ऐसे में हमें प्रशासन से अनुमति की आवश्यकता थी।

जब प्रशासन के सामने हमने यह प्रस्ताव रखा, तो उन्होंने सहज स्वीकृति दी। जिसके बाद हमने इसे बनाने की प्रक्रिया शुरू की। जब यह प्रयोग सफल रहा और हमने इसकी लागत का विश्लेषण किया तो यह निष्कर्ष निकला कि हम बाज़ार में उपलब्ध सेनेटाइज़र से 30 से 40% लागत पर ही यह बनाने में सफल हुए हैं।

अब अगला क़दम था लाइसेंसिंग का। इसमें दो अहम लाइसेंस की आवश्यकता होती है। एक ड्रग लाइसेंस, दूसरा एक्साइज़ लाइसेंस। एक्साइज़ लाइसेंस अर्थात् एल्कोहल बनाने का लाइसेंस। ड्रग लाइसेंस अर्थात् जो फॉर्मूला है उसके हिसाब से सेनेटाइज़र बनाकर बेचने के लिए। शुरू में दिक्कत यह आयी कि कोरोना काल में सभी प्रशासनिक अधिकारी दवाब में थे। ऐसे में वे न ही तो एक प्राइवेट कम्पनी की बात को (लाइसेंसिंग आदि के लिए) उतनी गम्भीरता से ले रहे थे, न ही इस दिशा में बहुत रुचि रख रहे थे। यहाँ एक और समस्या यह भी थी कि आज देश में लगभग सभी बड़ी कम्पनियाँ जो शराब बनाने का काम करती हैं वे सभी सेनेटाइज़र मार्केट में आ गयी हैं। ऐसे में दूसरी छोटी–मोटी कम्पनी को लाइसेंस न मिलने में इन बड़ी कम्पनियों का भी हाथ है। क्योंकि वे करोड़ों का व्यापार देती हैं। जो लोग दारु बेचते हैं उनके ठेके के जिले/इलाक़े बँटे होते हैं। यह एक अलग स्तर की माफियागिरी है।

हमारे मन में एक विचार यह भी था कि यदि हम इसकी तकनीकी सरकार की सहायता से किसी स्वयंसहायता समूह को देते हैं तो वे वनवासी जो आज तक महुआ का इस्तेमाल सिर्फ़ शराब बनाने में कर रहे थे अब स्वयं ही उससे सेनेटाइज़र बना सकेंगे। उन्हें एक निश्चित रोज़गार भी मिलेगा। इस इलाक़े के सभी आदिवासी छोटे–सीजनल किसान भी होते हैं। लेकिन सिर्फ़ धान उगाने से या कम भूमि होने के कारण, जानकारी के अभाव में, या मौसमी खेती के कारण उन्हें उतना मुनाफ़ा नहीं मिल पाता कि वे अभावरहित जीवन की कल्पना करें। ऐसे में इनके लिए स्थानीय रोज़गार बहुत बड़ी मदद साबित हो सकती है।

इसी विचार पर आगे बढ़ते हुए हमने सेनेटाइज़र बनाने की जो तकनीक विकसित की, जो संयन्त्र बनाया उसे वनविभाग को तकनीकी ट्रांसफर के तहत दिया। वन धन योजना के तहत प्रशासन ने यह पूरा सेटअप तैयार किया। इंफ्रास्ट्रक्चर के लिए केपिटल इंवेस्टमेंट का ख़र्च वनविभाग ने वहन किया। जिसके बाद वह पहुँचा 'सिनगी स्वयं सहायता' की महिलाओं के पास। इस समूह में अभी दस महिलाएँ हैं। ये महिलाएँ आदिवासी हैं। ये सभी महुआ को जमा करने, छाँटने–सुखाने, उसे जैविक तरीक़ों से फर्मेंट करने, वाष्पीकरण करके उसकी शराब बनाने में दक्ष हैं। अब इन्हें उसके आगे की प्रक्रिया और संयन्त्र को चलाना सिखाना था। जिसके लिए उन्हें क़रीब पैंतालीस दिन की ट्रेनिंग हमने दी। अब वे शुरू से आख़िर तक सारा काम स्वयं करने में दक्ष हो गयी हैं। जिसमें महुआ को जमा करने से लेकर सेनेटाइज़र की पैकेजिंग का सारा काम वे स्वयं ही करने लगी हैं। इस पूरे व्यवसाय से जो भी मुनाफ़ा होगा वह पूरा इसी समूह का होगा। सेटअप तैयार होने के बाद से जो भी ख़र्च किये गये वह भी समूह द्वारा ही किये गये। इसके लिए उन्होंने लोन लिया है। कुल मिलाकर यह एक ऐसा व्यवसाय था जिसमें एक बार दुकान तैयार करके दे दी गयी है। अब उसे चलाना और उससे मुनाफ़ा निकालना सब इस समूह की ज़िम्मेदारी है।

यह वनविभाग की ओर से बन रहा है अतः विक्रय में भी काफ़ी मदद मिल रही है। इसका प्रचार और लगभग सभी स्थानीय सरकारी

ख़रीद अब इन्हीं लोगों से की जायेगी। राज्य सरकार अपने ब्रांड छत्तीसगढ़ हर्बल का नाम इससे जोड़कर इसके प्रचार–पसार में विशेष रुचि बनाये हुए है।

वैदिक वाटिका इस प्रक्रिया में तकनीकी एक्सपर्ट के रूप में उनसे हमेशा जुड़ा रहेगा ताकि उन्हें कोई भी समस्या आये तो उसका समाधान किया जा सके।

यह स्थानीय लघु उद्योग का ऐसा उदाहरण है जिसमें सब कुछ अपने ही गाँव में तैयार हो रहा है। अब ऐसे में लोग इस पर जो भी ख़र्च करेंगे वह अपने ही गाँव–देश के लोगों को फ़ायदा देगा। उन आदिवासियों को फ़ायदा देगा। उनके जीवन को बेहतर बनाने में मदद करेगा।

इस इलाक़े में महुआ की बहुत बड़ी पैदावार है। यह बिना किसी खेती के जंगलों में बहुत अधिक मात्रा में पैदा होता है। जब इसका सेनेटाइज़र नहीं बन रहा था तब आदिवासी इसे जंगल से बीनते थे जिसे सरकार ख़रीदती थी। यह स्थानीय बाज़ारों में भी बिकता है और निर्यात भी होता है।

स्थानीय स्तर की बिक्री में बिचौलिये अपनी भूमिका निभाते हैं। जशपुर में सरकारी दाम 17–18 रुपये तय था। दुकानों में यह 20–22 रुपये तक बिकता है। बाद में इसका एमएसपी तीस रुपये हुआ। अब आज जब आसपास के लोगों तक यह जानकारी पहुँच रही है कि इसे अपने ही इलाक़े में सेनेटाइज़र बनाने के लिए ख़रीदा जा रहा है तो अब यही महुआ 40 रुपये किलो में बिक रहा है। दो महीने में इसी महुआ की दुगनी क़ीमत आदिवासियों को अपने ही इलाक़े में मिलने लगी है। इसमें सीधा मुनाफ़ा इन्हीं वनवासियों का है।

हमें यह समझना होगा कि जब भी कोई लघु उद्योग या कुटीर उद्योग स्थापित होता है, तो भले ही शुरुआत में वहाँ आठ–दस स्त्री/पुरुष ही काम कर रहे हों लेकिन आगे चलकर उसमें रोज़गार के बढ़ने की सम्भावना बहुत अधिक होती है। सेनेटाइज़र बनाने के लिए महुआ ख़रीदा जा रहा है, इस खबर ने अब महुआ को बीनने–छाँटने–सुखाने के लिए उन लोगों को भी प्रोत्साहित किया जो

पहले यह काम नहीं कर रहे थे। ऐसे में इन नये लोगों को कमाई का एक साधन मिला।

इसके अलावा इस पूरी प्रक्रिया में महुआ के अलावा कई और वस्तुएँ भी इस्तेमाल होती हैं। जिनमें से एक है 'रानू'। यह महुआ को फर्मेंट करने में काम आती है। इस सेटअप में रानू उन्हीं कोरबा आदिवासी महिलाओं से ख़रीदा जाना तय हुआ जो पीढ़ियों से यही काम करती आयी हैं। पहले उन्हें गाँव–मण्डियों में घूम–घूमकर अपना माल बेचना पड़ता था। अब वे सीधे यहाँ आकर अपना माल बेच सकती हैं। साथ ही वे अपने साथ कुछ और महिलाओं को जोड़ेंगी ताकि उत्पादन बढ़ाया जा सके। क्योंकि उन्हें यहाँ खपत दिख रही है।

इस प्रक्रिया में गुड़ भी इस्तेमाल होता है। जो गुड़ एक सामान्य स्थानीय किराना दुकान में महीने का तीस–पैंतीस किलो ही बिकता था। अब सेनेटाइज़र बनाने में प्रतिदिन की खपत पन्द्रह से बीस किलो की हो रही है। पास के नगर में गुड़ बड़े स्तर पर तैयार होता है। वहाँ के किसानों को जब यह बात पता चली कि यहाँ रोज़ की खपत बढ़ी है तो वे सीधे हमें बेचने को प्रोत्साहित हुए हैं। ऐसे में उन किसानों को सीधा मुनाफ़ा मिलेगा। सही दाम भी।

महुआ के वाष्पीकरण में जलाऊ लकड़ी भी इस्तेमाल होती है। हम अभी बायो–ब्रेकेट बनाने का प्रयास कर रहे हैं। जो जलाऊ लड़की का विकल्प होगा। परीक्षण चल रहा है। यदि यह सफल होता है तो कई अन्य महिलाओं को इसमें भी रोज़गार मिलेगा। मिट्टी के बर्तन इसमें इस्तेमाल हो रहे हैं, यह भी स्थानीय कुम्हारों द्वारा ख़रीदे जा रहे हैं।

हमें यह समझना होगा कि एक व्यवसाय के साथ ऐसे कई संसाधन जुड़े होते हैं जो दूसरे व्यवसायों को बढ़ावा देते हैं। ऐसे में यदि सभी संसाधन स्थानीय हों, अपने ही गाँव या आसपास के इलाक़े में उपलब्ध हों तो इससे स्थानीय अर्थव्यवस्था में सुधार आता है। जो अन्ततः देश की मूल अर्थव्यवस्था का ही हिस्सा है। इसलिए भी हमें इस तरह के विकल्प खोजने में और उन्हें व्यवसाय में बदलने के बारे में सोचना चाहिए। यही बात छोटे किसानों को बढ़ावा देने में,

उनसे सब्ज़ियाँ ख़रीदने में लागू होती है, उन्हें आर्थिक रूप से मज़बूत बनाने में लागू होती है। आर्थिक निर्भरता सिर्फ़ एक बार में धन मिल जाने से नहीं, बल्कि लगातार धन कमाने के सही तरीक़े निकालने से आती है।

किताब छपने तक : सिनगी आदिवासी स्वयं सहायता समूह की इन महिलाओं ने पिछले 3 महीनों में 3150 लीटर सेनेटाइज़र बनाया। जिसमें से 1152 लीटर सेनेटाइज़र का विक्रय कर उन्होंने 5 लाख 52 हज़ार रुपये अर्जित किये। विक्रय से प्राप्त इस धन में से 1 लाख 35 हज़ार उनका प्योर मुनाफ़ा है।

इसके साथ ही महुआ बेचकर आजीविका चलाने वाले ग्रामीणों को भी फ़ायदा हुआ क्योंकि अब उनके लिए महुआ का समर्थन मूल्य 17 से 30 रुपये कर दिया गया है। सेनेटाइज़र बनाने के लिए अच्छी क्वालिटी का महुआ उन्होंने 40 रुपये प्रति किलो से बेचा। आप देश में कोई भी व्यवसाय स्थापित करें उससे सिर्फ व्यवसायी को नहीं अनेकों लोगों को लाभ होता है। आत्मनिर्भर का अर्थ भी तो यही है। सिनगी स्वयं सहायता समूह की इन महिलाओं को मिलने वाले इस व्यवसाय ने उन्हें काम दिया, लाभ दिया और हमें मिल रहे हैं उनके जैसे कई परिवारों के आशीर्वाद और दुआएँ।

अन्त में...

सावन में सब तरफ़ हरियाली ही हरियाली दिखती है। नयी फ़सल और घास दोनों का ही हरा रंग आँखों को कितना सुहाता है। पर सोचिए कि चारों ओर बिखरे इस हरे रंग की जड़ों में सिर्फ़ रसायन ही रसायन हों तो यह हरा रंग झूठा नहीं कहायेगा?

अगस्त के शुरुआती दिनों में मैं मध्य प्रदेश के कुछ हिस्सों में घूमने निकली। अपने गृहनगर गुना से बुन्देलखण्ड की सीमा पर बसे ननिहाल तक गयी। हमने कुल 350 किलोमीटर का सफ़र किया जिसमें हमें शायद ही कहीं हरियाली न मिली हो। मौसम ही ऐसा था।

गुना से खनियाधाना की ओर बढ़ रहे थे। थूबोन पहुँचते तक क़रीब अस्सी किलोमीटर पार हो चुके थे। रास्ते–भर दूर–दूर तक बस खेत ही खेत नज़र आ रहे थे। जिनमें लगी थी सोयाबीन। असल में 99 प्रतिशत सोयाबीन और एक प्रतिशत धान या उड़द। हम एक स्थान पर रुके जहाँ कुछ किसान अपने खेतों में काम कर रहे थे। उनमें से एक से बातचीत हुई और कुछ बातें सामने आयीं।

जब मैंने जानना चाहा कि सब सिर्फ़ सोयाबीन ही क्यों लगाते हैं? तो उन्होंने बताया कि पहले लोग बड़ी मात्रा में उड़द भी लगाते थे। लेकिन फिर उड़द ख़राब होने लगी तो सबने लगानी छोड़ दी। अब सिर्फ़ सोयाबीन ही लगता है।

मैंने उनसे पूछा, यहाँ की फ़सलों में कौन–सी खाद–दवाइयाँ डाली जाती हैं? तो मालूम हुआ कि सभी रासायनिक ही डालते हैं। अधिकांश लोग सोयाबीन में यूरिया तो नहीं डालते, कुछ डालते हैं। लेकिन खरपतवार और कीटों से बचाव के लिए रासायनिक दवाइयों

का छिड़काव ज़रूर अधिक होता है। दुःख की बात यह है कि अपने सफ़र के दौरान मुझे खेतों में अनेकों किसान दवाई का छिड़काव करते दिखे। यही दवाई छिड़कने का मौसम होता है। लेकिन किसी भी किसान ने न दस्ताने पहने थे, न मुँह पर मास्क लगाया था। इन दवाइयों का अंश उनके भीतर जाता है, कितना नुक़सान पहुँचाता है यह हम 'धीमा ज़हर' अध्याय में विस्तार से पढ़ चुके हैं। अभी तो बादल थे लेकिन यही धूप रहती है तो दवाई के छिड़काव के समय किसानों के बेहोश होने की बात भी सुनने में आती है।

उन्होंने आगे बताया कि हम लोग सबसे ज़्यादा यूरिया गेहूँ में डालते हैं। उसके लिए तो कहते हैं कि जितना ज़्यादा यूरिया डाल सको उतनी अच्छी पैदावार होगी। तो अब अगली बार जब आप रोटी खायें तो यह समझियेगा कि आप यूरिया खा रहे हैं। इसके अलावा चना में यूरिया न के बराबर डाला जाता है लेकिन उसमें भी खरपतवार और इल्ली के लिए रासायनिक दवाइयाँ डाली जाती हैं। धान में यूरिया डालते है।

ने जैविक खेती के बारे में जब पूछा तो उन्होंने कहा, "चीज़ तो अच्छी है लेकिन फ़सल अच्छी नहीं होती, अब नुक़सान झेलकर जैविक तो नहीं करेंगे न। वैसे कम्पोस्ट बनाना सीखा था, है तो आसान ही, पर अब जो चल रहा है सो चल रहा है।"

दुःख होता है यह देखकर कि प्रकृति के सबसे क़रीब समझे जाने वाले किसान भी प्रकृति के प्रति इतना कठोर रवैया रखते हैं। वे सिर्फ़ पैदावार चाहते हैं, किसी भी क़ीमत पर। इसमें उनका भी दोष नहीं है। उनके घर का चूल्हा भी तो इसी के दम पर चलता है।

'जैविक खेती से नुक़सान नहीं' और 'कैसे नहीं' इसकी भरपूर चर्चा हम कर चुके हैं, अन्त में इतना ही कि आवश्यक ज्ञान और सही मार्गदर्शन ही अब खेती के भविष्य को और प्रकृति को बचा सकता है। अन्यथा दुष्प्रभाव हमारे सामने हैं।

आज हमारे खेतों में ढेर सारे पंछी और तितलियाँ रहते हैं। सुबह और शाम के समय पंछियों का कलरव तो ऐसा होता है मानो प्रकृति अपना रियाज़ कर रही हो। मेरा बेटा अद्वैत भी इन्हीं खेतों में

पल–बढ़ रहा है। वह हरी सब्ज़ियाँ, कच्चा करेला, कच्ची तोरई भी मज़े से खा लेता है। वह खेत जाता है तो सभी पेड़–पौधों के नाम बता देता है। आजकल जहाँ बच्चों के लिए बरगद और पीपल में अन्तर कर पाना मुश्किल लगता हो वहाँ यह देखना सुखद होता है कि बचपन से ही प्रकृति से जुड़कर मेरा बेटा भविष्य में प्रकृति के प्रति संवेदनशील रहेगा।

बच्चों को सिर्फ़ प्रकृति से नहीं खेतों से भी जोड़ना आवश्यक है। वे जो बचपन से देखते सीखते हैं वह उनके भीतर हमेशा के लिए रहता है।

अपनी तुर्की यात्रा के दौरान हमें एक गाइड मिला। वह पहले अपने परिवार के साथ खेती करता था। वह हमें पमुकले में मिला था। हमने देखा कि उस छोटे से गाँव में ढेर सारे खेतों के साथ–साथ घरों में छोटे–छोटे बाग़ भी थे। जिनमें तरह–तरह की सब्ज़ियाँ और फल लगे थे। जैतून और अनार सबसे ज़्यादा। उन्होंने बताया कि लगभग बीस–पच्चीस वर्ष पहले तक वहाँ सबसे ज़्यादा कपास की खेती होती थी। बड़ी–बड़ी फैक्टरी थीं। लेकिन अब ज़्यादातर लोग हार्टी कल्चर क्रॉप में जाते हैं। मिक्स क्रॉप में जाते हैं, यानी फ़सल चक्र अपनाते हैं। फलों की खेती करते हैं। हमने देखा वहाँ घरों से लगे आधा–एकड़ के बाग़ों में अनार और जैतून के पेड़ लगे थे। वे एक क्रम में थे, एक अनार एक जैतून। साथ में नीबू, पपीता आदि भी थे। उन्होंने पशु, जैसे भेड़, मुर्गियाँ भी पाली हुई थीं। कुल मिलाकर वे एकीकृत खेती पर आधारित लग रहे थे।

लोग वहाँ लघु–उद्योग प्रणाली अपनाते हैं। बाग़ों में जो जैतून या अनार लगे हैं उनके फल से घरों में ही तेल निकालना या जूस निकालकर बेचना। हमने देखा वहाँ की स्थानीय दुकानों में हमें स्थानीय ब्रांड के नाम से ताज़ा जूस मिल रहे थे। यह सब वहाँ लघु–उद्योगों द्वारा होता है।

हमारे गाइड ने बताया कि वे लोग मौसम में जब अनार होता है तब पूरा परिवार मिलकर काम करता है। घर के बच्चे से लेकर बूढ़े तक। वे ख़ुद अपने हाथों से अनार के दाने निकालते हैं। घर में

ही उससे जूस बनाते हैं और उसे फ्रीज़ करके रखते हैं। बिना कोई प्रिजर्वेटिव मिलाये। मौसम में तो ताज़ा इस्तेमाल करते ही हैं मौसम के बाद भी उस फ्रीज़ जूस को इस्तेमाल करते हैं जो पूरी तरह से रसायन–मुक्त रहता है। शुद्ध रहता है। इसे बेचा भी जाता है। इसकी बहुत माँग रहती है। इस काम में सरकार भी उनकी मदद करती है कि वे रसायनों के बिना शुद्ध जूस तैयार करें। एक्सपोर्ट भी आसानी से हो जाता है। वे लोग रसायन–मुक्त की तरफ़ आगे बढ़ रहे हैं। और हर तरह से इसे अपनाने के लिए प्रेरित हैं, दूसरों को भी प्रेरणा देते हैं।

हमारे देश में शायद सबसे ज़्यादा कमी प्रेरणा की है। साथ ही अपनी भावी पीढ़ी को इससे दूर रखना भी एक कमी है। हमें अपने बच्चों को बचपन से ही प्रकृति और खेतों से जोड़ना होगा। उन्हें इसकी महत्ता और आवश्यकता समझानी होगी। ख़ुद भी किसानों की हरसम्भव मदद के लिए तैयार रहना होगा, तब शायद हम अपने देश के छोटे किसानों को, प्रकृति को और खेती को रसायनों के प्रयोग से बचा पायें। 'चलता है' जैसी मानसिकता से बचना होगा और अपने

इतिहास में जो हमारे पास अच्छा था, संस्कृति में जो सुन्दर था, जो मनुष्य को मनुष्य बनाये रखता था उसकी ओर अपना रवैया बदलना होगा।

बस इतना याद रखिए कि आप अपने बच्चों को क्या देकर जाना चाहते हैं? खाने के लिए थैलियों में बँधे रसायन और पीने के लिए सीवेज का फ़िल्टर किया हुआ पानी? या फिर शुद्ध ताज़ा भोजन, ताज़ी हवा और शुद्ध जल?

❑❑